南昌大学经管论丛

欧盟可持续金融法律规制研究

黄茉莉　著

中国财经出版传媒集团

经济科学出版社

Economic Science Press

图书在版编目（CIP）数据

欧盟可持续金融法律规制研究/黄茉莉著 . －－北京：经济科学出版社，2022. 11
（南昌大学经管论丛）
ISBN 978 - 7 - 5218 - 4263 - 0

Ⅰ. ①欧…　Ⅱ. ①黄…　Ⅲ. ①经济法 - 研究 - 欧盟　Ⅳ. ①D950. 229

中国版本图书馆 CIP 数据核字（2022）第 214928 号

责任编辑：陈赫男
责任校对：隗立娜
责任印制：范　艳

欧盟可持续金融法律规制研究
黄茉莉　著

经济科学出版社出版、发行　新华书店经销
社址：北京市海淀区阜成路甲 28 号　邮编：100142
总编部电话：010 - 88191217　发行部电话：010 - 88191522
网址：www. esp. com. cn
电子邮箱：esp@ esp. com. cn
天猫网店：经济科学出版社旗舰店
网址：http://jjkxcbs. tmall. com
北京季蜂印刷有限公司印装
710×1000　16 开　17. 25 印张　260000 字
2022 年 11 月第 1 版　2022 年 11 月第 1 次印刷
ISBN 978 - 7 - 5218 - 4263 - 0　定价：68. 00 元
（图书出现印装问题，本社负责调换。电话：010 - 88191510）
（版权所有　侵权必究　打击盗版　举报热线：010 - 88191661
QQ：2242791300　营销中心电话：010 - 88191537
电子邮箱：dbts@ esp. com. cn）

江西省高校人文社会科学重点研究基地招标课题：大数据时代江西金融业数据治理与金融包容（JD20103）

江西省高校人文社会科学研究规划基金项目：绿色新政视野下的欧盟有机农业政策法律发展及启示研究（GJ22101）

国家社科基金年度项目（一般项目）：可持续金融视野下的欧盟金融法发展及对中国的启示研究（19BGJ038）

前　言
PREFACE

　　当前全球可持续发展面临巨额资金缺口，传统金融体系无法提供足够资金支持，自身系统性风险也因不可持续投资不断积累。可持续金融是金融体系为适应环境、经济、社会全面可持续发展目标需要进行的一次转型。鉴于可持续金融与传统金融价值理念的本质差异，法律制度的变革在所难免。

　　欧盟作为联合国可持续发展战略和可持续金融倡议的积极拥趸，在不断调整和完善可持续发展战略的同时明确提出建设可持续金融体系。欧盟将可持续金融视为解决可持续发展资金问题的关键抓手，不仅制订了详细的战略实施行动计划，而且站在全局角度规划了可持续金融法律制度的总体框架，对于其他国家构建可持续金融法律体系具有重要参考价值。

　　欧盟对可持续金融的法律规制从克服金融体系短期主义倾向入手，以构建识别可持续金融活动的分类法为基石，通过完善气候相关金融基准法律制度来改善对金融活动环境影响的评估效果，制定金融业可持续性相关信息披露规范并修订企业非财务信息和可持续性相关信息披露规范用于为可持续金融提供有效决策信息。同时，要求金融企业把可持续性因素考量融入企业运营、完善对可持续性风险的管理，并将逐步把可持续性融入义务纳入金融中介机构和金融监管机构的业务和监管过程以便全面推动长期价值观的形成。此外，欧盟还计划制定绿色债券标准并逐步推动其他可持续金融产品标准的创建，给投资者提供更多符合可持续发展目标的投资选择，为可持续金融产品创新和

1

体系建设创造良好市场基础。

　　欧盟的可持续金融体系仍在发展和完善中，对它的法律规制还处于探索期。欧盟分类法走在世界前列，为其他国家提供了一个示范，解决了制约可持续金融发展的基础性问题，但其分类法目前只对可持续金融活动中的环境可持续投资设定了原则性识别标准，分类法的授权立法也仅仅就环境可持续投资涉及的六大类环境目标中的两大类制定了详细的操作指引，显然欧盟分类法要实现对可持续金融活动的整体识别和全面分类还有很长的路要走。而欧盟金融基准法律制度只补充了气候相关金融基准立法，关于金融基准如何体现可持续发展的社会和治理要求还需要立法者做出努力。信息披露是欧盟可持续金融法律规制中有比较优势的制度，它认识到强制性信息披露义务和详细披露规则的重要性，正在逐步扩大信息披露的主体范围，同时针对金融服务业信息披露制定专门规范并更新企业非财务信息披露规范，为全面改善可持续性相关信息披露效果进行了有益尝试。但是欧盟关于可持续金融产品标准的规范如绿色债券标准始终徘徊在自愿性遵守的边缘，其可持续性风险管理也仅涉及部分金融企业，对投资者可持续性考量融入义务的法律规定多局限于金融企业这类机构投资者，也没有对可持续金融背景下出现的典型风险，如物理风险和转型风险提出明确的法律规制方案。

　　可持续金融鼓励长期投资观，将环境、社会、治理因素融入金融决策，通过为人们提供可持续金融产品来支持可持续发展。可持续金融与传统金融的价值理念和业务规范迥然不同，服务于传统金融体系的法律制度与可持续金融无法完全匹配，而与可持续发展相关的环境金融、气候金融、碳金融、绿色金融和普惠金融等金融形态对应的法律规范只涉及可持续发展的环境维度或社会维度，与可持续金融包含环境、社会、治理在内的多个维度也不完全相同，加上这些金融形态在发展过程中政策性金融导向明显且强制性规范较少，不大适合可持续金融商业性金融的发展模式，因此需要结合可持续金融体系的特点对现有法律制度进行修订或重新制定规则。

　　可持续金融法律规制应围绕培养金融主体长期价值观、提高可持续金融活动可行性和控制可持续性风险三个重点目标展开，通过可持续金融活动识别标准划定可持续投资与不可持续投资的界限，通过可持续金融活动业绩衡量基准规范和金融主体内部治理机制引导养成长期投资理念，通过可持续金融产品标准为可持续投资提供合格投资对象，通过金融主体内部治理机制、可持续性相关信息披露规则以及可持续金融风险监管规范控制可持续性风险。欧盟对可持续金融的法律规制总体上能反映可持续金融的特点，制度设计具有系统性，重视基础性规范的确立，但目前多数规则还是围绕环境可持续维度，社会和治理可持续维度的法律规范有待加强。

目 录
CONTENTS

绪　　论

一、研究问题及意义

2017 年欧盟委员会一份报告指出:"尽管欧盟处于领导全球可持续金融发展和吸引全球低碳投资的绝佳窗口期,但其可持续发展转型因受制于短期利益导向的投资理念而存在巨大资金缺口,必须对金融体系进行根本性重构,培养适应可持续发展融资需求的长期投资动机。"[①] 2018 年欧盟委员会发布《可持续金融高级别专家组最终报告》[②],提出打造全球最具可持续性的金融体系,随后又推出《为可持续增长融资行动计划》[③],正式提出可持续金融战略。欧盟的行动并非个例,当前全球可持续发展融资是可持续发展面临的主要障碍之一。1987 年联合国世界环境与发展委员会在《我们共同的未来》的报告中首次提出可持续发展概念,认为可持续发展是既能满足当代人需求,又不危及后代人满足需求能力的一种发展方式。[④] 为推动全球可持续发展,联合国要求各国制定和实施可持续发展战略,并相继提出"千年发展目标"和"可持续发展目标",可持续发展理念逐渐深入人心。该理念秉持长期价值观,强调经济增长必须控制在自然资源的可承受范围内,认为可持续的发展应该是经济增长、生态平衡和社会包容三者的有机结合。作为较早响应联合国可持续发展倡议的地区,欧盟已通过《阿姆斯特

---

① HELG. Financing a Sustainable European Economy (interim report) [EB/OL]. [2018 – 09 – 21]. https://ec. europa. eu/info/files/170713 – sustainable-finance-hleg-interim-report_en.

② HELG. Financing a Sustainable European Economy (final report) [EB/OL]. [2018 – 09 – 21]. https://ec. europa. eu/info/files/180131 – sustainable-finance-final-report_en.

③ European Commission. Action Plan: Financing Sustainable Growth [EB/OL]. [2018 – 09 – 21]. https://eur-lex. europa. eu/legal-content/EN/TXT/? uri = CELEX: 52018DC0097.

④ 张越, 房乐宪. 欧盟可持续发展战略演变: 内涵、特征与启示 [J]. 同济大学学报 (社会科学版), 2017 (12): 23 – 33.

丹条约》、"里斯本战略"、《可持续的欧洲使世界变得更美好：欧盟可
持续发展战略》、《可持续发展战略回顾：行动平台》、"欧洲 2020 战
略"等，把可持续发展上升为主要战略方向①，2019 年和 2020 年又公
布了《欧洲绿色新政》② 及《可持续欧洲和绿色新政投资计划》③，不
仅提出可持续发展的指导原则和行动计划，而且明确优先投资领域并
将定期评估可持续发展进程，但随着战略的深入实施，欧洲金融体系
的问题也逐渐显露。

发展目标的变化需要传统产业结构和资源配置模式进行相应调整，
金融作为促进资源合理配置的主要手段在调整过程中发挥关键作用。
正如世界银行副行长哈特维希·谢弗（Hartvichichef）所言："可持续
增长必须成为地球的唯一增长选择，而这一选择需要包容、深刻和健
全的可持续金融体系。"④ 然而现有金融体系以当期经济利益最大化为
目标，与可持续发展追求的长期经济社会协调发展理念并不吻合，金
融体系的改革已成必然。2017 年联合国环境规划署和世界银行共同发
布《可持续金融体系路线图》⑤，2018 年二十国集团（G20）峰会确认
推动可持续金融发展对实现全球增长至关重要，可持续金融成为金融
体系的改革方向。

可持续金融倡导金融体系兼顾经济功能和社会功能，重视金融资
源的长期利用效率，主张金融不仅追求效率和安全，也要兼顾公平和
正义，这将引发金融体系的根本性变革，对金融法的立法宗旨和具体
规范产生实质性影响，因此可持续金融法律规制是一个值得深入的研

① European Commission. Overview of sustainable finance ［EB/OL］.［2018 – 09 – 16］.
https：//finance. ec. europa. eu/sustainable-finance/overview-sustainable-finance_en.

② European Commission. The European Green Deal ［EB/OL］.［2020 – 02 – 03］. https：//eur-
lex. europa. eu/legal-content/EN/TXT/? qid = 1576150542719&uri = COM%3A2019%3A640%3AFIN.

③ European Commission. Sustainable Europe Investment Plan and European Green Deal Invest-
ment Plan ［EB/OL］.［2020 – 02 – 03］. https：//ec. europa. eu/commission/presscorner/detail/en/
fs_20_48.

④ HELG. Financing a Sustainable European Economy（final report）［EB/OL］.［2018 – 09 –
21］. https：//ec. europa. eu/info/files/180131 – sustainable-finance-final-report_en.

⑤ World bank and UNEP. Roadmap for a Sustainable Financial System ［EB/OL］.［2018 – 09 –
27］. https：//www. unep. org/resources/report/roadmap-sustainable-financial system.

究方向。欧盟把可持续金融作为其战略发展的重点方向，一直积极推进可持续金融体系建设，并配以系统性立法规划。从欧盟可持续金融体系建设视角分析和探讨欧盟层面法律制度如何完善具有重要的理论价值和实践意义，对中国相关法律制度的构建和发展也有一定的参考作用。

目前，欧盟在全球可持续金融领域具有一定的先发优势，不仅率先明确提出打造可持续金融体系，而且制订了详细的可持续金融战略行动计划。为配合计划实施，欧盟立足可持续金融的特定需求，在顶层设计基础上陆续出台可持续金融相关基础性法律规范，这些法律规范初步形成了一个相对完整的法律规制框架，为其他国家和地区构建可持续金融法律制度体系提供了示范。虽然欧盟的相关法律制度仍在不断构建中，但这种构建过程本身的经验教训也值得深入探讨。基于上述理由，本书以可持续发展背景下的欧盟可持续金融法律规制为研究对象，全面梳理和分析其相关法律制度进展，在对其得失进行评析的基础上提出关于可持续金融法律规制的看法，希望能为我国绿色金融及其他相关法律制度的完善提供参考。

二、研究现状及文献综述

（一）关于可持续发展引致的金融体系转型——可持续金融的研究

伴随人类社会经济规模的迅速膨胀，环境破坏和自然资源匮乏问题日益严重，传统经济学理论已无法解释和解决这些问题，于是可持续性经济学（sustainability economics 或 economics of sustainability）应运而生，它对传统西方主流经济学理论进行了彻底反思，提出人和地球上其他生物是平等的，自然资源不是经济增长的外生变量而是内生变量，在衡量和评价经济增长时应将不同区域、民族、种族和世代人们的需求、人类和其他生物共存的地球生态系统的需求、社会发展的需求考虑在内。[①] 上述观点为学者们探讨可持续发展问题提供了有力

---

① 肖红蓉. 西方可持续性经济学研究的主要理论问题及其评价 [J]. 经济评论，2012 (4)：153 - 160.

支持。

金融是人类社会发展到一定阶段的产物，主要服务于经济社会发展中的资金融通需求，通过引导资金流向来促进其他资源的合理配置。传统金融学主要研究风险可控前提下如何实现经济收益最大化。当人们发现可持续发展是大势所趋时，开始关注金融的环境功能和社会功能，金融包容、金融公平等问题逐渐进入研究视野（Elaine，2006；Raymond，1969），关于环境金融、碳金融、气候金融、普惠金融和绿色金融等金融形态的研究也纷纷兴起。大家认为金融业应该遵循环境、社会、经济目标兼顾的可持续性原则，在为可持续发展提供资金的过程中促进生态改善和社会公正。这些研究进展表明金融学在可持续发展背景下研究范式已经发生重大转向，不再局限于经济维度，而是将视野更多扩展到社会发展和环境保护维度，探索金融在新型外部因素影响下的发展逻辑和路径。

金融领域与其他社会系统一样，不断根据外部环境变化调整着自身的系统结构。有学者运用社会—体制方法（Socio-institutional approach）来解释金融体系面对可持续性环境压力时的演进过程，认为体制动力在金融体系变革中发挥了决定性作用（Bolton and Foron，2015）。白钦先（2003）将可持续发展理念引入金融学研究范式，认为只有实现金融可持续发展才能实现经济可持续发展。他指出在可持续发展背景下金融资源配置增加了新的约束条件和内涵，即既定时期的金融资源配置效率必须考虑资源的长期利用与效率，金融资源配置效率的评价标准是金融发展与社会经济发展的适应程度，不仅要注重一个国家或地区某一时点上的资源配置效率，更要注重一系列国家乃至全球所有国家或地区在一个相对较长历史时期内金融与经济相互影响、相互作用下的协调持续发展。上述研究成果对金融学理论进行了重大完善，有助于理解发展可持续金融的必然性。

（二）关于欧盟可持续金融发展的研究

近年来，国内外学者对可持续发展背景下的欧盟金融体系发展已有一些研究。这些研究最开始夹杂在与可持续发展相关投资的研究中，如气候、能效、再生能源、自然资源、交通、建筑等领域的投资，研究成果大多是基于微观层面服务于投资目的金融产品和服务创新探讨，围绕如何降低投资风险和保证投资收益展开，研究结论也包括一些宏观层面的政策建议。但随着可持续发展领域金融活动的广泛开展，关于金融行业的研究逐渐从投资研究中分离出来，学者们更多站在金融企业而不是实体企业角度来分析问题。瑞柏（Rebai，2012）运用多属性效用法对五家法国银行可持续性进行测评，认为应从银行各利益相关者角度全面评估其可持续性。方寇（Falcone，2018）从推动渠道和推动效果两方面分析促使意大利金融部门变得"更绿"的国际和国内推动力量，建议国内政策制定者扮演更积极的角色。卡尼尔（Carnier，2019）指出为实现欧盟可持续经济发展融资目标，必须马上开始金融系统的结构性改革，金融工具创新是金融机构转型的有力武器。帕拉克（Paranque，2017）认为绿色债券是一种道德行为，可以产生超越经济和金融利益的道德，带来可持续价值。戈洛斯洛德（Glomsrod，2018）认为绿色债券是一种商业社会中应对气候变化自上而下的工具。温源远（2016）分析了英国可持续金融创新实践的特色。孙彦红（2018）对德国和英国政策性银行的绿色金融实践进行了比较。欧盟委员会、欧盟中央银行及金融监管机构借助专家工作组对可持续发展背景下的金融领域也进行了许多研究，这些研究因为立足金融实践且服务于政策及立法参考，对把握欧盟金融领域发展现状和趋势有重要价值。尽管民间学者关于欧盟金融领域是否需要系统性变革观点不一，有的认为不应过分强调可持续因素对金融领域的影响，建议继续观察以判断金融体系是否需要进行整体性改革，统筹考虑并审慎推进与气候相关的金融领域机制改革。但欧盟官方对金融体系可持续转型持肯定态度，认为欧盟金融体系可持续转型是欧盟资本市场联盟建设的重要组成部分，有助于促进欧盟内部金融统一市场的进一步完善，是欧盟可持续发展战略的关键支持力量，也是欧盟未来国际竞争力的核心支柱。

总之，大多数学者都认为可持续发展的融资需求推动着金融体系的变革，向可持续金融体系转型是这一演进的方向。

（三）关于可持续金融法律规制与制度供给的研究

学者们对可持续发展相关投资研究如社会责任投资研究中已涉及金融机构投资者义务、内部治理机制和长期价值观培育的制度促进等问题，也有学者从金融公平价值的法理基础及规范制定角度讨论与可持续发展相关的金融领域法律规制，这些研究都为可持续金融法律规制奠定了基础。在玛吉生（Marginson，2008）、布旭（Bushee，2015）、巴尔顿（Barton，2017）、吉布森（Gibson，2018）等有关克服短期主义倾向的研究基础上，有学者从社会责任角度提出建议，如理查德森（Richardson，2009）、张长龙（2006）、于东智（2009）、徐来（2010）等认为金融机构应履行社会责任，不能把股东经济收益最大化作为唯一的经营目标，应该考虑企业利益相关各方的诉求，兼顾经济、环境、社会综合收益，用长期、综合收益来衡量企业经营绩效，只有这样才能适应可持续发展趋势，获得企业长远稳定发展。也有学者从完善金融企业内部治理角度为扭转短期价值观"支招"（Allen et al.，2015；Appel，2017）。金融企业内部治理在1997年东南亚金融危机和2008年美国次贷危机发生后一直是金融法的关注焦点，如何通过有效的内部治理防范金融风险成为众多学者的研究对象。已有研究涉及金融企业机构设置、职责分工、运营条件、决策流程、人员薪酬、产品治理、风险控制等诸多方面，形成了比较丰富的治理制度研究成果。目前，关于解决传统金融领域短期主义倾向的研究大多建立在以往研究结论基础上，强调在原有制度框架内将可持续性考虑和因素纳入内部治理流程，根据可持续发展要求把更广泛的利益相关方纳入治理规范范畴，通过治理约束在利益相关方之间形成金融资源配置的长期价值观。大部分学者认为可持续性因素是金融企业内部治理完善时需要考虑的因素之一，但在地位上并不比其他因素更重要。还有学者如博特赖特（Botlait，2002）、丁瑞莲（2013）从金融伦理，田春雷（2012）、黎四奇（2016）从金融公平和金融正义角度论证树立长期价值观的合理性及其对金融资源配置和可持续发展的影响。欧盟银行业监管局和证券与市场监管局对金融领域短期主义的表现、成因及影响开展调查并形成报告，得出的结论是金融企业和金融市场确实存在短期主义倾向，这种倾向是各种因素共同作用的结果，过去也存在此类倾向，只不过在可持续发展背景下这类倾向更为突出，而且金融领域的短期主义倾向与实体领域的短期主义倾向相互强化，受到监管机构政策的影响。此外，随着对可持续发展情境分析的深入，有些学者指出不能只盯住可持续发展给金融领域带来的风险，其实金融领域更应该积极拥抱可持续发展提供的新商机，学术界应该为如何识别和利用这些商机提供理论指导。

针对金融法如何为观念改变提供制度供给，有的学者如于慎鸿（2005）、范少虹（2013）主张从顶层设计出发，把可持续发展理念融入金融法基本原则，为培育长期价值观提供良好的宏观法律环境。有的如乔纳森（Jonathan，2003）、季奎明（2011）从金融机构董事信义义务，达坡里托等（Dapolito et al.，2019）从金融机构社会责任义务角度分析金融法如何引导金融机构将长期价值观内化到日常经营。还有学者如伊米什（Emeseh，2010）、刘志云（2019）探讨中国金融机构社会责任立法的完善和参与国际立法的路径。另外，值得注意的是，有些学者关于金融法基础理论的研究在关注金融法社会功能及价值的同时也为可持续发展背景下金融法制度的完善提供了基础理论支撑，特别是这些理论中包含的金融公平和金融正义思考明显有别于传统金融法只强调金融效率和金融安全的理念，这恰好与可持续发展背景下金融体系的发展方向不谋而合，为金融法的价值理念和基本原则完善提供了法学理论指导。例如，克拉克（Clarke，2003）讨论了金融法中的金融公平与收入分配的问题。冯果（2011）指出为实现金融市场经济功能和社会功能的统一，应转换金融法学研究范式，将金融公平与金融安全、金融效率同时作为金融法制的价值目标以实现相互配合和制衡，促进社会经济的平稳健康发展。张树清（2012）认为金融法理念的本质是金融正义，确立金融法理念可以克服金融制度现代性悖论，实现对金融自由与金融管制的超越并协调金融效率与金融公平，通过对不同社会主体利益的合理规范实现社会和谐是金融法理念的终极诉求。袁康（2015）提出金融公平的法律实现路径要以法律制度、主体能力、金融结构、市场行为这四大要素为线索。

（四）关于可持续金融具体法律规制领域的研究

金融法对传统金融体系的规制是建立在平衡即期（当期）经济效益最大化和金融风险可控二者关系理念基础之上，对金融主体长期投资义务、可持续金融活动界定、可持续金融产品标准、可持续信息披露以及可持续风险防范等内容并未涉及。随着可持续金融体系的构建，学者们逐步开始对可持续金融法律规制展开研究。

鉴于目前金融领域与可持续发展相关的标准制定大多是自律性标准或倡议性标准，基于政策层面的研究较多，而且多数是从技术标准阐释方面进行研究，从法律角度出发的研究不多，已有成果主要是从软法角度阐释标准效力或探讨标准统一的国际立法路径。但从发展趋势上看，上述标准、基准和分类体系未来可能有列为强制性标准的倾向，因此这方面的法律研究需要加强。另外，前述分类体系、金融基准和绿色债券标准发展面临的一个主要障碍是不同规范之间的协调和统一不够，2020年联合国环境规划署发布《可持续发展社会与环境目标框架》，可以预见可持续发展实践在全球将日益深入，对金融基础设施领域相关规范统一性的需求也会大幅上升，目前自愿性遵守的规范肯定无法满足实践需要，强制性的规范推出以及各国和地区规范之间的协调将成为趋势，金融基础设施法律制度的研究具有紧迫性。为深化上述方面的法学研究，有必要借鉴金融学的研究成果，如欧盟高层专家组关于可持续金融分类法技术报告的观点①，报告认为传统金融资源配置以经济效益作为最终评价标准，金融决策通常不考虑环境和社会影响，不需要区分可持续活动和不可持续活动，也不存在对这两类活动实行差别待遇的金融标准。但在可持续发展情境下，识别项目的可持续性进而评价其经济、社会和环境综合收益是金融决策的

---

① TEG. EU Technical Expert Group on Sustainable Finance. Taxonomy Technical Report［EB/OL］.［2020 - 09 - 06］. https：//ec. europa. eu/info/files/200309 - sustainable-finance-teg-final-report-taxonomy_en.

前提，必须制定一套符合可持续发展要求的金融标准并将其应用于金融市场主体的商业流程和金融监管机构的监管流程，才能使长期价值观真正在金融领域实践中落地。此外，有些企业的项目明明不属于可持续发展鼓励的投资领域，有的甚至是产生环境危害的棕色项目，为了获取资金，这些企业可能打着绿色、可持续的旗号"漂绿"项目。如果没有统一的建立在科学方法论基础上的可持续活动分类体系和识别工具，那么"漂绿"行为可能层出不穷，将打击真正从事可持续金融活动主体的投资信心。同时，传统金融基准没有考虑可持续因素，在衡量气候金融等可持续发展背景下的金融活动时无法作为参照标准，也需要进行修正。另外，针对可持续融资进行的各类股权、债权融资和金融产品创新需要制定对应的标准才能规范发展。前述分类体系、金融基准及产品标准是使可持续发展背景下金融资源配置具备可操作性的金融基础设施，是可持续金融体系有效运行的基本前提，初期学者对这些问题的研究成果主要集中于对制定必要性的阐述，随着研究的推进，学者们开始探索制定这些体系和标准的方法论，如欧盟高层专家组关于气候基准及其披露的报告①、管晓明（2018）的研究。其中，国内对绿色债券标准的研究较多，国外尤其是欧盟对可持续活动分类法、气候金融基准、绿色债券标准等均有研究，最近还有学者提出标准体系需要进一步扩充以涵盖所有经济社会活动，以便于将可持续和不可持续活动进行全面比较，不过这种观点尚未得到广泛回应。

金融安全始终是金融法的重点关注目标，只有风险可控，讨论收益才有意义和基础，无论何时金融风险防范都是金融法制度讨论的重中之重，即便在可持续发展情境下也不例外。有关可持续金融风险的法律规制研究深受金融风险研究的影响。关于可持续发展背景下金融风险防范的讨论起初包含在再生能源、能效、自然资源、气候、基础

---

① TEG. TEG Final Report on Climate Benchmarks and Benchmarks ESG Disclosure [EB/OL]. [2020 - 03 - 03]. https：//ec. europa. eu/info/files/190930 - sustainable-finance-teg-final-report-climate-benchmarks-and-disclosures_en.

设施等领域投资风险防范的研究中。这些领域是可持续发展的先导领域，金融体系与可持续发展的关联就是从为这些领域的投资提供资金融通开始，因为投资所需资金量巨大，风险又高，因此大部分实体企业没有意愿或能力完全以自有资金投入，多数时候金融机构直接或间接成为最大的投资人，投资风险很可能演变为金融风险，甚至可以说在金融机构作为投资人时，投资风险就是金融风险。这方面国外学者已有不少成果，如博尔顿等（Bolton et al.，2015）认为大规模再生能源领域投资背后有长期结构性变化动力支撑，采用社会—技术系统方法有助于理解该领域投资的长期不确定性和风险、加速金融商机扩散并避免技术锁定（lock-in）。再生能源市场过去被视为一个有效（efficient）市场，而赫尔（Hall，2017）则指出该市场其实是一个适应性（adaptive）市场，政策制定者只有明白这一点才能意识到投资中的结构和行为限制，帮助投资人减少风险。基德斯等（Geddes et al.，2018）认为政府投资银行不仅能通过弥补资金缺口和降低风险撬动私人投资，还可以促进金融机构加强学习。上述学者的探索为后续金融机构内部风险管理和金融监管研究奠定了基础，因为可持续发展视野下金融资源配置中要防范的部分金融风险最初来源就是由可持续发展投资引发的。

金融风险及其法律规制研究随着可持续发展中金融体系演进的不断深入，逐渐从可持续投资风险防范研究中独立出来，人们开始立足金融体系自身而不是金融体系为可持续发展融资来探讨金融风险。人们发现可持续发展不仅使金融机构面临可持续投资带来的金融风险，同时也面临不可持续投资带来的金融风险，而且除了这些微观金融风险外，可持续发展中的宏观金融风险也需要管理。于是研究范围进一步扩大，学者们开始基于全面风险管理理念系统思考可持续发展背景下如何构筑更加审慎有效的宏观、微观金融监管制度。例如，对可持续发展带来的金融风险进行管理时是否仍然可以基于传统金融风险分类，还是需要对金融风险进行重新分类或补充？此外，不少学者从气候变化角度讨论宏观金融风险，如卡尼（Carney，2015）、陈雨露（2020）认为气候变化可能产生宏观金融风险，这一风险可分为物理风险和转型风险两类。谭林等（2020）讨论了气候变化对系统性金融风险的影响。目前针对可持续发展相关金融风险的研究有以下值得注意的研究争论：一是金融监管基本框架是否需要进行调整。有的学者赞成调整，认为传统金融监管框架无法适应可持续发展背景下的风险防范需要，可持续发展将引发传统金融风险分类的变更，继续沿用过去的分类方法会遗漏重大风险；有的学者对此则持保守态度，认为当前人们对可持续发展给金融风险带来的影响还没有形成比较清晰的认识，在对风险不熟悉的情况下不宜对原有风险分类和监管框架进行调整，调整反而会带来不可控的风险。二是可持续发展是否会加剧系统性金融风险的发生。悲观的看法是认为可持续发展导致金融机构持有的棕色资产贬值，而绿色资产风险的控制和收益的实现也存在诸多不确定性，因此所有金融机构都面临巨大的转型风险，尤其是保险行业，还叠加了物理风险，系统性风险发生可能性明显上升；乐观的看法是金融机构早已认识到可持续发展带来的风险并已经开始调整资产配置，而保险业因产品原因对自然灾害事故发生的预测能力随气候变化异常事件的频繁发生反而得以提升，比其他金融企业更擅长气候风险管理，但是金融监管机构仍然需要加强对宏观层面金融风险的监测和管理。三是转型风险和物理风险如何管理。有人认为转型风险只是在短期内需要管理，从长期看需要管理的只有物理风险。但也有人认为转型风险是否长期存在与所在国家或区域的可持续发展战略规划和政策实施有密切关系，转型时间也可能因为上述因素不同而存在差异，而且对转型风险的评估和管理还应该考虑到某一特定国家或区域前述规划和政策的反复可能。另外，对物理风险和转型风险分析的场景设定也存在不同看法。总之，可持续发展情境下的金融风险分析技术仍处于不断迭代过程中，这对金融风险管理研究产生了一定程度的制约，因此传统金融风险管理制度如何发展不甚明朗，与之匹配的金融风险防范法律制度研究也在不断摸索中。

　　信息披露规范作为金融风险管理法律制度的主要组成部分在可持续发展情境下如何完善也是学者们关注的一个重点，国内外学者对此有不少研究。例如，管晓明（2018）指出信息不对称在可持续发展背景下更加突出，有必要推动金融业务全过程信息披露制度的完善；亨斯（Hennessy，2014）、拉格赫德—斯格特（Lagoarde – Segot，2015）、玛吉叟拉（Marjosola，2020）等学者也从不同方面对可持续发展背景下的金融风险信息披露进行了探讨。目前学者们主要强调可持续活动分类体系和金融基准对于信息披露的重要支撑，呼吁尽快完成分类法和可持续相关金融基准的制定。在完善信息披露制度方面，主张大多基于现有信息披露框架，建议将可持续性因素和相关信息予以披露，并对披露信息的文件类型和披露文件的格式进行了详细探讨。另外，学者们认为金融企业可持续相关信息披露固然重要，作为与金融企业风险密切相关的实体企业的非财务信息披露也十分关键，因为这些信息是金融企业判断自身风险的重要参考，所以信息披露制度的完善必须双管齐下，这方面的自治性规范和监管制度作为金融法律制度研究的对象还有待加强。

（五）关于欧盟可持续金融法律规制的研究

有关欧盟可持续金融法律规制研究目前总体上还处于起步阶段，成果不多，其中主要是对可持续发展背景下银行资本要求的研究，如库伦（Cullen，2018）主张鉴于气候变化带来的根本性不确定风险，应提高投向高污染行业的银行资产资本要求，但反对放宽环境友好型银行资产资本要求。此外，还有一些对可持续发展中欧盟金融法存在问题的研究，如费伦（Ferran，2017）指出目前欧盟金融法律还没有应对可持续发展的系统性方案。

综上所述，学者们对可持续发展给金融体系带来的变化已有不少研究，虽然有部分学者对金融体系是否需要进行根本性变革持不同观点，但大部分学者还是认为金融体系客观上会朝着可持续方向演进，即向可持续金融体系转型。可持续金融已成为一个新兴研究领域，目前已有研究针对可持续金融发展的必要性、面临的挑战和待解决的法律问题、可持续金融体系的构建、风险控制以及标准制定等方面做了一些探索，不过基于法律角度的研究较少。

三、研究思路、内容和方法

(一) 研究思路

可持续发展是一次系统性转型，人类社会各个子系统包括金融体系在适应可持续发展的过程中或早或迟都将经历根本性变革。金融体系作为资金融通中介在现代经济社会生活中发挥着举足轻重的作用，本应是可持续发展的有力推手，但目前变革缓慢，无法满足可持续发展的需求，自身系统稳定也受到威胁。尽管金融领域也尝试用环境金融、碳金融、气候金融、绿色金融、普惠金融等去解决可持续发展中出现的融资难题，但随着可持续发展内涵从环境维度逐步拓展至社会和治理维度，需要一种更全面的金融形态来回应可持续发展的资金需求，于是可持续金融的概念被提出。"可持续金融"（sustainable finance）是指在金融投资决策中综合考虑经济、环境、社会和治理因素，增加对长期和可持续活动的资金供给，为实现经济、环境、社会的全面和协调可持续发展提供金融支持（见图 0-1）。

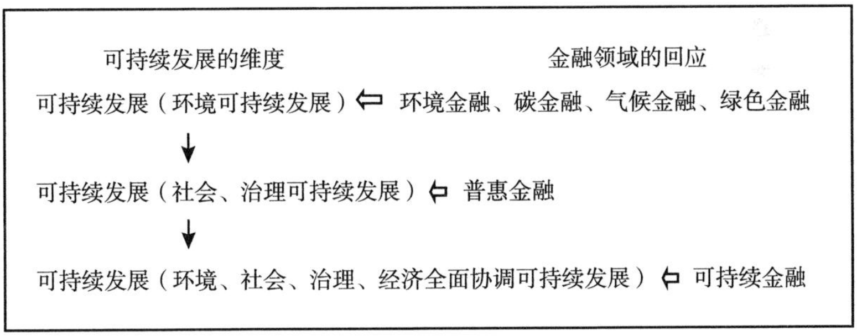

图 0-1　可持续发展与金融

可持续金融是对金融领域的系统性变革，可持续金融体系在建设过程中面临短期主义倾向、可持续性判别困难、金融产品"漂绿"和对可持续性风险尚不了解等诸多阻碍（可持续金融面临的挑战见图 0-2），必须培育金融主体的长期价值观、统一可持续性识别标准、创建科学的可持续金融产品标准、加强金融主体内部治理机制中的可持续性要素融入、强化可持续性相关信息披露、完善对可持续性风险的识别和监管（可持续金融背景下法律制度的短板见图0－3)。

可持续金融发展面临的挑战
- 短期主义盛行
- 可持续性识别困难
- 可持续金融产品规范缺失
- 可持续性风险防范机制薄弱

图0－2　可持续金融面临的挑战

可持续金融背景下的法律制度短板
- 金融主体内部治理机制未融入可持续性考量
- 投资者没有长期投资义务
- 投资业绩评价规范仍是经济收益导向
- 缺少科学、统一的可持续金融活动判定依据
- 可持续金融产品标准尚在形成中
- 可持续性相关信息披露规则不健全
- 可持续性风险监管制度处于探索期

图0－3　可持续金融背景下法律制度的短板

传统金融法的理念和原则在可持续金融背景下将发生重大转向，原先的即期经济利益最大化等制度考量标准将被长期价值观和经济、社会、环境综合收益观所取代，可持续发展也将成为金融法的基本原则。在立法理念和原则更新的推动下，人们必然对金融法的功能定位进行重新思考，对照可持续金融的环境、治理、社会要求，就金融法的环境治理功能、社会公正促进功能和资金配置功能优化等问题进行深入探讨。同时，为实现金融法理念、原则和功能的转变，金融法还应增加对金融消费者和投资者长期投资义务的规定，要求金融企业、金融中介机构和金融监管机构将可持续性因素考量和可持续性风险管理纳入经营和监管过程，帮助金融法律关系各方主体逐步克服短期主义倾向，树立长期价值观，自觉把经济、社会和环境利益作为一个整体进行考量和评估。另外，鉴于可持续金融在分类方面与传统金融的

根本性差异，金融法客体特别是证券的发行和评级等方面的规范也面临重新制定的问题。最后，金融风险监管制度在面对可持续发展带来的金融风险挑战时应如何调整也是金融法必须回应的一个关键问题。本书以欧盟可持续金融相关法律规则发展为研究对象，尝试运用前述理论分析框架对欧盟立法实践进行分析。首先对可持续发展背景下的欧盟可持续金融战略进行全面解读，阐明其可持续金融战略立法规划中体现的法律逻辑和总体制度框架，再分别就其分类法、金融基准规范、信息披露制度、金融主体内部治理和金融风险防范规则以及绿色债券标准等方面的法律进展进行系统梳理（见表0-1），并从法律制度的设计理念、内容特色和不足等角度对其可持续金融法律规制现状进行全面研究，探讨欧盟可持续金融相关法律制度如何实现立法者意图，总结其制度构建的得失，为我国相关法律制度的完善提供参考。

表0-1　　　　　　　　欧盟对可持续金融的法律规制

规制目标	法律制度供给
提供可持续金融活动识别标准	分类法
鼓励长期投资	金融基准规范 金融主体内部治理机制
完善可持续性风险管理	金融服务业可持续性信息披露规则 企业非财务和可持续性相关信息披露规则 金融主体内部治理机制
提供可持续金融产品规范	绿色证券（如绿色债券）标准

（二）研究内容和研究方法

全书分为绪论、正文和结论三部分。绪论介绍研究问题和意义，对相关文献进行梳理和综述，阐述研究思路、内容、方法、创新和不足。正文部分共七章，第一章从可持续金融与相近概念如环境金融、气候金融、碳金融、绿色金融、普惠金融的比较入手，分析发展可持续金融的必然性，并在对环境金融、碳金融、绿色金融、普惠金融等金融模式法律规制的经验教训总结基础上归纳可持续金融法律规制的重点和难点。第二章首先从欧盟可持续金融战略制定背景出发，梳理欧盟可持续发展战略的演变过程，结合《欧洲绿色新政》中有关解决可持续发展掣肘的方案，指出发展可持续金融的核心目的之一是弥补可持续发展的资金需求缺口。其次从该战略的主题、实施重点、行动计划、优先任务、特别措施、辅助性措施、监管机构实施方案以及战略最新完善计划等方面对其进行全面解析。最后就其中立法规划的基本逻辑和制度设计理念进行探讨。第三章介绍欧盟对可持续投资识别的法律规制，通过梳理《关于建立促进可持续投资的框架案例（EU）2020/852（分类法）》（以下简称《欧盟分类法》）关于环境可持续投资识别标准的法律规则分析该分类法的特点和作用，对其制度发展和完善提出建议。第四章针对欧盟气候相关金融基准规范的发展，整理和剖析欧盟层面统一金融基准规范是怎样不断调整以回应有效评价金融活动环境可持续影响的现实需求。该章结合欧盟金融基准条例的两次修订对低碳基准、积极碳影响基准、气候转型基准和与巴黎协定一致基准的管理规则进行了介绍，并基于此对欧盟气候相关金融基准制度展开述评。第五章分别从金融服务业可持续性信息披露和企业非财务信息（可持续性信息）披露两方面对欧盟可持续金融信息披露法律制度的进展进行梳理，还结合《欧盟分类法》的出台整理了其对可持续性信息披露规则的补充，最后分别对上述两部分信息披露制度的优点和不足进行了评价。第六章围绕欧盟金融主体内部治理和风险管理法律规范的修订介绍欧盟如何促进金融企业把可持续性融入组织运营和业务管理，在对比上述规范对不同金融企业义务要求的差异后归纳欧盟可持续金融风险防范制度的特色，并结合可持续金融面临的两类典型风险（物理风险和转型风险）指出欧盟风险防范法律制度的缺漏。第七章介绍和分析欧盟绿色债券标准草案和实施指南对绿色债券发行的要求，并对其适用前景进行了评价。结论部分总结了欧盟可持续金融法律规制的特色、不足及对我国相关法律制度构建的启示。

本书主要采用文本分析法对欧盟可持续金融相关法律规范进展进行规范分析，并运用成本收益法对法规背后潜藏的立法机关价值取向进行剖析。

四、创新及不足

（一）创新

第一，研究对象新。联合国于 2017 年首次提出可持续金融倡议，欧盟于 2018 年在世界上首度发布可持续金融战略，可持续金融是一个与可持续发展融资相关的金融新模式，但又不同于环境金融、绿色金融和普惠金融，目前实践开始不久，理论研究还很少。本书以欧盟可持续金融相关法律规范为研究对象，在分析可持续金融与传统金融差异的基础上，对可持续金融法律规制的重点和具体制度设计进行探讨。

第二，研究内容新。目前各个国际组织以及各个国家或地区关于可持续金融的法律规范制定还处于初期，《欧盟分类法》、气候相关金融基准制度、金融服务业和企业可持续性信息披露规则以及金融企业内部治理机制中有关可持续性融入和可持续性风险管理的规范都具有开创性。本书介绍和分析了这些制度的内容、特点和有待完善之处，是对欧盟可持续金融法律规制现状的一次系统性梳理。

第三，观点新。本书在分析欧盟对可持续金融的法律规制框架和具体制度内容后认为其出发点是克服短期主义，目标是缓解可持续发展融资困境和实现金融体系自身可持续转型，采取的规制路径是在统一可持续投资识别标准基础上，分别从金融市场参与者内部（公司内部治理机制，主要是可持续性融入义务和可持续性风险管理义务）和外部（主要是气候金融基准、可持续性信息披露和可持续金融产品标准如绿色债券标准）同时发力来构建相对完整的可持续金融法律规制体系。

（二）不足

第一，本书对欧盟可持续金融法律制度的适用和实施研究不够。由于欧盟可持续金融战略仍处于实施初期，各项法律制度或刚刚出台或还在制定或酝酿期间，关于法律制度适用和实施效果方面的资料很少，因此本书仅从规范分析角度对其进行研究，待日后再作跟踪研究。

第二，本书就欧盟可持续金融风险管理法律规制的研究只涉及目前有立法动议的可持续性信息披露和金融企业内部治理规范领域，没有对其他风险防范机制作详细探讨。一方面，因为金融风险防范制度与金融学联系紧密，专业性很强，笔者在这方面的知识储备比较欠缺，无法深入探讨；另一方面，目前人们对可持续金融风险还不甚熟悉，如何在金融监管法律框架中管理这些风险还未达成基本共识，没有被广泛接受且又具备法律约束力的规则，更多仍停留在实践操作摸索期，还较难从法律规则角度进行提炼和总结。

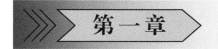

第一章

可持续金融及其法律规制

第一节　可持续金融及相近概念辨析

可持续金融并非一个突然出现的概念，它是环境金融、普惠金融、绿色金融等有别于传统金融的概念逐步发展和丰富的结果，要想深入了解可持续金融我们有必要从上述相近概念入手，通过剖析这些概念与可持续金融的异同来准确把握可持续金融的本质和特征。

一、环境金融、气候金融和碳金融

环境金融源自学者们用经济学理论和方法来讨论如何解决环境问题，如讨论导致环境问题产生的经济原因及解决路径。金融作为经济的重要组成部分和资源配置手段自然被作为缓解环境恶化影响的方式之一，从这个角度讲，环境金融属于环境经济学的一部分。琼斯·萨拉扎（Jose Salazar, 1998）最早提出环境金融的概念，认为环境金融系金融业根据环境领域需求进行的金融创新。拉巴特和怀特（Labalt and White, 2002）提出环境金融是指提高环境质量、转移环境风险的融资行为或过程。这两种观点都强调金融的环境改善功能。

随着气候异常现象日益频繁出现，温室气体排放成为各国政府和国际社会关注的主要环境问题。于是拉巴特和怀特（2007）等学者又开辟了环境金融一个新的研究新方向，即碳金融，他们认为碳金融可以被视为环境金融的一个分支，主要探讨与碳限制有关的财务风险和机会，通过为转移环境风险提供市场机制来促进环境目标的实现。另外，也有学者从实践角度提出碳金融是指建立在《京都议定书》框架基础上的为减少温室气体排放项目提供资金支持的机制（Meijer et al.，2006）。世界银行对碳金融的界定则比较狭窄，它把碳金融仅视为提供给温室气体减排量购买者的资源。王宇等（2008）认为碳金融是金融体系应对气候变化的重要体制性创新，具有减排的成本收益转化、能源链转型的资金融通、气候风险转移和国际贸易投资促进四个方面的功能。

世界银行和联合国环境规划署在 2017 年发布的《可持续金融体系路线图》中对碳金融和气候金融二者做了比较，指出碳金融主要是针对缓解气候变化的相关金融活动，而气候金融除包含碳金融覆盖的范围外，还包括针对气候变化适应的相关金融活动。①

从上述研究和资料可知，人们通常认为环境金融是一个比气候金融和碳金融更广泛的概念，碳金融是金融应对环境问题的解决途径之一，主要是为降低温室气体排放等缓解气候变化行为设计的金融支持机制，而气候金融则比碳金融的覆盖面要宽，不仅可以服务于环境气候变化行为，也可以为适应气候变化相关活动提供融资或资金解决方案。

二、绿色金融

绿色金融的概念最早见于美国 1980 年的《超级基金法》，2010 年《联合国气候变化框架公约》缔约方大会设立绿色气候基金用于为发展中国家提供资金支持以减少温室气体排放，此后绿色金融的提法便逐渐流行起来。② 有些学者从绿色金融的表现形式出发阐述绿色金融的实质，如匹赫兹（Perez，2007）指出绿色金融从法律角度讲始于 20 世纪

---

① World bank and UNEP. Roadmap for a Sustainable Financial System [EB/OL]. [2018 – 09 – 27]. https：//www. unep. org/resources/report/roadmap-sustainable-financial system.

② 何茜. 绿色金融起源、发展和全球实践 [J]. 西南大学学报（社会科学版），2021（1）：36 – 43.

80 年代的道德投资和责任投资，实际上是一种"自我约束"的私人投资形式，在这种形式下，投资者与金融中介之间签订包含环境和道德标准的契约，然后以投资者的名义进行社会投资。不过更多的学者是从功能角度来解释绿色金融的内涵，如索佩（Soppe，2009）认为绿色金融是把可持续性作为提高经济效率的一种战略工具；库万（Cowan，1998）则将绿色金融界定为"绿色经济和金融学的交叉学科"，主要目的是为绿色经济提供金融服务；拉巴特（Labatt，2008）提出绿色金融是提高环境质量、转移环境风险的金融工具[①]。

国内学者较多从实现绿色发展目标角度出发总结绿色金融的定义，如胡鞍钢、周绍杰（2014）认为绿色金融是促进绿色发展的间接政策工具，指通过金融手段促进资本流向绿色经济部门，达到提高资源利用效率、减少经济活动生态成本和控制投资项目环境风险的目的。李若愚（2016）提出绿色金融是指金融部门将环保、节能、低碳等因素作为投融资决策的参考依据，通过金融产品和服务来推动经济社会和金融业自身的可持续发展。

国际组织和国际机构也纷纷基于实践范畴对绿色金融进行总结，如 G20 绿色金融研究小组将绿色金融定义为能产生环境正效益、支持可持续发展，并将社会资本引导至绿色发展领域的金融生态系统，包括减少土壤、水和空气等领域的环境污染，提高资源利用效率，降低温室气体排放，减缓或适应气候变化并体现其协同效应等。国际发展金融俱乐部（International Development Finance Club，IDFC）在 2011 年官方报告中指出绿色金融包括对所有与环境相关的产品、绿色产业或具有可持续发展特征的项目进行的投资，以及引导经济金融可持续发展的金融政策。[②]

综上所述，绿色金融与环境金融有许多相似之处，二者的区别其实直到现在也并无定论，如果一定要加以区分，绿色金融可能更强调

---

① Labatts. Environmental finance: a guide to environmental risk assessment and financial products [J]. Advances in cryogenic engineering, 2008, 8: 405 – 409.

② 巴曙松. 中国绿色金融研究进展述评 [J]. 金融发展研究, 2018（6）: 3 – 11.

金融服务于整个绿色发展，绿色金融包括环境金融及其未涵盖的其他环境融资活动如针对保护生物多样性和其他资源保护方面的融资活动，也包括为促进绿色消费而开展的金融支持活动。

三、普惠金融

联合国在 2005 年的"国际小额信贷年"上首次提出普惠金融的概念，呼吁在全球范围内建立普惠金融体系。此后不少国际组织和国家都提出了自己的普惠金融概念，如联合国将普惠金融定义为"以可负担的价格为有金融服务需求的社会阶层或群体提供适当、有效的金融服务"[①]。世界银行则把普惠金融定义为一种"能够使社会所有阶层或群体广泛且无障碍享受金融服务的金融体系"（Allen et al.，2016）。2015 年，国务院印发的《推进普惠金融发展规划（2016—2020 年)》指出：普惠金融是指立足机会平等要求和商业可持续原则，以可负担的成本为有金融服务需求的社会各阶层和群体提供适当、有效的金融服务。

传统金融讲求经济效益和效率，同时对安全也很重视，因为安全是实现经济效益的前提，但对公平对并不关心。因此在传统金融理念下，金融的发展主要指金融深化，表现为金融市场规模扩大、金融工具和金融创新不断增加、金融主体数量和种类丰富、金融结构更趋合理和高效等。但传统金融的这种价值取向不仅导致贫富差距不断拉大，而且使金融资源在不同地区、行业和社会阶层之间的分配越来越不公平，资源使用效率低下，最终侵蚀了整个社会的经济福利。于是人们开始反思是否应该对金融进行干预，遏制其明显不公的资源配置，让金融能够更多地惠及原先无法或很难获取金融服务的对象，通过促进金融领域的公平来推动社会公平的向前进展，普惠金融就是在这样的背景下产生的。

值得注意的是，普惠金融的具体目标相较环境金融和绿色金融变

---

① 李建军. 普惠金融与中国经济发展：多维度内涵与实证分析 ［J］. 经济研究，2020（4）：37 – 51.

动会大一些。例如，有些地区随着金融科技的发展，原有的金融服务可及性和信息不对称难题得到了解决，但又衍生出新的金融公平问题，如算法科技对特定客户的隐性歧视，这种歧视同样使普惠金融的包容性受到威胁。此外，由于普惠金融主要着眼于弥补传统金融在公平方面的短板，而公平其实是一个不断发展的概念，因此普惠金融的具体目标客观上就存在着比环境金融和绿色金融更大的变化可能。

总之，普惠金融是从社会维度对传统金融的发展，它关注金融公平，提倡在商业可持续的前提下让金融服务能够触及更多希望获得金融服务的客户，通过金融体系的力量促进社会公平和公正的实现。

四、可持续金融

联合国是可持续金融这一名词的首创者，也是可持续金融体系建设的倡导者，为解决可持续发展目标面临的资金匮乏难题，更好发挥金融对可持续发展的支持作用，联合国通过一系列文件确立了可持续金融在可持续发展中的地位。2015 年联合国环境署发布题为《我们所需要的金融体系》[①] 报告，称"可持续金融体系中金融资产的形成、估值和交易均以促进实体财富满足包容性和环境可持续经济发展长期需要的方式进行"，可持续金融作为专有名词第一次出现在国际组织文件中。2017 年联合国环境署和世界银行联合发布《可持续金融体系路线图》[②]，倡议建设可持续金融体系。2019 年联合国秘书长古特雷斯（Guterres）在第七十四届联合国大会发布的《达成可持续发展目标的融资路线图》中提出一大目标、三项计划、六大领域和十五项倡议，这一文件成为金融推动全球可持续发展的行动指南。同年，联合国宣布建立全球可持续发展目标投资者联盟，并计划采取多项措施扩大可持续发展投融资规模[③]。

一些国家、地区和国际组织积极响应联合国的上述倡议，与可持

---

① ② World bank and UNEP, Roadmap for a Sustainable Financial System ［EB/OL］. ［2018 – 09 – 27］. https：//www.unep.org/resources/report/roadmap-sustainable-financial system.

③ 白澄宇. 可持续金融发展现状、国际经验及对我国的启示 ［J］. 可持续发展经济导刊，2021（11）：14 – 21.

续发展融资有关的政府多边合作平台纷纷涌现，比较重要的有 2019 年中国与欧盟、加拿大等创建"可持续金融国际平台"（IPSF），平台拟通过加强国际合作来协调可持续金融在分类、披露、标准和标签等方面的方法和举措，以达到持续扩大可持续金融国际影响力的目的。2018 年，由中国人民银行在中国担任 G20 轮值主席国时设立的 G20 绿色金融研究小组更名为可持续金融研究小组。2021 年 4 月召开的 G20 央行行长和财长会议通过两项工作计划：一项是制定一份可持续金融路线图，规划可持续金融中长期的工作；另一项是推进三项重点工作，包括强化可持续信息披露报送、统一绿色分类标准方法和工具以及鼓励多边开发机构采取切实行动支持实现《巴黎协定》目标。2021 年 10 月，二十国集团财长和央行行长会议批准了由中国人民银行与美国财政部共同牵头起草的《G20 可持续金融路线图》和《G20 可持续金融综合报告》①。

从发展历程来看，可持续金融的产生与社会责任投资有着密切联系，社会责任投资是一种在对投资标的进行筛选时考虑社会和环境影响的投资方式。越来越多的投资者基于社会和环境因素考量将非财务信息融入投资分析过程，推动了诸如影响力投资，环境、社会、治理（ESG）投资，可持续金融等概念的出现，最终政府、非政府组织和企业之间就可持续金融的概念达成一定共识。例如，洛克菲勒基金会提出影响力投资概念，成立全球影响力投资网络（GIIN），基金会认为影响力投资是一种对公司、组织和基金的投资，在产生财务回报的同时，也期待能产生社会和环境影响。② 2006 年，高盛公司发布的 ESG 研究报告中首次提出环境、社会和公司治理的概念，强调 ESG 投资在考察企业财务状况和盈利能力的基础上，还应结合环境、社会和公司治理等非财务表现对企业价值和社会价值作出综合评价③。同年，联合国社会责任投资原则（UN PRI）倡导在投资决策中充分考虑 ESG 因素。慢

---

①② 白澄宇. 可持续金融发展现状、国际经验及对我国的启示［J］. 可持续发展经济导刊，2021（11）：14－21.

③ Goldmansachs Co. Our liability and ESG［EB/OL］.［2020－10－03］. https：//www. goldmansachs. com/worldwide/greater-china/about/business-principles. html.

慢地实体经济领域的企业社会责任的影响逐渐蔓延到金融领域，形成了环境、社会、治理影响力评估体系，这可以看作可持续金融在资本市场的体现①。

伴随着上述实践过程，人们逐步对可持续金融的内涵进行概念化总结（见表1-1）。《瑞士可持续金融倡议》对可持续金融的界定是：可持续金融指将环境、社会、治理准则融入业务或投资决策，并以实现客户和整个社会长远利益最大化为目标的任何金融服务形式。欧盟可持续金融高级别专家组关于可持续金融的中期报告分别从狭义到广义角度对可持续金融下了三重定义，报告认为最狭义的可持续金融是在金融决策中融入环境、社会、治理因素的金融形式；再广泛一些的可持续金融是指促进可持续经济、社会和环境发展的金融；更广泛一些的可持续金融是指一个稳定的金融体系，该体系旨在从长期角度解决教育、经济、社会、环境问题，包括可持续就业、养老融资、技术创新、基础设施建设和缓解气候变化等。② 联合国环境规划署在2017年发布的《可持续金融体系路线图》中指出，可持续金融尽管仍是一个尚在发展中的概念，但它是一个比以往金融概念更广泛的概念，其宗旨是支持经济、社会、环境和其他所有可持续发展目标。根据《G20可持续金融路线图》的表述，可持续金融是以支持《2030年可持续发展议程》和《巴黎协定》的各项目标为目的的金融活动。布鲁金斯学会认为可持续金融是以同时促进经济、社会、环境可持续发展需要方式进行配置的公共或私人资金流动。③ 国内有学者总结可持续金融主要包含以下两方面含义：一方面，根据人类可持续发展目标和气候公约目标，更合理地有效动员和配置金融资源，满足普惠和包容性增长以及应对减缓气候变化所需的金融服务；另一方面，将环境、社会及公

---

① 白澄宇. 可持续金融发展现状、国际经验及对我国的启示［J］. 可持续发展经济导刊，2021（11）：14-21.

② HELG. Financing a Sustainable European Economy（interim report）［EB/OL］.［2018-09-21］. https：//ec. europa. eu/info/files/170713-sustainable-finance-hleg-interim-report_en.

③ World bank and UNEP. Roadmap for a Sustainable Financial System［EB/OL］.［2018-09-27］. https：//www. unep. org/resources/report/roadmap-sustainable-financial system.

司治理（ESG）纳入投资决策，以实现经济和金融在长期内有效运行和稳健发展，从而维护金融系统的稳定性。有学者指出，可持续金融以推进可持续发展目标实现为目的，而可持续发展目标旨在以综合方式彻底解决经济、社会和环境三个维度的发展问题，故可持续金融涵盖了所有产生社会和环境正向外部效应的金融服务，如绿色金融、普惠金融等已经逐渐成熟的金融领域和正在兴起的蓝色金融（海洋可持续利用）等领域（白澄宇。2021）。

表 1 - 1 　　　　　　　　　　对可持续金融的几种主要界定

定义机构	定义内容
瑞士银行	可持续金融指将环境、社会、治理准则融入业务或投资决策，并以实现客户和整个社会长远利益最大化为目标的任何金融服务形式
欧盟可持续金融高级别专家组	最狭义的可持续金融是在金融决策中融入环境、社会、治理因素的金融形式；再广泛一些的可持续金融是指促进可持续经济、社会和环境发展的金融；更广泛一些的可持续金融是指一个稳定的金融体系，该体系旨在从长期角度解决教育、经济、社会、环境问题，包括可持续就业、养老融资、技术创新、基础设施建设和缓解气候变化等
联合国环境规划署	可持续金融尽管仍是一个尚在发展中的概念，但它是一个比以往金融概念更广泛的概念，其宗旨是支持经济、社会、环境和其他所有可持续发展目标
G20	可持续金融是以支持《2030 年可持续发展议程》和《巴黎协定》的各项目标为目的的金融活动

从国际组织、国家、研究机构和学者对可持续金融的定义看，尽管目前人们对可持续金融还没有形成一个统一的权威性概念，但已就可持续金融的特点达成了一些共识。第一，把可持续金融定位为可持续发展的重要助推器，可持续发展面临的资金问题可以通过建设和完善可持续金融体系加以解决。第二，可持续金融比环境金融、气候金融、碳金融、普惠金融等金融形式的范围都要广泛，涵盖了以往对传统金融进行完善的所有金融形式，它既关注气候变化等环境问题带来的金融需求，也着力纠正因为金融体系经济导向化的市场运行带来的

社会公平隐忧。第三，可持续金融不是单独强调环境、社会、经济某个维度可持续发展的重要性，而是希望平衡金融在支持环境、经济、社会三方面发展中存在的利益冲突和矛盾，为实现人类的全面可持续发展目标做出贡献。第四，可持续金融旨在将环境、社会、治理因素考量纳入金融决策、投资决策和监管决策，为促进包括金融企业、机构和个人投资者、金融中介、监管机构在内的全社会养成长期价值观提供帮助。第五，可持续金融不仅着眼于金融体系对外部的影响，同时也着眼于对自身体系的变革，可持续金融是金融体系在可持续发展背景下的一次深刻和必然转型，其成功转型将实现金融体系自身的可持续发展。

五、发展可持续金融的必然性

（一）可持续发展拓展了金融的功能范围，金融不再只服务于经济目标，同时也要服务于社会目标和环境目标，并且要尽量促成经济、环境、社会目标的协调实现

2015年联合国大会公布的《2030可持续发展议程》提出17项可持续发展目标（Sustainable Development Goals），要求到2030年永远消除贫困，在健康、教育、弱势群体保护、用水、能源、就业、生产和消费、社会包容、城市发展、生态系统可持续利用、应对气候变化等多方面彻底解决发展问题①，引导全世界走向可持续发展，从文件表述不难看出联合国当前倡导的可持续发展不再局限于环境领域，而是包括了环境、经济和社会等不同领域，并且强调这三个领域可持续发展的协同性而非独立性。自可持续发展概念提出至今，其内涵已经从最初的关注减轻贫困、协调环境和发展矛盾到如今聚焦消灭贫困和实现经济、社会、环境各维度系统性可持续发展，这种战略内涵的转变对各领域包括金融领域产生了深远影响。

---

① 韩婷. 联合国2030可持续发展系列目标介绍［EB/OL］.［2020-07-01］. https：//www.sohu.com/a/399484469_747872.

金融最初的功能就是为经济领域提供资金融通，服务于经济目的。但随着环境恶化加剧和资源日益枯竭导致的环境和资源问题，再生能源投资、环境修复投资、气候变化改善投资等新型投资活动出现，开始金融只把这些作为与传统投资别无二致的投资，不过是投资领域不同而已，因此投资决策仍然遵循传统金融的经济效益原则。不过很快金融业发现这些领域的投资周期长、风险大而且政策经常调整，从经济效益角度讲并不具有吸引力，于是不少金融企业开始撤出或回避这类投资。

国际组织和国家最初将这些新型投资视为公共产品或者准公共产品，主要由国家公共财政或政策性金融机构提供资金，可是随着可持续发展涉及领域的不断扩展，很快这种政府资金主导的投资模式就难以为继了，可持续发展虽然面临巨额缺口但私人投资却始终不振。如果仍然按照传统金融的市场逻辑，这个难题自然无解，但是人们在可持续发展的资金困境中开始反思金融的功能，于是金融的环境功能被提出，后来金融的社会功能又被提出，金融的功能范围从经济领域拓展至环境领域和社会领域，这一转变意味着金融业负有相应责任而非仅仅是为提升自身形象或为赢得更多利益相关者支持可以做的自愿选择，金融业需要拿出实实在在的行动来证明自己确实在回应外部环境对金融功能的新需求。

（二）可持续发展整体目标的实现是建立在每个社会子系统自身可持续发展目标实现基础上，金融体系必须顺应这一趋势，否则有可能面临系统性风险

金融领域的可持续发展是可持续发展总体战略目标的一部分，可持续发展现已成为金融领域发展需要关注的最重要外部环境因素，而且可能是未来金融风险的主要诱发因素。风险一直是关乎金融体系健康发展的重要问题，金融活动的特点让风险成为利润的伴生物，金融体系始终关注系统性风险的可控性，持续从微观和宏观角度识别、衡量和缓释各类金融风险。之前金融监管机构和金融企业关注的金融风险大多由经济风险引致，而随着气候和环境的恶化，气候和环境相关

金融风险逐渐引起金融市场关注，可持续发展目标的提出和不断拓展让人们认识到新的金融风险正在形成。金融领域的服务属性使它很难独善其身，其服务的对象一旦出现风险，必然波及金融行业，也就是说金融企业如果选择的服务对象不合适。例如，在可持续发展的大趋势下依然选择投资高污染行业或社会不友好行业去获取短期利润，短期内也许仍然有收益，但随着可持续发展战略实施的深入，这些选择在不久的将来就将演变成风险爆发的源头，因此金融体系自身的可持续转型已刻不容缓。

第二节　对可持续金融的法律规制

可持续金融是可持续发展背景下金融体系的未来发展方向，但它不是传统金融的简单深化发展，而是传统金融的一次体制性变革，涉及金融体系的功能转型，原有法律规范不完全适用或尚未设置规范。与可持续发展相关的金融形态如环境金融、碳金融、气候金融、绿色金融、普惠金融等虽已制定相应法律规范，但与可持续金融的总体制度需求存在一定差距，不宜直接照搬，对可持续金融的法律规制应在分析其特性基础上确立规制重点和实现路径。

一、可持续发展背景下传统金融法的困境

传统金融法律规范与可持续发展背景下衍生出的新金融形态的最大不和谐之处在于立法宗旨和金融活动所追求价值的不一致，因此应该对原有法律规范进行检视以便让其与服务的经济基础相符。

传统金融法的宗旨主要着眼于金融市场效率和金融稳定，通过规范金融市场秩序和金融经营行为来实现金融业的有序竞争并保障金融消费者合法权益，同时兼顾金融资源配置效率和金融风险防范。起初效率和安全是金融法追求的两大目标，金融主体逐利性和自利性的天性使其倾向于不顾风险追求金融效率和效益最大化，甚至在追逐利润的过程中违反基本商业道德去损害其他主体利益，有的还给金融乃至

经济秩序带来破坏性影响，这些行为不仅给金融安全带来威胁，也引发贫富差距拉大和阶层固化，激化了社会矛盾，对金融领域和整个社会造成震荡。因此，在反思金融危机的教训后，人们意识到不仅要通过加强金融安全来平衡效率和安全二者的关系，还需要引入公平理念，让效率、安全和公平成为稳定金融的铁三角。而且随着人们对金融在社会发展中重要性的认识不断深入，金融的社会功能逐渐被认可，金融不再是冷冰冰的唯利是图，也加入了帮助贫困和各类弱势群体的行列，通过包容性金融工具来促进金融公平和社会公平，进而巩固金融安全。

金融公平理念的产生部分原因是基于人们在金融体系发展中对体系发展规律认识的不断深入，还有部分原因与可持续发展的整体趋势密不可分。可持续发展从最初的环境可持续发展演变到今日，强调环境、社会和经济的协调可持续发展，内涵不断丰富，目标中包含的反对歧视、保护弱势群体利益、改善社会治理等内容无一不彰显公平理念，这种公平是覆盖各个社会子系统的公平，是一种整体和综合的公平，金融公平是其中的重要组成部分，是可持续发展所追求公平目标的题中应有之义。

此外，金融效率和金融安全在可持续发展背景下也应有新的诠释。原来的金融效率是基于纯粹的经济绩效评价标准，而在可持续发展背景下金融绩效评价应把金融活动的环境效益和社会效益也囊括进来，金融资源配置效率不再是单纯经济维度的考量，还包括环境和社会两个新维度，这对金融绩效评价体系及其规范将产生重要影响，特别是金融基准规范必须予以调整才能符合新维度绩效评估的需要。而金融安全在可持续发展背景下也有了新任务，可持续发展带来的环境和社会相关金融风险越来越突出，预计可能造成的金融资产和经营损失也会日益扩大，这些金融风险是新出现的风险，金融企业、监管机构和金融市场其他参与主体对其不甚了解，识别、评估和防范等方面都存在不少难题和漏洞，金融风险管理涉及的对象有所增加，如何将其与现有风险监管机制更好协调和融合是关乎金融安全的重大问题。

二、与可持续发展相关金融法律规制存在的问题

（一）以财税性激励规范为主

无论是环境金融、碳金融还是绿色金融与普惠金融，在推行时各国（地区）都不约而同地采用了财政转移支付或税收优惠等财税法律机制来提高这些金融形式对人们的吸引力[1][2]，试图引导资金流向相关领域。例如，德国 1991 年颁布的《可再生能源法》给予投资风能的封闭式基金以税收优惠，同时还对绿色基金的红利实施税收减免。1995年，荷兰由税务部门牵头，组织环境、规划、居住、农业、自然资源、食品等多部门参与发起绿色基金方案，对投资于风能、太阳能、有机农业等绿色项目的企业给予税收优惠，且不再向环境友好型投资的利息及红利征税[3]。

这些法律规范因为能较直接且在较短时间内影响投资人的决策，所以颇受各国政府部门青睐。[4] 但无论这些法规对获取相关财税优惠的主体或行为的资格审查规定制定得如何详细，法律实施过程如何严格，都难以避免一旦优惠取消，相应的投资兴趣就消退的事实[5]，除非这些优惠能一直持续下去，并且能全面覆盖可持续发展打算支持的所有领域，但我们知道这事实上又是不可能的。因此，财税类立法容易造成投资的波动，甚至会引发道德风险或逆向激励[6]，有些主体冲着争取优惠而来[7]，优惠取消了就撤，或者为符合获取优惠的资格而不惜违反法律捏造事实[8]。不论是上述哪一种情况都与立法者的初衷相悖，这些法

---

① 陈冠伶. 国际碳交易法律问题研究 [D]. 重庆：西南政法大学，2012.
② 苏祖兴. 我国普惠金融法律规制研究 [D]. 兰州：兰州大学，2018.
③ 张雪兰. 国外环境金融的困境与应对举措 [J]. 经济学动态，2010（11）：139 – 143.
④ 董宁. 国际碳金融法律规制研究 [D]. 苏州：苏州大学，2016.
⑤ 涂永前. 碳金融的法律再造 [J]. 中国社会科学，2012（3）：33 – 53.
⑥ 刘正洋. 论金融机构环境责任的法律规制——基于国际实践的研究 [D]. 武汉：武汉大学，2020.
⑦ 崔迪. 国际碳排放博弈的法律研究 [D]. 沈阳：东北大学，2012.
⑧ 魏庆坡. 商业银行绿色信贷法律规制的困境及其破解 [J]. 法商研究，2021（4）：73 – 85.

律措施还会影响投资人开发具有商业可持续性前景项目的积极性，因此不能作为主要的法规形式，至多只能充当辅助性角色。①② 如今各国强调发挥私人投资者在可持续发展中的作用，虽然也会在财税法方面给予投资者鼓励，但都注意保持适度性。可持续发展及其投资不再仅是政府部门的事情，而是需要全社会的参与，因此应该确立金融法作为规范这类投资的主导法律地位。

总之，财税类法律机制不利于金融的可持续性和商业化运作，同时还可能造成逆向激励和道德风险，不宜作为推进可持续金融发展的主要法律促进机制。

（二）自愿遵守的倡议性规范居多

绿色金融、碳金融和环境金融都大量借助缺乏法律约束力的国际政治协议③、软法规范④或自愿遵循的义务规范⑤来试图引导金融市场参与者改变短期投资行为⑥，像碳金融就严重依赖多边政治协议来约束各方⑦，赤道原则也是作为绿色信贷的倡导性规范并不强制银行参加⑧。这些规范希望通过良好实践和先进理念的推荐来为其他主体提供行为示范，最终引导他们逐渐转变观念直至改变行动取向。

但这种改变很难满足可持续发展投资的速度要求，只能是这些金融形态在发展初期采用的规范方式，要想真正实现规范目的，还是必

---

① 方桂荣. 信息偏在条件下环境金融的法律激励机制构建 [J]. 法商研究，2015（4）：63－72.

② Andrea S. Kramer, Perter C. Fusaro. Energy and Environmental Project Finance Law and Taxation [M]. Oxford University Press, 2010.

③ 袁杜娟，朱伟田. 碳金融：法律理论与实践 [M]. 北京：法律出版社，2012.

④ James Munro. Trade in Carbon Units as a Financial Service Under International Trade Law: Recent Development, Future Challenges [J]. Carbon & Climate Law Review, 2014, 8: 178－199.

⑤ 杨祥召. 论我国绿色债券法律制度的构建 [D]. 武汉：武汉大学，2014.

⑥ 金璐. 我国碳金融立法问题研究 [D]. 长春：吉林大学，2016.

⑦ 张雪兰. 国外环境金融的困境与应对举措 [J]. 经济学动态，2010（11）：139－143.

⑧ 方桂荣. 集体行动困境下的环境金融软法规制 [J]. 现代法学，2015（7）：112－125.

须提高规范的强制性。以信息披露为例，自愿性环境和其他非财务信息披露的国际规范不少，很多国家还制定了相关国内规范，尽管有的规范提供了详细的披露格式、披露内容和披露内容的制作要求，但由于其自愿遵守性质，许多主体会选择性披露信息或干脆不披露任何信息，这不仅无助于改善金融市场的信息不对称，还可能造成金融市场的不公平竞争和市场割裂。鉴于这些信息的披露对上述新的金融形态中投资机会识别和风险管理的重要价值，应制定强制性自愿性披露规范。

自愿性义务规则遵守效果不佳，无法有效促使金融市场参与主体改变观念和行为，金融体系转型速度受到拖累，可持续金融应更加注重强制性法律规范的制定。

（三）　未从立法原则层面反思金融法与可持续发展的关联

普惠金融法律制度主要围绕金融消费者权益保护展开，而且大多是在现有金融法规范基础上作修订，并未从可持续发展角度出发对金融公平原则与可持续发展理念的关系做深入探讨。对环境金融和碳金融的法律规制也没有从宏观层面对法规与可持续发展理念的契合性做多少考察[1]，立法更多是为解决具体问题确立规则[2][3]，主要以对传统环境法的补充为主[4]或是以行政机关的政策替代法律[5]，绿色金融法律制度虽然已注意到应从立法宗旨层面反思并据此调整法规的重要性[6]，但由于绿色金融发展时间较短，相关法律审查工作还没有真正开始。[7]

---

① 陆静．后京都时代碳金融发展的法律路径［J］．国际金融研究，2010（8）：34 - 42.

② 史锦新．我国碳排放权交易的法律规制［D］．重庆：西南政法大学，2011.

③ Fitsum G. Tiche，Stefan E. Weishaar，Oscar Couwenberg. Carbon Leakage，Free Allocation and Linking Emissions Trading Schemes［J］．Carbon & Climate Law Review，2014，8：177 - 203.

④ Peter Yeoh，. Is Carbon Finance the Answer to Climate Control［J］．International Journal of Law & Management，2008，7：210 - 230.

⑤ 刘思跃，袁美子．国外碳金融理论研究进展［J］．国外社会科学，2011（4）：41 - 52.

⑥ 杨博文．绿色金融体系下碳资产质押融资监管的法律进路［J］．证券市场导报，2017（11）：69 - 78.

⑦ 杨峰．浅议绿色金融的法律规制［J］．人民论坛，2016（5）：125 - 127.

总之，这些与可持续发展相关的新金融形态的立法都没有从整体角度去评估规范与可持续发展原则的吻合度。有必要依据可持续发展理念对相关法律规范进行重新审查，并在此基础上调整原有法规或创设新规范。

三、可持续金融法律规制的重点

（一）使投资者产生从事可持续金融活动的意愿

缺乏投资意愿和投资主体范围狭窄是困扰环境金融、碳金融、绿色金融、普惠金融和现在可持续金融的一个主要共同问题，在可持续金融之前上述金融形态尝试过各种措施来激发投资者参与投资，既有政策鼓励、行业自律、社会组织和个人自发行动，也有法律规范，但至今仍未能有效解决这个问题。联合国、欧盟等积极倡议和已实际开展行动发展可持续金融的国际组织和地区性组织也屡次在与可持续金融战略实施相关的文件中反复提到这方面的挑战。因此对可持续金融的法律规制首先要针对这个根本症结开出药方，从某种程度上讲，对可持续金融的其他法律规制大部分都是为了解决这个问题。

激发投资者参与可持续投资或为可持续发展活动融资无非从正、反两方面入手，正向方面是让投资者产生这种投资比原有投资更有利可图的预期，反向方面则是让投资者意识到继续原有投资可能会出现收益下降甚至遭受损失的后果，严重的还可能承担法律责任或受到其他惩罚。财税法规范属于正向规制，环境法、投资者义务和公司治理规范属于反向规制①，财税法和环境法这两类法律规范在环境金融、碳金融、绿色金融中应用比较多，财税法规范在普惠金融中也应用较多，投资者义务和公司治理规范在环境金融、碳金融中涉及很少，在绿色金融和普惠金融中应用开始增多，但总体仍然处于零散和粗略状态，且以自愿遵守性质的规则为主。

财税法和环境法规范属于从外部给投资者施加影响，投资者义务

---

① 朱家贤. 环境金融法研究 [M]. 北京：法律出版社，2009.

和公司治理规范则着眼于从内部促成投资者改变，过去的法律规范从外部向投资者施加影响的居多，从内部约束投资者的较少，这种规制思路在可持续金融发展中需要改变。可持续金融需要兼顾经济、社会、环境和治理多重目标，由于不同利益相关方通常站在自身利益立场做出决策，这给协调带来很大挑战，期待各利益相关方积极协商解决是不现实的，必须通过法律规范为存在利益冲突的各方设置利益优先顺序或冲突解决方法。

施加外部影响的法律规制是一种事后约束，也是一种单向约束，单独实施效果不可能很好，而投资者义务则从事前预防角度对投资者进行约束，如果能将投资者义务的履行与投资者内部治理机制有效结合，则可以与施加外部影响的法律规范形成合力，共同促成投资者意愿的改变。另外，投资者义务及投资者内部治理规范应以强制性规范的形式存在并且需要增加规范的细致程度以提高可操作性和减少遵守主体的自由裁量空间，否则义务的遵守很容易打折扣。

（二）让可持续金融活动具备可行性

从外部影响和内部约束两方面促使投资者改变传统金融背景下以单纯经济效益为投资判断标准的理念问题，是否就能让其稳固地养成长期投资观念呢？实际情况是投资者义务和公司内部治理规范等内在约束也不能完全促成长期价值观的形成，因为如果仅有投资意愿，但没有可以投资的项目或无法准确识别项目是否具备可持续性，投资意愿的改变对促进可持续发展不会有实际帮助。这就给可持续金融提出了一个问题，怎样让投资者能够识别可持续投资或能够购买到为可持续投资提供资金的金融产品呢？

其实这不是一个新问题，环境金融、碳金融和绿色金融发展过程中都遇到了"漂绿"的烦恼。本来打算为环境、气候改善或绿色发展提供的资金最终并没能真正投入与实现这些目标相关的项目上，不少被传统项目换一个"绿色马甲"给套取了，有的资金甚至被用于与实现这些目标背道而驰的行业和项目上，给投资者信心和金融市场良性竞争造成严重打击。普惠金融发展过程中也存在由于缺乏判断是否符合"普惠"标准而出现资金挪用或误用的情况。

因此，关于可持续性的识别标准是可持续金融法律规制要解决的一个基础性问题，之前的环境金融、碳金融、绿色金融也尝试过制定一些标准，但是这些标准多为推荐性质，制定机关多为行业协会或社会团体，而且标准与标准之间不统一，适用存在很大难度和不确定性。因此，可持续金融迫切需要制定一套具有法律强制性的统一的判断标准来识别投资是否符合环境、社会和治理的可持续性要求，让可持续投资识别、可持续投资业绩评估、可持续金融产品设计和销售、可持续性信息披露、可持续性风险管理等规范的制定有一个统一和共同适用的参照基础，然后在此基础上构建符合可持续发展需要的金融基准、金融产品标准和可持续性评级法律制度。

需要特别强调的是上述可持续分类法、可持续金融基准制度、可持续金融产品标准和可持续性评级制度对真正和永久性纠正目前金融市场的短期主义倾向，形成与可持续金融本质相符的长期投资文化，培育和扩大可持续金融体系缺乏的投资者主体基础具有关键性作用。

（三）把可持续性风险控制在合理区间

当金融开始涉足环境、气候和绿色发展领域投资时，风险防范就成为金融企业、投资者和金融监管机关关注的问题。环境金融、碳金融和绿色金融关于风险防范方面的法律制度设计主要围绕如何降低包括金融机构在内的各类直接投资和间接投资于环境、气候、绿色发展领域主体的投资风险，即从投资风险管理角度来规制金融风险。

但随着全球环境和气候变化的不利影响日益加剧，金融企业经营面临的风险不仅是其投向环境、气候、绿色发展领域的资金因为项目技术新、管理经验缺乏以及政策变动带来的风险。金融企业的产品和服务自身也直接感受到环境变化和社会变革带来的风险，如保险公司面临的物理风险。同时，由于金融体系自身可持续发展的需要和趋势，金融企业传统业务转型带来的转型风险也给金融企业和金融系统带来巨大风险隐患。这些在可持续发展背景下衍生出的新型金融风险如何管理和克服成为当前金融体系的重大命题，也是金融风险监管法律制度需要面对的重大挑战。

传统金融体系对风险管理的法律规制主要依靠信息披露和风险防范双管齐下，可持续金融背景下的风险控制仍然主要借助这两方面制度，但需要对其加以完善。例如，传统金融信息披露制度主要针对的是财务信息，但可持续金融预测和识别风险主要需要的是非财务信息，而非财务信息相较财务信息种类庞杂，内容丰富，信息收集涉及众多部门且收集的技术性和专业性强，这对金融监管机构、信息披露主体和信息使用主体都是不小的考验。可持续金融信息披露法律制度必须在满足金融监管需要、不过度增加信息披露主体披露负担和成本以及让信息使用主体能够获得想要和有用的信息这三个目标之间小心权衡和协调。此外，与信息披露配套的信息共享平台建设和相关数据使用方面的法律规范也需要同时确立，才能让信息披露法律制度有效发挥作用。

针对传统金融风险的防范金融领域已形成较为固定的风险分类和与之相适应的风险管理和监督机制，但可持续金融背景下出现的新风险是否可以纳入现有金融风险分类并在现有风险监管框架内进行管理目前缺乏共识，金融监管机构、金融企业、国际组织、行业协会、社会团体目前都在对这些新风险的管理进行探索，但尚未形成较为成熟的规则。可持续金融风险管理法律制度的建立面临着严峻挑战，虽然人们现在对这些新风险还不甚了解，但已认识到这些风险与传统金融风险相比周期跨度更长，风险识别需要借助的科学知识门类多且专业性强，风险发展的不确定性大，这足以让风险管理的法规制定陷于一种两难的境地，积极管理风险也许采用的方法不一定合适，秉持稳妥谨慎管理的原则又可能造成风险积聚。总之，可持续金融风险法律制度完善的难度在于它不仅需要对风险管理机制的具体内容进行调整，还需要就风险管理的理念和监管框架进行抉择。

四、可持续金融法律规制的实现路径

金融体系短期主义倾向的突出表现是金融企业把自身利益凌驾于其他相关方利益之上，要纠正自利就必须引导金融企业选择平衡自利与利他的关系。然而希望金融企业主动选择兼顾自身利益和相关方利益是不现实的，有效的引导大多通过规范的约束对企业形成压力，迫使其采取平衡各方利益的行为。传统金融体系针对董事和高级管理层人员强化信义义务，并配以其他制度共同遏制董事和高级管理层人员追求企业短期利益最大化而牺牲长期利益的行为动机。可持续金融体系要解决短期主义倾向则必须强化投资者义务并配以其他制度遏制股东和企业的自利行为。

阻碍向可持续金融体系转型的短期主义倾向是金融主体表现出来的一种注重短期利益的倾向，这种倾向的产生是主体内外部因素共同作用的结果。主体自身因素是由于缺乏长期价值观，主体外部因素是相关金融市场制度和金融监管制度建立在传统金融体系理念基础之上，与可持续金融体系不匹配，加剧了金融主体短期主义倾向或阻碍了金融主体培养长期价值观，解决金融主体的短期主义倾向要同时从内外两方面入手。

（一）通过内部治理引导主体改变短期投资理念

金融主体长期价值观的缺失与对金融企业社会责任的法律约束不利有很大关联，目前对金融企业社会责任承担的规范大多停留在企业自律、行业倡议及鼓励性法律规范层面，强制性的义务规范很少，且对金融企业承担社会责任的具体范围指向不明，很难对金融主体培养长期价值观形成有效引导。金融企业在可持续发展背景下履行社会责任就是要发挥其资金融通中介作用，通过直接或间接参与可持续投资来为实现可持续发展目标提供资金支持，从而促进环境保护、社会公正和经济发展。可持续金融正是在这样的背景下提出的，因此克服金融体系短期主义倾向关键要立足金融行业特点，明确和强化金融企业作为投资者的法律义务，让长期投资和在经营中考虑可持续性成为具有法律约束力的规范。

承担社会责任是金融企业履行投资者义务的正当性基础，履行投资者义务是金融企业承担社会责任的主要实现方式。金融企业应该承担社会责任是基于其经营活动直接或间接产生的负外部性，为了弥补负外部性带给利益相关方的损失，金融企业用可持续投资的方式来减少经营的负外部性并创造更多的可持续性产出。① 社会责任的承担和投资者义务的履行需要金融企业完善内部治理规范，体现对可持续性因素和可持续性风险的考虑。具体来说，金融企业内部组织架构中应有相应的机构和人员来履行可持续性融入义务，这就需要明确企业机构设置中哪一部门具体负责实施这一义务，并需要对具体实施人员的职责和任职资格进行进一步细化规定以保证可持续性融入能切实体现在金融企业机构运作中，而在薪酬制度设计方面也得将可持续性约束和考核联系起来才能对相关人员产生相应的行为激励，同时金融企业还必须在经营决策、产品治理和风险管理等流程中都嵌入可持续性考虑才能真正将长期投资义务落到实处。

克服金融体系短期主义倾向的法律规制必须促使金融企业延长金融决策的时间范围，因为只有这样才能预测看似遥远但具有变革性的可持续发展转型，抓住与之相关的投资机会，也才能将相关风险降至最低。在当前的金融体系中，投资时间和风险错配问题比较突出，一方面在投资链的一端最终受益者的长期投资意愿（如养老基金、储户和主权财富基金）常常没有体现在金融企业的投资中；另一方面在投资链的另一端需要长期投资的企业需求又受到过度关注短期价格表现（尤其是上市股票和债券市场）的影响。② 金融企业的行为经常与最终受益人的偏好分离。例如，为了养老金最终受益人的最大利益，本应着眼于在长期内实现最大回报，但金融分析师、资产管理经理和交易员的薪酬取决于其给投资人带来的短期回报，因此容易受到股价短期波动的影响。法律规制要解决导致这种错配的委托—代理诱因和金融企业业绩评价体系规则，把可持续性融入金融企业内部治理机制特别

---

① UNEPFI. Luxembourg Sustainable Finance Roadmap ［EB/OL］. ［2019 - 03 - 23］. https：//www. unepfi. org/publications/banking-publications/a-journey-towards-a-sustainable-financial-system-luxembourg-sustainable-finance-roadmap/.

② ESMA. Report on Undue Short-term Pressure from the Financial Sector on Corportation ［EB/OL］. ［2019 - 12 - 31］. https：//www. esma. europa. eu/sites/default/files/library/esma30 - 22 - 762_report_on_undue_short-term_pressure_on_corporations_from_the_financial_sector. pdf.

是风险管理机制，明确金融企业对客户可持续性偏好的了解义务，让金融基准和评级与可持续性保持更高程度的一致性，更准确地反映金融企业可持续性风险的暴露程度。

（二）通过外部激励和保障帮助主体实现长期投资目标

可持续金融并不是要求金融企业放弃盈利追求社会和环境目标，而是希望金融企业找到兼顾社会、环境、经济三方面目标的商业机会，如果可持续金融产生的有别于传统金融体系的风险没能得到有效监管，那么宏观层面的金融体系稳定和微观层面的金融企业盈利都很难实现。在传统金融体系中，信息披露、金融产品标准、金融基准和风险管理等法律制度为金融企业经营和风险管理目标的实现提供了保障，可持续金融体系仍然需要这些制度来保障运行，只不过要对它们进行更新以适应可持续金融体系的需求。短期主义倾向的产生与可持续投资项目识别困难、可持续金融相关信息和风险披露不充分、可持续金融产品标准和金融基准缺失都存在关联。没有足够的信息和有效的风险识别及评价体系，金融企业无法判断商业机会是否可用，传统信息披露内容不包括可持续金融相关信息，传统风险分类和识别方法也无法完全满足可持续金融风险判断的需求，加之原有金融产品标准和金融基准无法反映可持续金融特点，想要抓住可持续金融发展中的机遇并不容易，只有解决这些金融市场配套制度中存在的短板才能为克服短期主义倾向提供良好的市场环境。其他金融市场参与主体的行为也会对金融体系短期主义倾向起推波助澜的作用。例如，金融监管机构频繁的报告要求本意是监控金融风险，但短促的报告期产生的副作用是导致报告主体（主要是金融企业）过多关注短期表现，这也是导致短期主义倾向的一个原因。另外，金融监管机构对金融风险和金融主体的监管框架都是建立在传统金融体系特点基础上，并不完全适应可持续金融体系，至少目前金融监管机构对可持续金融带来的风险并不熟悉，这也使监管规范难免存在与可持续金融体系长期风险管理不匹配之处。金融监管机构的态度对金融市场各方参与主体会产生重要影响，如评级机构、交易所等，这些主体的行为又会对金融企业产生影响。因此审查金融监管机构的监管规范是否与长期价值观存在冲突，调整不符合可持续金融要求的监管规范，并督促其他金融市场参与主体改变短期主义倾向才能为金融企业纠正短期主义倾向创造良好的外部环境。此外，可持续金融体系运行的一个重要前提是对可持续性活动的识别和分类，这是传统金融法律制度所未涉及的，无论是金融产品标准、可持续性信息和金融基准相关披露，还是可持续性风险管理都需以可持续性活动分类法为基础。

金融基准在传统金融体系中发挥着重要作用，是衡量投资业绩的参考依据，由于可持续金融体系下的投资与传统金融体系背景下的投资对投资业绩的考核标准发生了根本性变化，因此，金融基准规范必然面临调整，否则无法对可持续投资活动业绩进行适当评价。被用来衡量市场和投资组合表现的债券和股票市场指数及基准对资本流动方向有间接但重要的影响，但它们不一定与可持续发展目标一致，因此需要提高基准的透明度并引导投资者以符合长期投资策略的方式使用和选择基准，推动资本配置朝着可持续方向发展。目前，对基准的不当使用是金融市场中短期主义倾向产生的重要驱动因素之一。由于投资组合经理的业绩往往过于频繁地根据基准来评估，如果偏差导致短期相对回报较低或风险较高，这些经理可能受到惩罚，这不仅带来从众心理，也带来非常短视的投资理念。如果采用反映可持续性特征的基准衡量业绩，投资组合经理就可以从更长远的角度看待投资，假使他们对未来的投资收益有很强的信心就可以容忍被投资方表现不佳的时期。但由于需要对基准进行持续评估，他们不得不迅速撤出对那些暂时表现不佳企业的投资。传统基准反映的环境、社会、治理风险程度仅与交易所交易的股票或债券市场反映的环境、社会、治理风险程度相同，与可持续发展和气候变化相关的长期风险和机遇并没有在市场估值中得到相应体现，因此也不会在市场基准中得到反应。基于传统金融基准的投资策略往往会遵循现状将资本配置到并不符合长期可持续发展目标的资产上，这可能会引起潜在的"羊群风险"，即许多投资者都采取类似的策略。因此投资者必须谨慎使用传统基准，更多使用纳入环境、社会、治理考虑因素的基准。虽然指数提供商一直在开发一系列基于环境、社会、治理的指数和基准，旨在捕捉可持续性和气候因素，但这些指数和基准在整体投资组合配置中的重要性仍然很小。现在金融市场对定制可持续性基准产品的需求日益上升，不同的气候可持续性基准被纳入被动投资策略，一些大型资产所有者也开始将气候因素纳入其核心基准范围，一些国际组织和区域性组织如IOSCO 基准原则（2013 年制定）和欧盟基准条例（2016 年发布）也在这方面做了尝试。

人们在为可持续发展融资的实践中制定了一些规范，为促进可持续金融体系发展提供了一定程度的支持，不过从实施效果来看，这些规范的强制性不够，部分规范之间存在协调适用甚至竞争的问题，有些领域又存在规范缺失问题。因此，全面、科学、统一且具备更强约束力的规范对可持续金融的进一步发展至关重要，也是可持续金融规范的未来发展趋势。

总之，可持续金融有别于传统金融的关键在于它立足长期时间跨度进行金融决策和风险管理，其要求统筹考虑经济、环境和社会影响归根结底是希望从人类长远发展角度平衡各类主体的利益冲突，法律的作用在于围绕可持续金融的上述特点纠正现有规范中引发短期主义动机的制度设置，同时为促成可持续金融行动的开展提供规则支撑和行动鼓励。因此，可持续金融法律规制的重点和核心是克服短期主义倾向，主要通过法律义务和内部治理规范约束和引导金融企业、金融监管机构、金融市场其他参与主体形成长期价值理念，并设计金融市场基准规范、可持续性信息披露规范、可持续性风险管理规范、可持续性金融产品标准规范和评级规范等外部金融市场制度来强化金融主体的长期价值理念。

本 章 小 结

可持续金融是在环境金融、碳金融、气候金融、绿色金融、普惠金融等与可持续发展相关的新型金融形态基础上发展而来，但它比这些金融形态更进一步，不仅让金融体系为可持续发展服务，也对金融体系自身加以变革，目标是实现金融体系的可持续发展。我们应在比较其与传统金融及其他相近金融概念异同的前提下来讨论可持续金融体系构建所需要的法律制度，总结前述可持续发展相关金融形态的立法得失和传统金融法律制度与可持续发展不匹配之处，再结合可持续金融特点探索与之相符的法律制度构建。

第二章

欧盟可持续金融战略及其法律制度设计

第一节　欧盟可持续金融战略

一、欧盟可持续发展战略演变

欧盟一直是联合国可持续发展战略的积极拥护者和践行者，这可以从其可持续发展理念形成、战略提出、战略拓展、战略深化等一系列发展进程中可见一斑。欧盟意图借助确立和实施可持续发展战略的契机增强其全球竞争力和领导力，同时促进联盟内部凝聚力的提升。

可持续金融问题的提出源自解决可持续发展的融资缺口，欧盟构建可持续金融体系的战略思路在其可持续发展实践和战略形成过程中逐步变得清晰。可持续发展赋予金融体系的任务为金融领域的发展和商业模式变革带来新契机，同时可持续发展引致的实体经济转型也给金融体系稳定制造了新威胁。因此，了解欧盟可持续发展的战略演变和实践需求是深入理解其可持续金融战略规划意图的前提。

欧盟官方确认的可持续发展内涵很早就从环境维度拓展到社会维度，后又进一步延伸至治理维度，并强调应协调经济、环境、社会和治理等不同维度之间的利益冲突，通过绿色转型实现全面可持续发展目标。可持续金融战略其实就是欧盟可持续发展战略中金融领域的可持续发展计划，它不仅服务于环境可持续发展，也要为经济、环境、社会全面协调可持续发展提供金融助力。

（一）可持续发展理念的形成

欧盟关于可持续发展理念的官方表述起初见于其联盟的基础条约，后又在首个联盟发展规划中得以确认。1997 年 10 月，欧盟 15 国外交部部长签署的《阿姆斯特丹条约》正式提及可持续发展理念，该条约对《罗马条约》进行了修订，将《罗马条约》中"在界定和实施共同体政策与活动时必须包含环境保护要求"条款作为原则纳入《阿姆斯特丹条约》第五章。[①] 2000 年 3 月，欧盟 15 国在葡萄牙里斯本举行特别首脑会议，达成欧盟第一个十年发展规划（"里斯本战略"），战略将可持续发展与建设和谐社会及振兴经济共同作为欧盟未来发展的三大支柱[②]，从原则到支柱的表述显示可持续发展理念已被欧盟正式承认。

（二）可持续发展战略的提出

为体现和贯彻可持续发展的支柱地位，2001 年 5 月欧盟委员会发布《可持续的欧洲使世界变得更美好：欧盟可持续发展战略》[③]，文件在哥德堡峰会上得到正式通过，这是欧盟可持续发展战略框架的首度亮相，标志着可持续发展在欧盟从理念走向战略。该战略在分析欧盟面临的各种可持续发展威胁基础上提出重点解决气候变化、能源转型、交通拥堵、食品安全和公共健康、自然资源合理利用等领域的发展难题，为欧盟可持续发展指明行动方向。

（三）可持续发展战略的拓展

随着联合国对可持续发展内涵的不断丰富及社会、经济、科技的

---

① Marc Pallemaerts. EU and Sustainable Delopment：Interal and External Dimensions ［M］. Brussels：VUB Press, 2006.

② 张越，房乐宪. 欧盟可持续发展战略演变：内涵、特征与启示 ［J］. 同济大学学报（社会科学版），2017（12）：36 – 46.

③ Commission of the European Communities. A Sustainable Europe for a Better World：A European Union Strategy for Sustainable Development ［EB/OL］. ［2020 – 02 – 24］. https：//ec. europa. eu/info/strategy/international-strategies/sustainable-development-goals_en.

向前发展，欧盟也在不断拓展其可持续发展战略的外延，可持续发展已不再仅与环境和自然资源保护相关，解决贫困、促进社会包容和让人们过上更有尊严的生活也成为欧盟可持续发展战略的题中之义。

2005年12月，欧盟委员会发布《可持续发展战略回顾：行动平台》[①]，于2006年6月得到通过，该文件在总结和评估欧盟可持续发展战略实施基础上增加清洁能源、可持续生产和消费、社会包容和移民、发展援助和解决全球贫困等内容，拓展了欧盟可持续发展战略的内涵，在原有强调国际合作的同时要求将可持续发展理念系统、全面嵌入欧盟各领域政策决策过程。

2010年，欧盟发布第二个十年发展规划《欧洲2020：一个智慧、可持续和包容的增长战略》[②]，规划突出数字技术革命背景对可持续发展的赋能，将智慧增长与可持续增长、包容增长并列作为欧盟三大发展方向，通过"创新联盟""欧盟数字化议程"以及提高国民生产总值中的科研投入比重来促进欧盟数字化转型；通过降低辍学率、提高中青年人口中的高等教育人口占比、技能培训、消灭贫困平台等方式提高就业人口比例和降低贫困率；通过降低温室气体排放、促进能效和可再生能源投资、升级基于全球视野的产业政策等途径推动环境友好型可持续增长。

2014年12月，欧洲理事会发布《2015年后的转型议程》[③]，该议程主要基于2013年6月欧洲理事会发布的《2015年后的欧洲全面发展框架》和2013年2月欧盟委员会发布的《让所有人都过上体面的生活：消除贫困、为世界创造可持续未来》，明确欧盟未来致力于实现经济、环境和社会的全面发展。2015年5月，欧洲理事会对同年2月欧盟委员会发布的《为消除贫困的全球伙伴关系和2015年后的可持续发

---

① Communication from European Commission. On the Review of the Sustainable Development Strategy – A Platform for Action. [EB/OL]. [2020 – 02 – 24]. https：//knowsdgs. jrc. ec. europa. eu/publications.

② European Commission. Europe 2020：A Strategy for Smart，Sustainable and Inclusive Growth [EB/OL]. [2020 – 02 – 24]. https：//knowsdgs. jrc. ec. europa. eu/publications.

③ European Council. Conclusions on A Transformative Post – 2015 Agenda [EB/OL]. [2020 – 02 – 24]. https：//knowsdgs. jrc. ec. europa. eu/publications.

展》表示支持①，落实了欧盟 2015 年之后可持续发展政策的实施、监测和评估等操作性问题。

（四）可持续发展战略的深化

可持续发展虽然已是共识，但不同国家、不同地区、不同行业、不同群体对实现向可持续发展转型的方式和速度却存在不同看法，这些不同看法导致了各国可持续发展进程的差异。欧盟认为可持续发展是一个摆在人类面前迫在眉睫需要积极应对的问题，尤其是气候变化带来的可持续发展问题，因此它成为《巴黎协定》的倡导者和坚定推动方，这也是欧盟可持续发展战略不断走向深化的重要原因。

气候变化是阻碍可持续发展目标实现的主要不确定因素。2015 年12 月，近 200 个缔约方在巴黎气候变化大会上达成《巴黎协定》，2018 年 12 月联合国气候变化大会完成《巴黎协定》实施细则谈判。《巴黎协定》要求缔约方加强应对气候变化威胁的国际合作，把全球平均气温控制在较工业化前水平升高 2℃的范围内，并努力实现将升温幅度控制在 1.5℃以内的目标。协定旨在引导各方朝着可持续增长模式转型，减少对生态系统的进一步危害，建议通过技术和资金双重手段改善人类活动对环境产生的不利影响。

作为《巴黎协定》的倡导方，欧盟一直竭力推动协定的谈判和签署，2016 年 11 月欧洲议会批准《巴黎协定》。作为《京都议定书》到期后全球处理气候变化的纲领性文件，《巴黎协定》对各国应对气候变化的行动将产生深远影响，而且鉴于协定目标需要国家、企业、个人的共同参与，改变传统不可持续的生产和生活方式，因此其实际影响已超出气候和环境领域，必然引发全球经济和社会系统的重大变革，对全球可持续发展带来深远影响。

欧盟较早对气候变化带来的发展风险和机遇进行系统分析和研判，

---

① Communication from European Commission. A Global Partnership for Poverty Eradication and Sustainable Development after 2015 [EB/OL]. [2020 – 02 – 24]. https：//knowsdgs. jrc. ec. europa. eu/publications.

作为全球气候应对行动的积极践行者一直不断完善自身可持续发展战略，意图在未来全球竞争中取得先发优势。2016 年 11 月，欧洲理事会通过声明《可持续欧洲的未来：欧盟对 2030 可持续发展议程的回应》并发布"一揽子"计划确定欧盟可持续发展的优先领域，计划包括可持续欧洲的未来行动计划和关于欧洲发展的新共识。① 2019 年 12 月，欧盟委员会发布《欧洲绿色新政》②，随后欧洲理事会和欧洲议会正式批准该决议，欧盟可持续发展战略掀开新篇章，欧盟意图借助实施《巴黎协定》的契机，将气候目标的实现与经济、社会目标有机结合，加速欧盟向可持续增长方向的全面转型速度。

《欧洲绿色新政》是欧盟可持续发展战略的最新进展，与欧盟之前的可持续发展战略规划一脉相承，但更全面、深入和细致，围绕可持续转型的关键领域制订一整套相互配合的深入转型计划。欧盟认为有必要重新考虑经济、工业、生产和消费、大规模基础设施、交通运输、粮食和农业、建筑、税收和社会福利等多个领域的清洁能源政策，强化保护和恢复自然生态系统、实现资源可持续利用以及改善人类健康等方面的理念，同时还需要加大数字转型及数字工具方面的投资。鉴于上述领域之间相互影响，当经济、环境和社会目标存在取舍关系时欧盟特别强调和注意保持政策杠杆使用的一致性，为确保公平转型，《欧洲绿色新政》在关键领域的转型计划都遵循系统性原则，追求环境、社会和经济的整体、协调转型。

二、欧盟可持续发展面临的障碍与资金支持

欧盟不少战略与可持续发展目标相关，如能源联盟和气候行动、单一数字市场、循环经济战略、创新联盟等，伴随这些战略的实施，

---

① European Commission. Sustainable Development：EU Sets out Its Priorities ［EB/OL］. ［2018 – 09 – 23］. https：//ec. europa. eu/info/strategy/international-strategies/sustainable-develop-ment-goals_en.

② European Commission. The European Green Deal ［EB/OL］. ［2020 – 02 – 03］. https：// eur-lex. europa. eu/legal-content/EN/TXT/？ qid = 1576150542719&uri = COM％3A2019％3A640％ 3AFIN.

资金问题逐渐凸显。欧盟委员会称欧盟 20% 的财政预算流向与气候相关的支出，地平线 2020 年预算中气候相关支出超过 35%，欧洲战略投资基金（EFSI）至少动用了 40% 比例的资金支持与气候相关的项目。此外，欧盟外部投资计划还援助了非洲及邻近地区的多个能源项目。然而即便是这样，根据欧洲投资银行粗略估算，仅仅在能源和交通领域欧盟若要实现 2030 年能源和气候目标，投资缺口就高达 1.8 亿欧元。① 欧盟意识到仅依靠公共财政的金融支持无法实现宏大的可持续发展目标，私人部门投资匮乏成为可持续发展的主要障碍。如果不培育私人部门的长期投资观念，不解决可持续发展领域投资风险控制和收益保障难题，不创新传统金融市场和金融工具，不改变金融机构的固有经营模式，可持续发展资金供求的矛盾会越来越突出。

　　欧盟认为影响可持续发展的障碍主要有资金、技术、观念和国际协调。② 第一，可持续投资项目使用的技术大多是新技术，风险大、投资收益没有保障，投资者望而却步。第二，传统环境不友好的项目投资因其技术成熟、盈利模式稳定依然受到投资者青睐。第三，大部分投资者更多关注短期利益和经济利益，对投资的长期利益及其对环境、社会的长期影响缺少关注的动力。第四，不同国家（地区）因经济发展水平差异对环境发展和社会发展目标重视程度有别，各国家（地区）可持续发展转型意愿和行动存在差距，可持续发展行动国际协调成为影响全球可持续发展战略整体实现的重要因素。为消除障碍并深入推进可持续发展，《欧洲绿色新政》提出了以下几种解决方案。

1. 资金难题的解决方案

　　欧盟委员会计划推出可持续欧洲投资计划，使用专门融资手段支持可持续投资，并为可持续项目提供技术援助和咨询服务。欧盟委员会还提出将气候预算在欧盟总预算中的比重提高到 25%，把回收废物

---

　　① HELG. Financing a Sustainable European Economy（interim report）［EB/OL］.［2018-09-21］. https：//ec. europa. eu/info/files/170713-sustainable-finance-hleg-interim-report_en.

　　② European Commission. The European Green Deal［EB/OL］.［2020-02-03］. https：//eur-lex. europa. eu/legal-content/EN/TXT/？ qid=1576150542719&uri=COM%3A2019%3A640%3AFIN.

和碳排放权交易系统拍卖两项收入中的一部分分配给欧盟预算用于实现气候目标，同时建议将至少30%的投资欧洲基金（Invest EU Fund）用于应对气候变化。① 此外，投资欧洲基金还将向成员国提供使用欧盟预算担保的选择。例如，在其领土和地区推行与气候有关的融合政策目标，并加强与成员国银行和机构的合作，鼓励它们通过全面绿化自身活动来实现欧盟政策目标。② 欧盟委员会也将充分发挥欧洲投资银行的作用，将其打造为欧洲的气候银行，并建立"公平转型基金"③，通过提供培训、工作机会和贷款帮助实现包容转型，其他基金如欧洲区域发展基金和欧洲社会基金也将为转型做贡献。

欧盟认为私营部门应是绿色转型的主要资金供给方，政策需要发出长期信号将金融和资本流动引导至绿色投资领域并避免资产锁定。为此，欧盟委员会对2018年3月推出的《可持续金融战略》进行完善，于2020年第三季度提出修订建议，具体包括：第一，通过分类法法规对环境上可持续的活动进行分类，将可持续性进一步纳入公司治理框架，强化公司和金融机构对气候和环境数据的披露，支持企业和其他利益攸关方在欧盟和国际范围制定标准化的自然资本会计准则。第二，为零售投资产品制定明确的可持续标签，推出欧盟绿色债券标准。第三，管理气候和环境风险并将其纳入欧盟审慎监管框架中，评估绿色资产现有资本要求的适用性。④

成员国预算在转型中发挥关键作用，更多使用绿色预算工具有助于将公共投资、消费和税收引向绿色优先事项，远离有害补贴，为此欧盟委员会将与成员国合作，对绿色预算编制做法进行筛选和基准测试，⑤ 使评估年度预算和中期财政计划多大程度上考虑了环境风险变得更容易，也有助于推广最佳实践做法。欧盟还将把衡量绿色公共投资的公共财政质量纳入对欧洲经济治理框架的评估并为成员国层面广泛的税制改革创造条件，取消对化石燃料的补贴，并拟将社会因素纳入

---

① ② ③ ④ ⑤ European Commission. The European Green Deal ［EB/OL］. ［2020 - 02 - 03］. https：//eur-lex. europa. eu/legal-content/EN/TXT/？qid = 1576150542719&uri = COM% 3A2019% 3A640%3AFIN.

税法考虑范围。① 欧盟委员会建议确保关于增值税税率的提议迅速通过，以便成员国可以更有针对性地使用增值税税率反映日益增强的环境目标，如支持有机水果和蔬菜。欧盟还评估了包括环境和能源国家援助准则在内的相关成员国援助准则，并在 2021 年进行了修订以反映《欧洲绿色新政》的政策目标。

2. 技术难题的解决方案

欧盟意识到实现《欧洲绿色新政》设定的目标需要新科技、可持续方案和颠覆性创新，为维持在清洁科技上的竞争优势，欧盟计划跨部门、跨单一市场大幅增加新科技的大范围部署和示范，构建新的创新价值链，将"欧洲地平线计划"与其他欧盟方案协同，发挥成员国公共资金在私人投资促进方面的关键作用。② "欧洲地平线计划"提供的全部工具将用来支持所需的研究和创新努力，该计划还拟动员当地社区参与到争取更可持续未来的行动中，使社会推动与技术推动相结合。欧洲创新与技术研究机构管理的知识和创新社区将继续促进高等教育机构、研究机构和公司之间在气候变化、可持续能源、未来食品以及智能、环保和综合城市交通方面的合作。欧洲创新理事会将把资金、股权投资和商业加速服务用于高潜力的初创企业和中小企业，帮助它们实现可在全球市场迅速扩张的突破性创新。

3. 观念难题的解决方案

欧盟委员会认为学校、培训机构和大学非常适合与学生、家长以及更广泛社区就成功转型所需变化进行互动，将制定一个欧洲能力框架来帮助发展和评估与气候变化和可持续发展有关的知识、技能和态度，还计划为在欧盟教师培训计划网络中推广良好实践交流提供支持。此外，欧盟委员会提议设立"欧洲社会基金 +"帮助欧洲劳动力从夕阳行业转移到朝阳部门，掌握新行业所需技能，并将更新"技能议程"和"青年保障计划"以增强民众在绿色经济中的就业能力。

---

①② European Commission. The European Green Deal ［EB/OL］. ［2020 - 02 - 03］. https：// eur-lex. europa. eu/legal-content/EN/TXT/？ qid = 1576150542719&uri = COM% 3A2019% 3A640% 3AFIN.

4. 国际协调难题的解决方案

欧盟拟制定一个更强大的"绿色新政外交",说服和支持其他国家(地区)为人类更可持续发展承担一份责任,在树立欧盟这一可信榜样的同时结合外交、贸易政策、发展支持和其他对外政策,让欧盟成为全球可持续发展战略实施领域有影响力的倡导者。欧盟委员会及其高级代表将与成员国密切合作,调动双边和多边的所有外交渠道,包括联合国、七国集团、二十国集团、世界贸易组织和其他有关国际论坛,并继续确保《巴黎协定》作为应对气候变化不可或缺的多边框架。

欧盟准备继续与占全球温室气体排放量 80% 的二十国集团接触,提高国际伙伴采取气候行动的水平,与全球伙伴合作共同开发国际碳市场,并设想与南方邻里和东部伙伴建立若干强有力的环境、能源和气候伙伴关系。欧盟将加强与非洲的接触,更广泛地推广和进行可持续和清洁能源贸易,并拟发起一项"NaturAfrica"倡议,通过建立一个保护区网络来解决生物多样性丧失问题,保护野生动物,为当地居民提供绿色部门就业机会。欧盟将利用其外交和金融工具来确保绿色联盟成为其与非洲和其他伙伴国家和地区(特别是拉丁美洲、加勒比、亚洲和太平洋地区)关系的一部分。①

欧盟意识到生态转型将重塑地缘政治,包括全球经济、贸易和安全利益,将在制定共同安全和防务政策时考虑气候政策可能产生的影响,并使加强应对气候变化影响行动力度的承诺在欧盟贸易协定中得到不断强化。欧盟委员会将提议把遵守《巴黎协定》作为今后所有贸易协定的基本要素,让贸易政策确保欧盟经济在绿色转型中所需原材料的贸易和投资不发生扭曲且保持公平。欧盟国际合作和伙伴关系政策会继续帮助引导公共和私人资金助力转型,关于建立邻里、发展和国际合作工具的建议拟将预算的 25% 用于气候相关目标。②

为激励国际投资者,欧盟将继续打造为全球可持续增长服务的金

---

① ② European Commission. The European Green Deal [EB/OL]. [2020 – 02 – 03]. https://eur-lex. europa. eu/legal-content/EN/TXT/? qid = 1576150542719&uri = COM% 3A2019% 3A640% 3AFIN.

融体系，在已建立的可持续金融国际平台上进一步协调环境可持续金融政策举措方面的努力，如分类、披露、标准和标签等，欧盟委员会还计划促进其他国际论坛（特别是七国集团和二十国集团）对相关问题展开讨论。

上述解决方案除资金难题直接涉及可持续金融外，其他三方面难题的解决也都有赖于资金支持，与可持续金融存在间接关联（见表2-1）。

表2-1　　　　　可持续发展面临的难题与资金支持的关联

难题类型	资金支持形式
技术难题	将"欧洲地平线计划"与其他欧盟方案协同，发挥成员国公共资金在私人投资促进方面的关键作用。 欧洲创新理事会将把资金、股权投资和商业加速服务用于高潜力的初创企业和中小企业，帮助他们实现可在全球市场迅速扩张的突破性创新
观念难题	设立"欧洲社会基金+"，帮助欧洲劳动力从夕阳行业转移到朝阳行业，掌握新行业所需技能。 更新"技能议程"和"青年保障计划"，增强民众在绿色经济中的就业能力
国际协调难题	欧盟国际合作和伙伴关系政策会继续帮助引导公共和私人资金助力转型，关于建立邻里、发展和国际合作工具的建议拟将预算的25%用于气候相关目标。 为激励国际投资者，欧盟将继续打造为全球可持续增长服务的金融体系，并在已建立的可持续金融国际平台上进一步协调环境可持续金融政策举措方面的努力，如分类、披露、标准和标签等

总之，资金支持是欧盟实现可持续发展目标的关键保障，发展可持续金融是破解资金难题和支撑解决其他可持续发展难题的重要途径。欧盟可持续发展战略对资金问题的规划从战略拓展阶段对具体领域的转型计划实施时就已开始，开始以公共资金为主的资金投入机制还能勉强维持转型活动的需求，但随着转型领域的增加，公共资金马上就显得捉襟见肘，于是以商业金融和私人投资为主的可持续金融模式被提出。

三、欧盟可持续金融战略及评价

欧盟可持续金融战略的制定是一个有条不紊、持续推进的过程。

自 2016 年底欧洲联盟委员会任命可持续金融问题高级别专家组负责为可持续金融制定一份全面蓝图以来，专家组先后于 2017 年 7 月完成可持续金融中期报告、2018 年 1 月发布可持续金融最终报告。在上述专家组报告基础上，欧盟委员会在 2018 年 3 月 8 日发布《可持续金融战略》（又称《为可持续增长融资行动计划》），正式提出建立欧盟可持续金融体系。2019 年，欧盟提出《欧洲绿色新政》构想，为贯彻新政中对可持续金融战略完善的提议，2020 年欧盟委员会开展了相关公众咨询和协商，至今欧盟的可持续金融战略仍在不断发展和更新中。

（一）核心主题

欧盟认为可持续金融一方面要提高金融体系对可持续和包容性增长以及缓解气候变化影响的贡献，另一方面要通过将环境、社会和治理（环境、社会、治理）因素纳入投资决策来加强金融体系的稳定性。[①] 因此，欧盟可持续金融战略框架设计时主要涵盖以下几个主题：

第一个主题是欧洲需要对可持续发展采取全面协调的办法，使金融体系的变化与实体经济的行动同步。欧盟认为政府必须确保价格信号反映积极和消极的外部性，金融系统的行动不能取代这些基本措施。金融系统的行动可以确保资本市场对这些和其他信号（如技术变化、物理破坏和社会期望）做出反应。金融改革只有与其他政策变化相匹配时才能充分发挥其潜力。

第二个主题涉及金融作为一种服务职能的中心作用。欧盟指出金融业一直遵循"了解你的客户"的原则，但往往不包括欧洲家庭、企业、市政当局或国家政府的环境和社会偏好，现在这一点需要改变。金融机构需要向客户和受益人询问其可持续性偏好和道德价值观。在可持续发展背景下更充分地了解客户需求有助于金融机构在转型加剧时改善业务模式，同时有助于人们重新建立对金融部门的信任、提升金融部门将资本导向经济和民众公民长期需求领域的能力。

---

① HELG. Financing a Sustainable European Economy（final report）［EB/OL］.［2018 - 09 - 21］. https：//ec. europa. eu/info/files/180131 - sustainable-finance-final-report_en.

第三个主题强调把可持续金融与欧洲各地具体需求联系起来的重要性。欧盟意识到为可持续的欧盟经济筹集资金的一个关键是推动银行、投资者、保险公司和其他金融机构将资本注入偏远地区实现包容的可持续金融。可持续金融在实现"公正转型"以及确保从高碳、资源密集型和污染性部门转移的同时给工人和社区带来净收益方面应发挥关键作用。

第四个主题是必须延长金融决策的时间轴，以便预见虽然现在看似遥远但具有变革性的可持续性变化，抓住机会，尽量降低风险。

（二）实施重点

欧盟提出可持续金融战略的重点包括：引入统一的可持续金融分类，明确哪些是"可持续的金融活动"，确保市场的一致性和清晰度；澄清投资者义务，延长金融决策时间轴，使其更多关注环境、社会、治理因素；改进披露规则，使气候变化风险和机遇完全透明；赋予欧洲公民更多权利并将其与可持续金融问题联系起来；从绿色债券开始制定正式的欧洲可持续金融标准；建立可持续的欧洲基础设施，扩大可持续资产管道的规模和质量；改革公司的治理和领导，构建可持续融资能力；强化欧洲金融监管机构促进可持续金融的权限和能力。①

（三）针对不同金融行业的特别措施

为更有效促进金融领域转型，欧盟分行业制定了特别措施：第一，促进银行业支持实体经济，扩大可持续信贷；第二，促使保险业在股权投资、长期投资和基础领域投资扮演更重要的角色；第三，确保资产经理、养老基金、投资顾问了解客户的可持续性偏好；第四，规定信用评级机构应延长风险分析时间轴，同时披露他们在评级中如何考虑环境、社会、治理因素；第五，要求交易所推动环境、社会、治理信息披露；第六，鼓励投资银行开展长期投资研究。

---

① HELG. Financing a Sustainable European Economy（final report）［EB/OL］.［2018 - 09 - 21］. https：//ec. europa. eu/info/files/180131 - sustainable-finance-final-report_en.

（四）辅助性措施

欧盟计划采取一系列辅助性措施支持金融体系转型：第一，为居民投资可持续金融赋权；第二，建设欧盟可持续金融监测平台；第三，提高金融市场标准的透明度和指导性；第四，确保欧盟会计准则不会阻碍长期投资；第五，为欧盟政策制定确立"优先考虑可持续性"原则；第六，在全球层面推广可持续金融；第七，支持社会企业发展；第八，重新评估自然资源和环境资源价值；第九，推动农业朝经济、环境、公众健康可持续发展方向转型。[①]

（五）《欧洲绿色新政》与可持续金融战略完善

1. 欧盟进一步完善可持续金融战略的背景

欧盟认为向可持续经济转型应包含所有部门的投资努力，需要将气候和环境风险融入金融系统，正在肆虐的新冠肺炎疫情也显示加强欧洲经济可持续性和韧性的迫切性，然而金融系统并没有足够快地转型。《欧洲绿色新政》提出更新可持续金融战略以便更好地帮助和引导对可持续性项目和活动的投资。2020 年 4 月 8 日至 7 月 15 日，欧盟采取网络和问卷方式向所有民众、公共权力机构和私人组织开放协商，协商咨询文件包括 102 个问题，欧洲证券市场管理局等金融监管机构向欧盟委员会回复了咨询[②③④]，随后欧盟委员会发布《关于各方对欧

---

① European Commission. Action Plan：Financing Sustainable Growth ［EB/OL］. ［2018 - 09 - 21］. https：//eur-lex. europa. eu/legal-content/EN/TXT/？uri = CELEX：52018DC0097.

② EBA. Response to European Commission's Consultation on the Renewed Sustainable Finance Strategy ［EB/OL］. ［2021 - 03 - 09］. https：//www. eba. europa. eu/sites/default/documents/files/document_library/Publications/Other%20publications/2020/896716/EBA%20response%20to%20EU%20Commission%27s%20consultation%20on%20Renewed%20Sustainable%20Finance%20Strategy. pdf.

③ ESMA. Response to European Commission's Consultation on the Renewed Sustainable Finance Strategy ［EB/OL］. ［2021 - 03 - 09］. https：//www. esma. europa. eu/sites/default/files/library/esma30 - 22 - 821_response_to_ec_consultation_on_a_renewed_sustainable_finance_strategy. pdf.

④ EIOPA. Response to European Commission's Consultation on the Renewed Sustainable Finance Strategy ［EB/OL］. ［2021 - 03 - 09］. https：//www. eiopa. europa. eu/content/eiopa-response-european-commission-consultation-renewed-sustainable-finance-strategy_en？source = search.

盟委员会更新可持续金融战略反馈的总结报告》，报告总结了各利益相关方反馈的把可持续性融入金融部门运营并成为主流观念所面临的机遇和挑战。[①] 机遇包括：提供一个赋能气候和环境的长期政策框架；利用新冠肺炎疫情复苏机会改变资本流向；深化国际对话和合作；使用创新和新技术，包括金融系统数字化；唤醒可持续性意识，培养新技能和提高相关知识水平。挑战包含：不可持续的短期利益追求实践和"漂绿"行为；防范与棕色资产转型和管理相关的社会、经济风险；环境、社会和治理数据的可获性、可比性和质量；基于新的整体监管框架复杂性带来的风险；管道项目（pipeline project）对投资者的可视性；在可持续金融活动中嵌入生物多样性影响考量的必要性。目前欧盟委员会尚未公布更新后的可持续金融战略。

欧盟可持续发展战略在形成和实施过程中伴随越来越多对可持续活动的投资，如何从资金上保障可持续发展需求成为欧盟可持续发展战略目标实现的关键，金融体系在其中扮演重要角色，也发生着深刻变革。欧盟意识到金融体系可持续转型的必然性和必要性，利用推进可持续发展战略的契机促成金融体系转型。纵观欧盟可持续发展战略的实施过程，金融体系逐渐发生着蜕变，从政府主导的政策金融支持到私人商业金融机构的逐步介入，从最初能效和新能源领域投资到后来交通基础设施、海洋、城市社区建设等更广泛领域的可持续投资，金融业在促进和支持实体经济和社会转型的同时也在反思传统商业模式的可持续性，试图更好应对可持续发展带来的金融风险并把握其中商机。

2. 《可持续欧洲投资计划》与可持续金融

《欧洲绿色新政》是欧盟可持续发展战略的最新诠释，可持续金融战略的更新与其密切相关，尤其是其中《可持续欧洲投资计划》涉及的许多内容呼应了利益相关方提出的欧盟可持续金融进一步发展面临

---

① European Commission. Summary Report of the Stakeholder Consultation on the Renewed Sustainable Finance Strategy［EB/OL］.［2021 - 01 - 05］. https：//ec. europa. eu/info/consultations/finance - 2020 - sustainable-finance-strategy_en.

的机遇和挑战，将对欧盟金融体系未来发展产生直接影响，此外新政中的关键领域深入转型计划也将给欧盟金融体系带来间接影响，深入分析《欧洲绿色新政》有助于准确把握欧盟可持续金融的未来发展方向。

《可持续欧洲投资计划》是《欧洲绿色新政》的投资支柱，致力于解决可持续发展的资金难题，该计划在为公共和私人投资赋能的措施中提出将可持续金融放在金融体系的核心位置，计划还提出未来十年通过欧盟预算和相关工具调动至少 1 万亿欧元的私人和公共投资，包括一个涉及欧盟各方面的可持续性转型整体框架，框架将面向所有与可持续转型相关的气候、环境和社会领域投资。① 该计划拟从三个维度助力气候中和的绿色经济转型：第一，欧盟预算将以空前力度把公共支出更多用于气候和环境，通过提供担保吸引私人资金，并通过"公正转型机制"促进受转型影响最大地区的公共部门投资。第二，为私人投资者和公共部门创建赋能框架，确保转型符合成本高效、公正、社会均衡和公平的要求，特别是计划结合《欧洲绿色新政》目标提出一项新的可持续金融战略，旨在进一步扩大可持续金融。公司将需要加大对气候和环境数据的披露，以便使投资者充分了解可持续投资机会，更好地引导他们投资以支持《欧洲绿色新政》。欧盟委员会将审查《非财务信息报告指令》。此外，新的可持续金融战略将通过为各种可持续投资产品提供清晰标签以及制定和实施欧盟绿色债券标准来促进对可持续投资的辨别，从而进一步增加投资机会。欧盟委员会还将研究公共部门如何在《欧洲绿色新政》背景下使用《欧盟分类法》，并尝试统一私营部门与公共部门的适用标准。第三，为公共行政部门和项目发起人提供定制支持，帮助他们识别、组织和执行可持续项目。欧盟委员会计划开发一种"可持续性测试"方法，要求一定规模标准以上的项目发起人必须评估项目对环境、气候和社会的影响，此外还将与"投资欧盟计划"的

---

① European Commission. Sustainable Europe Investment Plan and European Green Deal Investment Plan ［EB/OL］.［2020 – 02 – 03］. https：//ec. europa. eu/commission/presscorner/detail/en/fs_20_48.

实施伙伴合作开发以环境、气候和社会可持续性为目标的金融产品。对于项目发起人，欧盟委员会将推出咨询计划用来支持投资项目的确定、准备、开发、组织、采购和实施，必要时为实施咨询计划拨付的预算可以用来加强发起人和金融中介机构实施融资和投资业务的能力。

上述促进可持续投资的政策措施把可持续金融政策作为核心支撑，为可持续金融战略的下一步实施指明了若干具体完善方向。其中针对公共可持续投资的促进政策和对项目发起人的支持举措给可持续金融提出了新问题，因为之前可持续金融战略更多是从刺激私人投资角度来设计框架，未来需要思考如何同时有效刺激私人和公共资金为可持续发展融资。此外计划强调的公平转型目标以及配套的三支柱政策也将推动可持续金融战略在目前主要为环境可持续活动融资的基础上加强对社会可持续活动的融资力度。

3. 关键领域转型计划与可持续金融

在《欧洲绿色新政》关键领域转型计划中有不少措施也将间接对可持续金融战略的实施产生影响。例如气候领域，欧盟《气候法》将气候中和目标以法律形式确定下来有助于形成稳定的投资预期进而帮助培育长期价值观；涉及碳交易方面的政策对规范绿色资产定价有一定帮助；制定气候适应工作方案引导公共和私人投资并确保投资者、保险公司、企业、城市和公民能够获取相关数据可以鼓励他们把气候变化纳入风险管理实践，这对金融企业风险管理至关重要。再如能源、交通、基础设施、生态保护等多个领域更加严格的转型促进法规和鼓励性融资补贴政策可以增强金融企业改变传统商业模式的信心，也能够通过控制金融企业交易对手风险的方式降低金融企业的风险，对于可持续金融体系的建设都是利好消息。①

（六）评价

欧盟可持续金融战略最初提出是为了解决可持续发展中的资金缺

---

① European Commission. The European Green Deal ［EB/OL］. ［2020－02－03］. https：//eur-lex. europa. eu/legal-content/EN/TXT/？qid＝1576150542719&uri＝COM%3A2019%3A640%3AFIN.

口和引导私人投资流入，围绕可持续发展融资难题欧盟决定对金融体系来一次系统性变革，希望借此激发金融领域在促进可持续发展方面尚未被开发的潜力。欧盟可持续金融战略的设计既坚持鼓励资金配置市场化运作的基本原则，同时又十分强调政府部门的引导作用，通过制度机制动员包括个人在内的所有社会力量认同并参与可持续金融体系的构建，将环境、社会、治理可持续理念和可持续性融入义务贯穿到金融体系每一个参与方和关联方的行动规则。欧盟的可持续金融战略在顶层宏观设计基础上注重微观的细节支撑，战略的各项具体目标和行动计划之间形成相互配合的整体系统，始终强调可持续金融对可持续发展战略实现和欧盟各成员国公平转型的关键推进作用，保持可持续金融战略与可持续发展战略的同步性。此外，欧盟也把可持续金融战略的完善作为可持续发展战略顺利实施的重点关注对象，在可持续发展战略规划中不断为可持续金融体系发展提供政策支持。

当然作为世界上第一份较为完整的可持续金融发展战略，欧盟的可持续金融战略只是结合自身发展需要和实力的初步探索，其目标虽然宏大，但实现并非易事，它与欧盟资本市场联盟建设的进展以及欧盟可持续发展战略的规划都密切相关。

第二节　欧盟可持续金融法律制度设计

欧盟认为可持续金融法律规制的核心是克服短期主义倾向，这是保证金融体系向可持续方向转型的关键，相关法律制度的设计应该围绕遏制短期主义动机、促成长期投资选择、保障长期投资收益并控制风险角度展开。

一、制度设计的逻辑起点

短期主义倾向对可持续金融体系的危害甚于传统金融体系。传统金融体系中短期主义倾向主要表现在金融企业的董事和高级管理层人员为追求自己任期内的良好业绩将短期利益最大化作为企业经营目标，有可能导致股东和企业的长期经济利益受损，如果大部分金融企业或有重要体系影响力的金融企业都着眼短期收益最大化，那么整个金融体系的风险水平也会上升，进而金融体系的稳定性受到影响，美国次贷危机和欧债危机都是明证。随着环境污染和气候变化带来的压力，可持续发展已成人类发展的必然趋势，金融企业及其股东追求企业利润而损害外部利益相关方利益、不顾及企业经营对外部长期影响的事件不断发生。人们对金融企业短期主义倾向的关注重点转向金融企业经营行为对外部产生的不利影响，认为金融企业与实体企业一样都有承担社会责任的义务，不能把企业利润获取建立在负外部性的基础之上，企业经营不能给社会带来长期损害，应该基于可持续性考量进行经营决策，寻找可持续金融商机。于是金融体系克服短期主义倾向不仅是为了维护企业和股东长远经济利益，也是为了保障社会整体福利。在可持续金融体系中金融企业的收益评价不再局限于经济收益，还包括社会和环境收益，金融体系的资源配置效率评价标准在可持续发展背景下发生根本性转变，在向可持续金融体系转型的过程中如果不克服短期主义倾向，它带来的不只是金融风险还有发展机会的丧失。

短期主义倾向与可持续金融的基本目标相悖。可持续金融天然与长期价值观相连，可持续发展面临的挑战需要充裕和稳定的资本投入才能化解，金融体系必须调整自身资源配置以适应可持续发展转型所需的资本密集型经济发展模式，今天的金融决策必须考虑资金使用的长期后果，例如金融决策对生物多样性、气候变化、社会公平和区域平等各方面产生的影响。可持续发展需要对长期资产（如熟练劳动力、高效照明、清洁能源基础设施、多产的土壤或循环资源管理）进行更多前期投资，可持续金融意味着对长期的承诺以及对投资价值的耐心和信任，这些投资的价值都需要经过一段较长时间才能实现。①

如果金融体系继续受到短期主义倾向的影响，那么向可持续金融

---

① UNEP. Beyond "Business as Usual"：Biodiversity Targets and Finance ［EB/OL］.［2021 – 01 – 07］. https：//www. unep. org/news-and-stories/story/more-needs-be-done-protect-biodiversity.

体系转型的目标将无法实现。短期主义倾向关注短期利润，在金融分析、配置和交易中寻求在经济回报还没来得及实现的时间段内收回投资。[①] 许多寻求实现可持续目标的公司和投资者会因为这种对金融市场和金融投资者的持续短期关注而失去坚持下去的勇气，如果不加以干预，那么可持续投资特别是私人可持续投资将受到遏制，金融企业将无法抓住可持续金融带来的商机，整个金融体系都将陷入短期主义的泥潭，更糟糕的是金融体系还会通过资金配置把这种短期主义倾向传递给实体领域，致使实体经济无法获得长期发展所需资金，最终影响可持续发展目标的实现。

英国央行前行长马克卡尼（Mark Carney）在其著名的"地平线悲剧"（tragedy of the horizon）演讲中呼吁人们关注金融行业存在的时间轴错配问题，他指出气候变化的影响将远远超出金融系统中任何个人或机构的能力范围，如果这一问题继续被忽视，可能带来灾难性后果。[②] 可持续发展背景下金融体系的可持续性与长期时间跨度相关，经济、社会和环境方面的相关投资均需要有长期导向的金融决策支撑。可持续性要求投资者在进行投资决策时融入对环境、社会和治理因素的考虑，愿意长期持有资产以获得经济回报。

欧洲银行业监管局通过整理相关学术文献、对金融企业开展抽样问卷调查以及结合自身和欧洲央行的监管数据库进行分析等方式对欧盟金融体系短期主义倾向进行调研。该局在文献研究时了解到资本市场存在导致银行短期主义倾向的一些证据，问卷调查和数据库分析也显示欧盟境内银行平均的业务规划和战略制定时间跨度为 3 ~ 5 年，这有可能阻碍制定和实施长期经营战略，而且这样的时间跨度似乎也不允许充分考虑和解决气候相关风险或其他可持续性挑战，此外银行面临的其他短期压力包括派息、股票回购、频繁向监管机构和市场报告

---

① ECB. Financial Stability Review [EB/OL]. [2021 - 11 - 07]. https：//www. ecb. europa. eu/pub/financial-stability/fsr/html/ecb. fsr202011 ~ b7be9ae1f1. en. html.

② Mark Carney. Breaking the Tragedy of the Horizon – Climate Change and Financial Stability [R]. London, 29 September 2015.

财务业绩的压力等。① 欧洲证券市场监管局主要通过公开调查方式了解投资者面对投资活动中长期价值和短期价值发生冲突时的优先选择顺序以及整个投资价值链中短期主义倾向的潜在驱动因素。该局发现尽管利益相关方声称其长期投资期限超过六年，但公开调查的结果却是一般金融企业业务活动的最常见时间期限少于五年。②

根据欧盟高层专家组关于可持续金融的最终报告，欧盟金融领域的短期主义倾向正在加剧，数据显示金融市场交易资产的平均持有时间变得更短。例如，平均股票持有期限已从20年前的约8年降至如今的仅8个月，股票经理平均在20个月内完成整个投资组合的周转。③股票平均持有期限的下降说明欧盟金融市场交易频繁，高频交易可能占欧洲交易所交易量的很大一部分，越来越多的金融机构着眼于短期价值获取，更多资产管理公司不断受到同行和市场基准的评估，这些评估使得许多投资组合经理即便是面对他们很看好的公司也很难从更长远的角度看待问题，难以容忍公司业绩不佳的时期。而股票通常是一种长期投资工具，其风险回报一般在数年后才能实现，尽管长期投资者也会定期调整他们的持仓，但如果这些频繁交易是出于对股票工具短期价值的提取或是因为市场压力对相对业绩或基准进行持续实时评估，则会给企业带来巨大的短期压力，迫使他们实现短期利润最大化，这将引发实体经济中的投资不足和短期主义倾向。

欧盟企业更多依赖银行间接融资而不是直接融资，也就是说债权投资相对股权投资在欧盟境内占比更大，这也是欧盟资本市场联盟规划全力推进直接融资市场发展的重要原因。但到目前为止欧盟境内以

---

① EBA. Report on Undue Short-term Pressure from the Financial Sector on Corportation［EB/OL］．［2020－02－24］．https：//www. eba. europa. eu/sites/default/documents/files/document_library/Final% 20EBA% 20report% 20on% 20undue% 20short-term% 20pressures% 20from% 20the% 20financial% 20sector% 20v2_0. pdf.

② ESMA. Report on Undue Short-term Pressure from the Financial Sector on Corportation［EB/OL］．［2019－12－31］．https：//www. esma. europa. eu/sites/default/files/library/esma30－22－762_report_on_undue_short-term_pressure_on_corporations_from_the_financial_sector. pdf.

③ HELG. Financing a Sustainable European Economy（final report）．［EB/OL］．［2018－09－21］．https：//ec. europa. eu/info/files/180131－sustainable-finance-final-report_en.

银行贷款为代表的债权融资仍然占有相当重要的地位，债权融资相对股权融资时间跨度更短，与可持续发展融资的长期性更不匹配，因此欧盟以债权工具为主的金融市场融资特点和愈加频繁的股权工具交易更容易滋生短期主义倾向。

二、制度设计和完善

欧盟可持续金融战略吸纳了专家组报告的观点，将短期主义倾向视为影响金融体系适应可持续发展融资需求的主要障碍，主张利用政策、法律和教育等多种手段帮助金融企业、金融监管机构和金融中介机构等各方参与主体消除短视倾向。从法律层面讲，欧盟意图通过确立投资者的长期投资义务以及金融机构、金融监管机构和金融中介机构的可持续性融入义务来对症下药。为把上述义务履行落到实处，欧盟拟通过完善金融企业内部治理，强化组织机构职责分工和相关人员责任，改进金融产品设计、审批、销售流程和企业内部风险管理机制，以及评估金融监管机构决策流程、监管规范和评级机构业务流程来实现。同时，欧盟还计划通过加强可持续性信息披露规范和数据平台制度建设来夯实可持续性风险管理以更好支持可持续投资的风险控制和防范转型风险及物理风险，并且积极构建维持可持续金融体系运转的相关配套制度规范，如气候金融基准、可持续活动分类法以及欧盟绿色债券标准等，以期为培养金融体系的长期价值观创造良好的外部环境。简言之，欧盟实现可持续金融战略的法律规划以克服短期主义倾向为中心，主要通过强制性法律规范来引导金融体系各利益相关方追求可持续发展目标，从主体内部治理机制和外部环境激励两方面同时发力实现立法意图。

（一）可持续金融战略设计的法律制度框架

欧盟委员会在专家组最终报告基础上制订可持续金融行动计划，希望为可持续金融战略实施提供操作指引，行动计划旨在重新引导资本流向可持续投资以实现可持续和包容性增长，管理由气候变化、资源枯竭、环境退化和社会问题引起的金融风险并强化金融活动和经济活动的透明度和长期主义倾向，计划包括以下几个方面。

1. 创建可持续活动统一分类体系

欧盟委员会建议采取循序渐进的办法，先对气候变化缓解和适应活动以及一些环境活动进行分类，然后再将分类扩展到其他的环境和社会活动。根据影响评估结果，在 2018 年第二季度提出一项立法提案，制定欧盟气候变化、环境和社会可持续活动分类，将可持续性分类纳入欧盟法律，并为在不同领域（如标准、标签、审慎要求、可持续性基准）使用此分类系统提供基础。

2. 制定可持续金融产品标准和标签

欧盟委员会可持续金融技术专家组根据公众咨询的结果和目前的最佳实践做法在 2019 年第二季度之前准备一份欧盟绿色债券标准报告，在《招股说明书条例》框架内明确绿色债券发行所涉招股说明书内容，为潜在投资者提供更多信息，探索在某些金融产品上使用欧盟生态标签框架。

3. 促进对可持续项目的投资

在加强项目咨询能力（包括发展可持续基础设施项目）的基础上，欧盟委员会将采取进一步措施提高为欧盟和伙伴国提供可持续投资支持工具的效率和影响。

4. 在提供财务建议时融入可持续性

根据影响评估结果修订《金融工具市场指令》和《保险分销指令》授权法案，确保在适用性评估中考虑可持续性偏好。基于这些授权法案，欧盟委员会将邀请欧洲证券市场管理局（ESMA）在其更新的适用性评估指南中纳入可持续偏好条款。

5. 制定可持续性金融基准

欧盟委员会打算在《金融基准条例》框架内通过关于基准方法和特征透明度的授权法案以允许用户更好地评估可持续性金融基准的质量，根据影响评估结果提出协调包括低碳发行人在内的基准倡议，要求技术专家组在征询所有利益相关方意见的基础上制作一份关于低碳基准设计和方法的报告。

6. 更好地将可持续性纳入评级

欧盟委员会将与所有利益相关者探讨修订《信用评级机构监管条例》的优缺点，授权信用评级机构以适当方式明确将可持续性因素纳入其评估，保护较小参与者的市场准入，同时邀请欧洲证券市场管理局评估信用评级市场的现行做法，分析其在多大程度上考虑了环境、社会和治理因素，要求将环境和社会可持续性信息纳入其为信用评级机构制定的披露指引中。

7. 明确机构投资者和资产管理公司的职责

欧盟委员会将根据影响评估结果提出立法提案，阐明机构投资者和资产管理公司在可持续发展方面的职责，明确要求机构投资者和资产管理公司在投资决策过程中考虑可持续性，让最终投资者了解他们如何将这些可持续性因素纳入其投资决策和可持续性风险管理。

8. 将可持续性纳入审慎要求

欧盟委员会探索将与气候和其他环境因素相关风险纳入机构风险管理政策的可行性，以及将其作为资本要求监管和指令的一部分对银行资本要求进行校正的可能性，同时邀请欧洲保险和职业养老金管理局（EIOPA）就保险公司审慎规则对可持续投资的影响发表意见，尤其是针对减缓气候变化方面的意见。

9. 加强可持续性信息披露和会计规则的制定

欧盟委员会将对上市公司报告的相关立法进行评估，包括可持续性信息报告要求和数字化报告前景；修订企业非财务信息报告指南，进一步指导企业如何披露气候相关信息以符合金融稳定委员会气候相关财务披露特别工作组（TCFD）的要求；成立欧洲企业报告实验室，促进企业报告的创新和最佳实践的发展；要求资产管理公司和机构投资者披露如何在战略和投资决策过程中考虑可持续性因素，特别是在面临气候变化相关风险时如何考虑可持续性因素；评估新修订的《国际财务报告准则》对可持续投资的影响，探索对权益类和权益类工具的长期投资组合进行公允价值计量的潜在替代会计处理方法；对《国际会计准则条例》的相关方面进行评估，并对欧盟有关上市公司报告立法进行适用性检查，探讨对《国际财务报告准则》的采用是否允许对不利于欧洲公共利益的标准进行调整。

10. 促进可持续的公司治理，减少资本市场的短期主义

欧盟委员会将评估是否要求公司董事会制定和披露可持续发展策略，包括适当调查整个供应链和可度量的可持续性目标；澄清董事应按照公司长期利益行事的义务；欧盟委员会将邀请欧洲证券市场管理局收集资本市场对企业施加短期压力的证据，考虑采取进一步措施的必要性。

为实现上述行动计划设定的目标，该计划的附件列举了与之对应的法律制度建设规划，包括八个方面：一是在技术专家组关于为减缓气候变化或适应气候变化开展的可持续活动分类法报告基础上制定欧盟气候变化、环境和社会可持续活动分类法。二是为绿色金融产品创建标准和标签。包括在技术专家组关于绿色债券标准报告基础上制定欧盟绿色债券标准规范，在现有证券法规基础上就绿色债券发行涉及的文件内容规范制定授权立法，同时立法要求将欧盟生态标签应用于金融产品评估。三是修订相关金融法规，要求金融企业通过完善内部治理来管理可持续性风险，并要求金融监管机构制定相关指南对法律适用进行进一步澄清。四是在欧盟统一金融基准条例基础上设立可持续性金融基准相关规则，特别是明确可持续性金融基准的定义、基准管理人义务以及基准方法论的披露等重要事项。五是要求欧洲证券市场管理局对评级规范中如何融入可持续性进行评估并提出建议以备后期完善欧盟相关评级法规。六是立法澄清机构投资者和资产管理人在可持续性方面的义务，加强最终投资者战略和气候相关风险的披露。七是将可持续性纳入银行和保险机构资本审慎和风险管理法律规范。八是完善可持续性信息披露和会计规则规范，修订与气候有关的非财务信息准则。①

在行动计划基础上欧盟还确定了以下可持续金融战略的优先任务，这些任务绝大部分包含在上述法律制度规划中：第一，建立欧盟可持

---

① European Commission. Action Plan：Financing Sustainable Growth ［EB/OL］. ［2018 - 09 - 21］. https：//eur-lex. europa. eu/legal-content/EN/TXT/？uri = CELEX：52018DC0097.

续活动概念体系，帮助界定最需要投资的领域；第二，确立投资者延长投资时间轴和对环境、社会、治理因素融入投资决策倾注更多关注的义务；第三，升级披露规则使可持续投资机会和可持续风险更加透明；第四，为个人投资者参与可持续金融投资创造机会；第五，为可持续金融资产和工具制定欧盟官方标准；第六，推动"可持续基础设施欧洲"，加强欧盟成员国迈向更可持续经济的基础设施建设能力；第七，将可持续性融入金融机构和监管机构治理体系。

自欧盟委员会推出可持续金融战略后，欧洲银行业管理局和欧洲证券与市场管理局先后公布了支持战略实施的推进方案，方案中明确了相关金融监管法规、政策和技术标准的更新计划。

1. 欧洲银行业管理局的实施方案

欧洲银行业管理局将根据职权考虑可持续性商业模式与环境、社会、治理因素的融合，建立一个监测系统以评估重大的环境、社会、治理风险，同时考虑环境不利发展产生的风险。

欧洲银行业管理局计划按照《资本要求条例》和《资本要求指令》的要求完成三项任务：一是评估环境、社会、治理风险是否应纳入监督审查过程；二是为大型机构披露环境、社会、治理风险、物理风险和转型风险相关信息制定技术标准；三是评估针对性披露与环境或社会目标相关资产和活动风险的审慎监管规定是否合理。[①]

欧洲银行业管理局还将调查被监管对象对可持续公司治理是否带来短期压力，根据《金融服务业可持续信息披露条例》授权为金融机构信息披露制定技术标准。

2. 欧洲证券与市场管理局的实施方案

（1）单一规则手册。欧洲证券与市场管理局认为基于保护投资者和公平市场竞争的政策目标，需要形成可持续性发展单一规则手册，通过一套统一标准强化对环境、社会、治理相关金融市场参与者的透明度义务和尽职调查程序，确保减少"漂绿"风险，让投资者能够了

---

① EBA. Action Plan on Sustainable Finance［EB/OL］.［2020 - 05 - 01］. https：//www. eba. europa. eu/eba-pushes-early-action-sustainable-finance.

解和比较投资的环境、社会、治理标签。

该局计划以有效和适当的方式整合可持续性因素，认为理想情况下整合应该在过程开始就发生。例如，在成本效益评估（CBA）阶段或者在为技术标准起草讨论文件或咨询文件时进行。这种可持续性考虑也将适用于对任何现有技术标准的审查，准备将完成与透明度义务相关的监管框架视为关键优先任务，该框架通过《金融服务部门可持续相关披露条例》中的披露要求来实现。① 欧洲证券与市场管理局作为欧洲金融监管机构联合委员会成员将为上述条例制定强制性技术标准，并在对当前金融监管现状进行分析的基础上确定可能出现"漂绿"风险的领域，再据此提供立法建议。

（2）集中监督。鉴于不同立法领域普遍存在对环境、社会、治理因素的考量，欧洲证券与市场管理局在监管趋同方面工作的优先事项是统一采用把环境、社会、治理因素纳入成员国主管部门监管实践的方法②，该局提出应该尝试建立一种共同的监督文化，并进行以下四个方面的干预。

第一，制作与环境、社会、治理因素相关的成员国监管实践和监管规定报告。该报告目的在于更好了解不同国家成员国立法对环境、社会、治理因素和可持续经营的法律规定，报告应重点概述以下内容：成员国监督与社会稳定因素有关领域的权力分配和相关机构权限；成员国在处理环境、社会、治理因素方面的监管经验水平；成员国是否要求金融市场参与者在受监管商业行为中纳入环境、社会、治理因素的明确要求；环境、社会、治理相关领域的数字化水平。

第二，在成员国中树立环境、社会和治理意识。目标是确保成员国主管部门对环境、社会、治理因素如何影响欧盟层面立法指向的不同领域金融市场参与者有共同理解，提高成员国主管部门对其监管角色应如何考虑可持续性的理解。欧洲证券与市场管理局将组织培训课程，重点关注环境、社会、治理因素在特定领域的影响，确保环境、

①②　ESMA. Strategy on Sustainable Finance［EB/OL］.［2020-05-01］. https：//www. esma. europa. eu/search/site/Strategy%20on%20Sustainable%20Finance.

社会、治理主题作为持续学习过程的一部分。

第三，促进关于环境、社会、治理因素的案例研究和监督实践讨论，聚焦降低"漂绿"风险，防止不当销售或虚假陈述。目标是让成员国主管部门分享在这一新生领域的持续监管经验。

第四，开发工具促进集中监督的欧盟法律环境。目标是开发指南或监察简报协调各国监管实践，工具的开发可以在更新现有监督规定时结合环境、社会、治理方面的考虑。

（3）直接监管。鉴于目前环境、社会、治理因素在欧洲证券与市场管理局的法律框架内缺乏明确规定，短期内监管任务是执行欧洲证券与市场管理局关于信用评级披露实践的指导方针，这些指导方针将要求信用评级机构就环境、社会、治理因素是否是改变信用评级的关键驱动因素方面进行信息披露。

欧洲证券与市场管理局将根据修订后的欧盟《金融基准条例》加强对所有基准（利率和商品基准除外）的信息披露要求，在欧盟委员会请求时在授权范围内向其提供关于环境、社会、治理因素融入的技术建议，并随时准备接受新的监管授权，如有关欧洲绿色债券标准的授权。[1]

（4）风险评估。监测金融市场发展并识别与可持续金融相关的风险，利用监管数据监控与环境、社会、治理相关的金融市场风险。[2] 监测将建立在商业数据提供者和公共数据集基础上，考虑现有数据的差异和限制，目标是建立一个全面框架用于分析环境、社会、治理因素和气候变化引发的金融风险以及不同被监管对象的转型成本。该框架将具有广泛基础，涵盖领域包括绿色债券、社会债券、排放配额、欧盟投资基金的环境、社会、治理评级、气候风险压力测试，相关目标市场效率以及"漂绿"。欧洲证券与市场管理局将与成员国环境评估机构共同制定和讨论该框架，分享分析环境、社会、治理因素的方法和最佳做法。

---

①② ESMA. Strategy on Sustainable Finance ［EB/OL］. ［2020 - 05 - 01］. https：//www. esma. europa. eu/search/site/Strategy%20on%20Sustainable%20Finance.

总的来说，欧盟可持续金融发展战略已就法律制度总体框架进行了搭建，确定了应完善或制定的法律法规（表2－2）。

表2－2　　　　　　可持续金融战略设计的法律制度框架

法律制度的规制对象	对应的法律法规
创建可持续活动统一分类标准	《关于建立促进可持续投资的框架条例（EU）2020/852（分类法）》
制定可持续金融产品标准和标签	《招股说明书条例》《绿色债券发行规范》《欧盟生态标签法案》
完善金融主体内部治理防范可持续风险	《金融市场工具指令》《可转让证券集合投资计划指令》《另类投资基金指令》《保险公司偿付资本监管框架》《保险分销指令》《信用评级机构监管指令》《资本要求条例》《资本要求指令》《证券监管单一规则手册》
制定可持续性金融基准	《金融基准条例》
加强可持续性信息披露	《金融服务业可持续性信息披露条例》《非财务报告指令》《非财务信息报告的非约束性指南》《关于气候相关信息披露的补充指南》《企业可持续性相关信息披露指令》《会计准则》《审计指令》《审计条例》《透明度指令》

（二）《欧洲绿色新政》对法律制度框架的完善

《欧洲绿色新政》出台后欧盟就前期可持续金融战略实施情况向利益相关方开展了广泛咨询，根据评估和反馈结果将对可持续金融战略进行完善（见表2－3），并会围绕以下几个方面完善原有法律制度设计。

表2－3　　　《欧洲绿色新政》对法律制度框架的完善计划

法律制度的规制对象	对应需要修订或制定的法规
提高环境数据的可获性、可用性和可比性	环境、气候数据立法及相关数据平台立法
识别和衡量长期可持续性风险	金融会计规范
将环境、社会、治理因素融入可持续性信用评级	信用评级条例
可持续金融资产标准和标签	绿色贷款、能效贷款和投资基金的欧盟可持续金融标签规范，可持续投资基金最低监管标准，可持续金融导向证券交易所规范

续表

法律制度的规制对象	对应需要修订或制定的法规
完善企业治理	供应链尽职调查规范，基于非财务业绩的企业可变薪酬规范
引导个人投资者参与可持续投资	金融咨询机构业务规范，数字金融法规
识别绿色资产和金融市场流动性程度	证券审慎监管规范
规范公共部门可持续投资活动	分类法，绿色债券发行规范
为产生不利影响的经济活动制定负面分类规范	分类法
加强转型风险和物理风险的识别、衡量、缓释制度建设； 将环境、社会、治理风险纳入金融审慎监管范围	金融风险管理规范

1. 为金融企业和非金融企业向可持续发展转型提供更多赋能

（1）加快相关环境和气候数据立法工作，强化数据的可获性、可用性和可比性，为企业提供一个自由、公共的环境数据空间，减少信息不对称，构建获取信息的公平竞争环境，规范数据融合服务提供行为以降低数据碎片化风险。

（2）改进金融会计规范，去除其中存在的阻碍识别和衡量长期可持续性风险的障碍，如规定在有关资产价值和损失的财务声明中对气候和环境风险进行统一和充分的识别。

（3）立法支持欧盟实施包含环境、社会、治理因素在内的可持续性信用评级。

（4）对可持续性金融资产、金融领域制定更细致的定义、标准和标签，如引入能效抵押贷款和绿色贷款标准以及投资基金的欧盟标签，要求欧洲金融监管机构对可持续投资基金设定最低监管标准或引入法律上的最低监管标准，制定环境、社会、治理金融基准等。

（5）为具有可持续金融导向的证券交易场所发展提供法律支持。

（6）进一步完善公司治理规范，如建立适用所有企业的供应链尽职调查欧盟框架，引入基于非财务业绩的可变薪酬在总薪酬中应占比例的强制性规定。

2. 为居民、公共部门、金融企业和企业活动对可持续性产生更多积极影响提供法律支持

（1）为金融咨询机构制定详细操作指南用于指导它们向个人投资者提问，从而促进个人投资者参与可持续投资。

（2）为欧盟绿色证券化制定监管和审慎框架用于解决识别绿色资产和缺少市场流动性等问题。

（3）通过完善数字金融相关法律规范支持个人参与可持续项目融资。

（4）将分类法和欧盟绿色债券标准适用主体范围扩展至公共部门。

3. 对气候和环境风险进行全面管理，将其融入金融机构和金融体系的整体运行中

（1）完善分类法，为产生不利环境影响的经济活动制定负面分类规范。

（2）完善金融风险管理规范，要求金融企业加强有关转型风险和物理风险识别、衡量和缓释的制度建设，将环境、社会和治理风险纳入金融机构审慎监管范围。①

三、评价

欧盟可持续金融法律制度的设计注重系统性和条理性。其法律制度设计紧密围绕克服短期主义倾向这一中心问题，以分类法为基础，帮助识别可持续投资，再从金融企业、投资者、金融监管机构、金融中介等主体内部治理机制入手，通过可持续性因素融入和可持续性风险防范等方式促进金融市场各方主体长期价值观的养成，并配以外部金融产品标准建设、可持续相关金融基准更新、可持续性信息披露制度完善来为长期投资机会识别、收益保障和风险防范提供支持，形成

---

① European Commission. Summary Report of the Stakeholder Consultation on the Renewed Sustainable Finance Strategy［EB/OL］.［2021 – 01 – 05］. https：//ec. europa. eu/info/consultations/finance – 2020 – sustainable-finance-strategy_en.

了一个相对完备的可持续金融法律规制基础框架，为下一步细化和优化奠定了基础。《欧洲绿色新政》颁布后，欧盟委员会对可持续金融战略的完善中又针对之前的法律制度框架进行了补充（如对可持续性信用评级进行立法、引入绿色贷款标准和细化、完善内部治理中的供应链尽职调查和薪酬制度规范、扩大分类法适用范围并制定负面分类规范等）和细化（如加快环境和气候数据立法以支持可持续性信息披露和风险管理、完善数字金融规范以支持个人参与可持续项目融资、将社会、环境、治理风险纳入审慎监管范围等）使可持续金融法律规制框架更为健全。

当然，欧盟的可持续金融法律制度也存在明显短板。例如，与金融产品标准制度有关的只涉及绿色债券，对其他可持续金融产品标准的制定还缺乏规划，而且目前绿色债券标准也是自愿遵守性质，这不利于可持续金融产品的推广。另外，在可持续金融风险防范方面欧盟的理念相对保守，基本是在现有金融监管法规框架下进行可持续性考量融入，这对于可持续性风险控制到底能发挥多大作用还有待时间检验。此外，虽然是可持续金融法律制度，但从目前的制度内容看，基本上是与气候和环境相关的金融法律规范，与社会可持续相关的规范还很少，这与可持续金融倡导的环境、社会、治理三方面的可持续标准还是有一定差距。

特别需要指出的是，欧盟有关可持续金融的全面立法才刚起步，正在搭建基本制度框架，绝大部分立法还处于立法动议或刚出台但尚未开始实施的阶段，已经出台的法律法规许多也不是一步到位地包含了全部立法规划内容，而是成熟一部分出台一部分。上述立法特点将产生以下影响：一方面，立法节奏受制于可持续金融实践的发展和立法者对可持续金融法律规制认识程度的深化；另一方面，对立法效果的评判有待于法规实施后的实证分析，目前只能根据法规内容从应然角度推断其可能对可持续金融发挥的作用。以《欧盟分类法》为例，由于该法是可持续金融的基础性法律制度，欧盟率先制定无疑使其在可持续金融法律制度领域争取到了相当的国际话语权，但目前欧盟出台的分类法制度还只涉及环境可持续性投资活动的识别规范，且仅就六类环境标准中两类目标实现的判断通过授权立法进行了操作层面的细化，未来还有很长的立法之路，加上分类法是一项技术性十分强的立法，与人们对气候及环境的认识水平密切相关，因此立法难度很大，而且从欧盟颁布的授权立法看，由于规范涉及诸多不同行业，规则内容比较复杂，执行起来将面临不小挑战。

可持续金融在欧盟可持续发展战略中处于关键性地位，其发展水平直接关乎可持续发展战略资金瓶颈的破解。鉴于可持续金融与传统金融存在本质性差异，与传统金融配套的法律制度必须加以调整才能符合可持续金融的规制需求，因此可持续金融法律制度的设计质量和实施效果将对欧盟可持续发展战略目标的实现产生重要影响。

本 章 小 结

可持续金融战略是欧盟可持续发展战略实施的必然产物，主要围绕解决可持续发展融资难题对金融体系进行重构，但欧盟可持续金融战略又未止步于此，而是同时站在系统变革的角度思考金融体系的未来发展方向。欧盟立足构建可持续金融体系的目标设计政策框架，紧密围绕可持续发展战略的需求，配以清晰的立法规划，强调以克服金融体系短期主义倾向为核心，从金融主体自身和外部环境两方面入手促进可持续金融所需长期价值观的养成，构建涵盖可持续活动分类法、可持续金融基准规范、可持续性信息披露规则、可持续性金融风险防范机制、可持续金融产品标准体系和可持续性信用评级规范等在内的可持续金融法律制度体系。

第三章

欧盟识别可持续金融
活动的法律规范

阻碍可持续金融发展的一个重要因素是法律对何谓"可持续金融活动"没有明确界定，虽然实践中存在各类组织制定的不少关于可持续金融活动的标准，但这些标准之间互有差异，对判断可持续投资造成更大困扰。可持续金融体系建设的初衷就是为可持续发展融资，由于没有统一的可持续金融活动识别标准，在很大程度上遏制了投资方特别是私人投资者对可持续投资的热情，这是欧盟将创建分类法作为实现可持续金融战略之立法规划重要组成部分的原因。

第一节　欧盟识别可持续金融活动的
立法规划及进展

一、立法规划——分类法

欧盟可持续金融战略提出制定分类法用于明确环境、社会、治理三类可持续金融活动的识别标准，分类法将采取分阶段立法方式逐步确立上述三类活动的判定依据。2020 年 6 月 18 日，欧洲议会和欧洲委员会在官方刊物正式发布《关于建立促进可持续投资的框架条例（EU）

2020/852（分类法）》（以下简称《欧盟分类法》）①，法案创设了统一的经济活动环境可持续性标准，为判断什么是环境可持续投资提供了依据，后欧盟委员会又通过授权立法形式对经济活动环境可持续性标准的具体适用制定技术筛选标准，《欧盟分类法》及其授权立法初步确立了欧盟关于可持续金融活动中环境可持续投资活动识别的基本法律规则，对鼓励可持续金融活动和促进可持续投资具有重要意义。欧盟及其成员国在为金融市场参与者或发行人提供具有环境可持续性特征的金融产品和公司债券设定监管要求（含在有关公共措施、标准和标签中制定相关监管要求）时将参照《欧盟分类法》规定的标准来确定一项经济活动是否符合环境可持续要求。

二、立法进展——环境可持续投资活动识别标准

（一）环境可持续投资活动的目的——实现环境目标

环境可持续投资是为实现一项或多项环境目标而开展的经济活动提供资金的行为。《欧盟分类法》确立了六类环境目标，包括：对气候变化的缓解、对气候变化的适应、水体和海洋资源的可持续利用和保护、向可循环经济转型、污染禁止和控制、生物多样性以及生态系统的保护和恢复。②

（二）识别环境可持续投资活动的标准

一项投资如果涉足一项或几项符合《欧盟分类法》环境可持续标准的经济活动，就可以被视为"环境可持续投资"。一项经济活动符合环境可持续标准必须同时满足以下四项条件：第一，对《欧盟分类法》提及的一项或多项环境目标做出重大贡献；第二，该项经济活动在对

---

①② European Parliament and of the Council. Regulation （EU） No 2020/852 of the European Parliament and of the Council of 18 June 2020 on the Establishment of a Framework to Facilitate Sustainable Investment，and Amending Regulation （EU） 2019/2088，OJ 2020 L 198/13 ［EB/OL］. ［2021 – 03 – 26］. https：//ec. europa. eu/info/law/sustainable-finance-taxonomy-regulation-eu – 2020 – 852_en.

一项或多项环境目标做出重大贡献的同时没有给其他一项或多项环境目标造成显著损害；第三，符合《欧盟分类法》规定的最低保障标准；第四，与欧盟委员会制定的技术筛选标准相符。①

欧盟为促进对可持续转型的投资，将环境可持续经济活动的范围扩大到那些能够直接促成其他经济活动为环境目标做出重大贡献的经济活动，即赋能活动。《欧盟分类法》规定一项经济活动如果通过直接赋能其他活动对一项或多项环境目标做出重大贡献，只要该项经济活动在考虑资产经济生命周期的情况下没有导致有损长期环境目标的资产锁定且从生命周期角度考虑对环境产生了重大积极影响，也可以视为"环境可持续投资"。

（三）"重大贡献"和"显著损害"的判定

《欧盟分类法》基于六类环境目标的不同特点对哪些经济活动符合为实现这些环境目标做出了"重大贡献"分别确立了基本的判断标准，欧盟委员会通过授权立法制定技术筛选标准细化对气候变化的缓解和对气候变化的适应这两类环境目标做出"重大贡献"的判断标准，授权立法根据科学专家建议挑选出与实现这两类环境目标相关度较高的若干行业，为每个行业投资活动怎样才算符合"为环境目标做出重大贡献"提供具体判断标准。

欧盟委员会在开展授权立法影响评估时详细审查了由技术专家组开展的准备工作，专家组 2020 年 3 月发布的有关《欧盟分类法》的最终报告提供了选择部门和经济活动的方法论，还为有助于减缓气候变化的 70 项经济活动和有助于适应气候变化的 68 项经济活动的技术筛选标准提供了建议，并且最终报告包含了关于使用 NACE 代码对经济活动进行分类的详细建议以及企业和金融市场参与者应用《欧盟分类

---

① European Parliament and of the Council. Regulation （EU） No 2020/852 of the European Parliament and of the Council of 18 June 2020 on the Establishment of a Framework to Facilitate Sustainable Investment, and Amending Regulation （EU） 2019/2088, OJ 2020 L 198/13 ［EB/OL］. ［2021 – 03 – 26］. https：//ec. europa. eu/info/law/sustainable-finance-taxonomy-regulation-eu – 2020 – 852_en.

法》的指南。①

尽管欧盟委员会授权立法基本采纳了专家组报告的建议，但为更好地遵循《欧盟分类法》有关技术筛选标准的制定要求，欧盟委员会的影响评估还考察了有助缓解气候变化和适应气候变化的某些其他活动，以便既可以更广泛地涵盖具有重大潜力的经济活动，又能保持与《欧盟分类法》一致。另外，鉴于专家组报告中的某些活动尚需完成复杂和深入的技术评估，因此专家组关于这些活动的建议未被纳入授权立法中。

授权立法及其附件一和附件二规定了用于判断经济活动在何种情况下属于符合对减缓气候变化和适应气候变化做出重大贡献的技术筛选标准。②

《欧盟分类法》对什么属于"显著损害"明确了判定标准，并且要求在评价一项经济活动是否符合前述判定标准时不仅要考虑经济活动自身的环境影响，还要考虑经济活动所提供产品和服务带来的环境影响，特别是要考虑这些产品和服务的生产、使用和生命周期结束给环境带来的影响。欧盟委员会在制定有关"何谓重大贡献"的技术筛选标准时也制定了"何谓显著损害"的技术筛选标准。③

（四）"最低保障标准"的范围

《欧盟分类法》明确列举了最低保障标准所指的具体规范，要求从事经济活动的企业应保证其运营符合亚太经合组织发布的跨国公司行为准则、联合国商业和人权指引、国际劳工组织关于国际人权法案所涉基本工作权利的声明，以及《金融服务业可持续性信息披露条例》（以下简称"（EU）2019/2088 号条例"）第 2 条第 17 点规定的不造成显著损害原则。

---

① TEG. final report on the EU taxonomy［EB/OL］.［2021 - 03 - 26］. https：//ec. europa. eu/info/files/200309 - sustainable-finance-teg-final-report-taxonomy_en.

②③ European Commission. EU Taxonomy Climate Delegated Act［EB/OL］.［2021 - 07 - 03］. https：//ec. europa. eu/info/publications/210421 - sustainable-finance-communication_en#taxonomy.

（五）对欧盟委员会制定技术筛选标准的要求

由于《欧盟分类法》只对环境可持续性投资活动确定了原则性的识别标准，为增强可操作性，《欧盟分类法》授权欧盟委员会制定技术筛选标准，但为了保证技术筛选标准与《欧盟分类法》立法宗旨的一致性，《欧盟分类法》又详尽阐述了制定技术筛选标准应遵循的具体要求，其中比较重要的要求有：尊重技术中性原则；同时考虑经济活动的长期和短期影响；尽可能采用定量指标并包含门槛条件；合适的情况下应把技术筛选标准建立在欧盟标签和认证框架、欧盟评估环境足迹的方法论以及欧盟统计分类系统基础上，并考虑现有相关欧盟法规；在可行的前提下应尽量使用（EU）2019/2088 号条例第 4 条第 6 款所指可持续性指标；尽量包含一个特定行业内的所有相关经济活动并确保这些活动在对第九条环境目标做出同样贡献的情况下被同等对待，以避免出现扰乱市场竞争的情形；标准应该容易操作使用且以利于验证其遵守情况的方式实施；应对标准进行定期评审以便保证与科学技术发展相适应。[①]

（六）可持续金融平台的设立和功能

《欧盟分类法》规定由欧盟委员会负责设立可持续金融平台，要求平台尽最大可能吸纳欧盟环境监管机构、欧洲金融监管机构、欧洲投资银行、欧洲投资基金、欧盟基本权利监管机构代表、相关私人利益相关方（包括金融和非金融市场参与者和商业部门代表、相关产业以及会计和报告领域专家代表）、市民社会（包括具有环境、社会、劳动和治理方面专长的专家代表）、学术界（包括大学、研究机构和其他科技组织代表）等各方代表。

[①] European Parliament and of the Council. Regulation（EU）No 2020/852 of the European Parliament and of the Council of 18 June 2020 on the Establishment of a Framework to Facilitate Sustainable Investment，and Amending Regulation（EU）2019/2088，OJ 2020 L 198/13［EB/OL］.［2021 - 03 - 26］. https：//ec. europa. eu/info/law/sustainable-finance-taxonomy-regulation-eu - 2020 - 852_en.

可持续金融平台具有以下职能：第一，就《欧盟分类法》法案第19条所涉技术筛选标准以及这些标准的更新向欧盟委员会提供建议；第二，分析适用技术筛选标准带来的成本收益影响；第三，协助欧盟委员会分析利益相关方关于发展或修订某项经济活动技术筛选标准的要求；第四，在合适的时候就支持技术筛选标准应用的可持续性会计和报告标准所扮演的角色向欧盟委员会提供建议；第五，监控并向欧盟委员会定期报告欧盟和成员国层面可持续投资方面的资本流动情况；第六，就采取进一步措施以提高数据可获性和质量的可能需求向欧盟委员会提供建议；第七，在考虑避免不当行政成本的基础上就技术筛选标准的可用性向欧盟委员会提供建议；第八，就修订《欧盟分类法》法案的可能需求向欧盟委员会提供建议；第九，就可持续金融政策的评估和协调问题向欧盟委员会提供建议；第十，就其他可持续性目标含社会目标的确立向欧盟委员会提供建议；第十一，就《欧盟分类法》法案第十八条的适用和补充相关要求的可能需要向欧盟委员会提供建议；第十二，如果金融市场参与者认为一项经济活动虽不符合根据《欧盟分类法》法案确立的技术筛选标准要求或此类技术标准尚未确立，但该项经济活动符合环境可持续要求，也可以通知平台。

第二节　评　析

一、《欧盟分类法》及其授权立法的特点和作用

（一）《欧盟分类法》的作用

1. 《欧盟分类法》统一了欧盟内部环境可持续投资活动的识别标准，是可持续金融其他法律制度的基础

《欧盟分类法》从环境可持续角度为欧盟可持续金融产品标签制度提供了分类依据。《巴黎协定》第2条第1款c项明确要求通过使资金流与迈向更低温室气体排放和气候韧性发展保持一致的方式强化对气

候变化的应对。欧盟作为《巴黎协定》的主导方始终致力于建立一个兼顾均衡经济增长和高水平环境质量保护并能促进欧洲可持续发展的内部市场。欧盟认识到为实现可持续发展目标需要把资本引向可持续投资，充分挖掘内部市场潜力十分必要，应该移除内部市场中阻碍资本流向可持续投资的障碍，同时防止新的障碍出现，可持续金融在引导资金流向方面应成为主流，金融产品和服务的可持续性影响应受到重视。提供追求环境可持续目标的金融产品是将私人投资引向可持续活动的有效方式。[①]

欧盟和成员国发布追求环境可持续目标金融产品的相关监管要求，如可持续金融或绿色金融产品标签规范是为了提高投资者信心和投资者对金融产品环境影响的认识，减少"漂绿"现象。但现有追求环境可持续目标金融产品的标签规范是建立在不同的环境可持续经济活动分类系统之上的[②]，不利于投资者比较不同投资机会，可能会阻碍跨境投资。缺乏统一的标准将增加投资成本并显著打击经济活动各方基于可持续投资目的进入跨境资本市场的意愿，如果金融市场参与者不向投资者解释他们的投资如何为实现环境目标做出贡献或是在解释环境可持续经济活动时适用不同概念，那么投资者会觉得比较金融产品很困难。若是采取成员国各自制定规范或依靠市场为基础的自发倡议规范方式解决上述问题又将导致欧盟内部市场碎片化加剧[③]，因此在欧盟层面统一可持续金融相关法律规范势在必行，其中建立统一分类法规范又是制定和完善其他可持续金融法律规范的前提。

《欧盟分类法》有助于推动可持续金融信息披露和可持续金融产品标准相关法律制度的发展。为环境可持续经济活动建立判定标准还可

---

① Stephen Hall. Financing the civic energy sector: How financial institutions affect ownership models in Germany and the United Kingdom. [J]. Energy Research & Social Science, 2016, 12: 5 – 15.

② Pasquale Marcello Falcone. Greening of the financial system and fuelling a sustainability transition: A discursive approach to assess landscape pressures on the Italian financial system [J]. Technological Forecasting & Social Change, 2018, 127: 23 – 37.

③ Friedemann Polzin. Mobilizing private finance for low-carbon innovation – A systematic review of barriers and solutions [J]. Renewable and Sustainable Energy Reviews, 2017, 77: 525 – 535.

以鼓励不受《欧盟分类法》法案约束的经济活动参与者在自愿基础上披露有关他们从事的环境可持续经济活动的相关信息。这些信息不仅可以帮助金融市场参与者和金融市场上的其他参与者较容易识别哪一些经济活动参与者在从事环境可持续经济活动，也可以让这些经济活动参与者更容易从市场上为他们从事的环境可持续经济活动融资。欧盟层面的环境可持续经济活动分类规范将有利于发展环境可持续金融产品的欧盟标准和相关可持续金融产品标签制度，也可以为有关确定投资环境可持续性程度的法律规范提供基础。

2.《欧盟分类法》有助于促进欧盟可持续发展转型

早在 2018 年 1 月 31 日，欧盟可持续金融高层专家组在最终报告中就号召从气候变化缓解领域入手在欧盟层面逐步建立一个强有力的技术分类系统用于明确哪些活动符合"绿色"或"可持续"要求，因为只有投资者对经济活动和投资的环境可持续性有共同认识，才能促使资本流向可持续活动领域。《欧盟分类法》的出台是欧盟可持续金融法律规范体系建设的关键步骤，为欧盟继续完善可持续金融相关法律制度奠定了良好基础，法案基于全球环境挑战的系统性特征，根据人类目前面临的主要环境威胁及其相互间的内在相关性归纳了六大环境目标，并在此基础上构建分类法规范体系。

《欧盟分类法》强调通过分类规范来引导可持续转型。针对可能同时给环境带来积极和消极两方面影响的经济活动，《欧盟分类法》要求欧盟委员会制定技术筛选标准明确要求从事这些活动的企业以超出同行业平均水平的幅度大幅提高其环境绩效，同时还应避免对环境有害的资产锁定效应发生。对造成的损害大于其带来的收益的经济活动，《欧盟分类法》要求技术筛选标准为其制定避免给其他环境目标造成显著损害的最低要求。这些规范对鼓励企业从事转型活动都有积极意义。

《欧盟分类法》虽然只迈出了分类规范制定的第一步，但为日后规范的完善留下了空间。① 《欧盟分类法》目前主要只考虑了环境因素，但也在内容中尽量融入了社会和治理因素，为后期拓展埋下了伏笔。如最低保障标准中包含了社会目标，而且《欧盟分类法》明确如果欧盟法有比最低保障标准所称国际标准更高的有关环境、健康、安全和社会可持续性的规定，则适用欧盟法的规定来确定是否符合最低保障标准要求。同时，《欧盟分类法》的制定也充分考虑了联合国负责任投资原则中有关把环境、社会、治理因素融入治理框架的倡议。

（二）授权立法的特点和作用

1. 授权立法的特点

（1）授权立法在确定经济活动和部门时充分尊重各方专家出具的科学结论，优先为对环境可能产生重大影响的活动和部门设定技术筛选标准，更好地发挥了《欧盟分类法》对促进欧盟绿色转型的作用。欧盟委员会认为判断一项经济活动是否属于对减缓气候变化做出重大贡献的技术筛选标准应反映避免产生温室气体排放、减少此类排放或增加温室气体清除量和长期碳储存的必要性，因此要把技术筛选标准制定的重点放在那些最有可能实现这些目标的经济活动和部门上。这些经济活动和部门的选择以其在温室气体排放总量中所占份额为基础，并以其有助于避免产生温室气体排放、减少此类排放或有助于消除温室气体排放或有助于在其他领域避免、减少或消除此类排放的潜力为依据。例如，农业部门一方面排放大量温室气体，另一方面自身也特别容易受到气候变化包括温度和降水的变化以及极端事件的影响。因此该部门可以在减缓气候变化方面发挥中心作用，同时也能为适应气候变化、扭转生物多样性丧失、确保粮食安全和促进其他可持续发展目标带来好处。欧盟经调查发现 10% 的温室气体排放来自农业部门，包括非二氧化碳温室气体排放，主要来自牲畜粪便管理和肠道发酵以

---

① Alessi, L., Battiston, S., Melo, A.S., Roncoroni, A. The EU Sustainability Taxonomy: a Financial Impact Assessment [R]. Luxembourg: Publications Office of the European Union, 2019.

及农业土壤，除了有可能减少温室气体排放外，农业部门还影响土地作为碳汇的能力，因此欧盟委员会在制定农业部门的技术筛选标准时注重反映该部门的这一双重作用。再如制造业，该部门是欧盟温室气体排放的第三大户，欧盟委员会认为其可以在减缓气候变化方面发挥关键作用，同时制造业又可以通过为其他部门需要提供低碳产品和技术促使其他经济部门来避免和减少温室气体排放，因此欧盟委员会针对制造业的技术筛选标准既涉及温室气体排放量最高的制造业活动，也涉及提供低碳产品和技术的制造业。[1]根据《欧盟分类法》第 10 条第 2 款的规定，那些不能提供技术和经济上具备可行性低碳替代品的制造业活动如果可以支持向气候中性经济转型，那么该制造业活动应被视为转型活动，而且为鼓励减少温室气体排放量，欧盟委员会针对这些转型活动设立的技术筛选标准门槛较为宽松，达到行业最佳减排水平即可。

（2）授权立法制定的技术筛选标准充分考虑了各部门对环境影响的差异，没有一刀切地统一技术筛选标准。运输业消耗了欧盟所有能源的 1/3，占欧盟温室气体排放总量的 1/4 以上，运输企业和交通基础设施的脱碳可以在减缓气候变化方面发挥核心作用。针对运输部门的技术筛选标准侧重于减少该部门的主要排放源，同时还考虑到有必要将人员和货物运输转向排放量较低的方式，需要建立一个能够实现清洁流动的基础设施，于是该部门技术筛选标准不仅侧重运输方式的绩效，同时还考虑该运输方式与其他运输方式相比的绩效。[2]鉴于海运和航空有可能减少温室气体排放，进而有助于运输部门的绿化，因此欧盟委员会计划对这些部门的可持续融资标准进行单独研究，酌情制定相关技术筛选标准。而对于建筑业这个排放大户，欧盟委员会则根据该部门的具体特点从建造新建筑物、建筑物翻新、安装不同的能效设

① European Commission. Impact assessment accompanying the EU Taxonomy Climate Delegated Act [EB/OL]. [2021-07-03]. https：//ec. europa. eu/info/publications/210421-sustainable-finance-communication_en#taxonomy.

② European Commission. Frequently asked questions：What is the EU Taxonomy and how will it work in practice? [EB/OL]. [2021-07-03]. https：//ec. europa. eu/info/publications/210421-sustainable-finance-communication_en#taxonomy.

备、现场可再生能源、提供能源服务以及建筑物的购置和所有权等方面制定技术筛选标准。

（3）授权立法充分考虑了赋能部门对环境的影响，专门制定相应的技术筛选标准。信息和通信部门是一个不断增长的部门，在温室气体排放中所占份额不断增加，同时信息和通信技术也可能有助于减缓气候变化和减少其他部门的温室气体排放。例如，通过提供可能有助于决策的解决办法来减少温室气体排放。因此，欧盟委员会认为应为排放大量温室气体的数据处理和托管活动以及能够减少其他部门温室气体排放的数据驱动解决方案制定技术筛选标准。欧盟委员会制定的技术筛选标准以该部门的最佳做法和标准为基础，并规定日后定期对技术筛选标准进行审查和更新以保持其适用性。另外，欧盟为有可能促进其他部门适应气候变化的工程、研究、开发、创新、金融保险、教育、人类健康、社会工作、艺术、娱乐和娱乐活动也制定了技术筛选标准，欧盟认为这些活动为提高整个社会的集体复原力提供了必要的服务和解决办法，可以提高气候知识和认识，不会对其他环境目标造成重大损害。

（4）授权法案力图让技术筛选标准覆盖更多经济活动从而帮助提高经济活动应对风险的能力。授权立法制定的技术标准本着尽可能涵盖更多对环境有影响经济活动的原则，给作为一项活动组成部分的资产或设施的建设也制定了技术筛选标准，用于明确在何种条件下该活动对减缓气候变化做出重大贡献，具体做法是将此类资产或设施的建造直接列入与建造有关的活动描述中，特别是能源部门、供水、污水处理、废物和补救部门以及运输部门的活动。授权立法在确定一项经济活动是否对适应气候变化做出重大贡献的技术筛选标准时着眼于提高经济活动对已查明相关气候风险的抵御能力，要求有关经济活动方进行气候变化风险评估并实施适应方案以减少评估中确定的重要风险，同时技术筛选标准制定时还参考了欧盟有关评估此类灾害风险和减轻其影响的相关法律。

（5）授权立法制定技术筛选标准时严格遵循《欧盟分类法》要求，注意结合经济活动的性质及所在部门规模，尽量减少对市场公平竞争造成不利影响。授权立法的技术筛选标准考虑了标准所涉及经济活动和部门的性质、规模以及经济活动是否属于《欧盟分类法》第 10 条第 2 款所述转型经济活动或该法第十六条所述扶持经济活动。为达到《欧盟分类法》设定的技术筛选标准制定要求，技术筛选标准还为经济活动设置定量阈值或最低要求。欧盟委员会认为判断经济活动是否对减缓气候变化或适应气候变化做出重大贡献的技术筛选标准应确保经济活动对气候目标产生积极影响或至少有助于减少对气候目标的消极影响。因此，技术筛选标准设定了经济活动应达到的阈值或绩效水平，针对"不造成显著损害"的技术筛选标准也具体规定了经济活动应达到的最低要求①，以便符合环境可持续的要求。为确保营造公平的竞争环境，欧盟委员会判断相同经济活动对某个气候目标的贡献或损害时采用相同的技术筛选标准，并且标准尽可能地遵循了欧洲议会和欧洲理事会第 1893/2006 号条例《经济活动分类规划》（以下简称"（EC）1893/2006 号条件"）制定的 NACE 第 2 版经济活动分类体系中规定的经济活动分类。

2. 授权立法的作用

授权立法将对欧盟经济、社会、和环境三方面产生一定的积极影响。首先，授权立法要求披露经济活动需要满足的环境可持续性条件和具体性能阈值的技术细节，这将有助于公司和投资者判断哪些活动已经对所涉部门的气候变化缓解和适应做出了重大贡献，引导更多投资流入对欧盟环境目标有重大贡献的环境可持续活动，从而引导更多资金流入对欧盟环境目标有重大贡献的可持续投资活动。其次，授权立法通过将更多的资金引向环境可持续活动特别是引向与减缓和适应气候变化有关的活动将有助于提供一个更健康、更具气候适应能力的生活环境。同时，向更低碳的欧盟经济转型还涉及行业结构、商业模式和技能要求的变化，这些可能产生一定的社会影响，如影响转型部

① European Commission. Impact assessment accompanying the EU Taxonomy Climate Delegated Act [EB/OL]. [2021-07-03]. https：//ec. europa. eu/info/publications/210421 - sustainable-finance-communication_en#taxonomy.

门的就业，也就是说法案可以通过促进某些部门的转型间接产生社会影响。此外，授权立法细化了《欧盟分类法》中的最低限度保障措施，这将确保那些希望按照《欧盟分类法》开展活动的公司遵守经合组织的跨国企业准则、联合国《商业和人权指导原则》和国际劳工组织《工作中的基本权利和原则宣言》。最后，授权立法一旦应用于商业和投资决策将产生积极的环境影响，因为更多的资金将流入那些对欧盟环境目标贡献最大的活动。而且授权立法还要求保证对一个目标做出重大贡献的活动不会对其他环境目标造成显著损害，这也有利于环境的整体改善。

二、《欧盟分类法》制度的完善建议

（一）《欧盟分类法》宜同时从单项经济活动和企业整体经济活动两个角度综合评价企业经营的环境绩效

为实现欧盟的经济转型目标，需要所有经济部门立即采取行动，但市场经常低估这一挑战的紧迫性，尽管在扩大低碳技术应用方面取得了一些进展，但许多给气候带来不利影响的经济活动仍在继续，它们可能阻碍低碳转型或形成更多棕色资产。①《欧盟分类法》所指的转型活动侧重于单项经济活动，它从单项经济活动角度去评价企业活动的环境绩效，有助于全面了解每一项经济活动环境绩效，避免把多项经济活动放在一起综合评价带来对每一项经济活动单独环境绩效的认识偏差，便于企业更精准地制订转型计划从而减少对环境的不利影响。不过《欧盟分类法》目前还没有涉及界定哪些经济活动应被禁止，即《欧盟分类法》在立法逻辑上目前是从正向角度界定哪些经济活动给一项环境改善做出重大贡献且未给其他各项环境造成显著损害，但没有从反向角度界定哪些经济活动因其给环境造成重大损害而应被禁止，也没有给出哪些经济活动对环境只产生可以忽略的微小影响的判断标准，为了把更多的利益相关方凝聚到转型的道路上、更有效地推动转

---

① Angus W. H. Yip. Sustainable business model archetypes for the banking industry [J]. Journal of Cleaner Production, 2018, 174: 150 – 169.

型，《欧盟分类法》法案可以考虑从上述角度对其内容体系进行完善。

目前《欧盟分类法》从单项经济活动角度而非企业整体经济活动角度评价经济活动的环境绩效可能会打击企业转型的积极性，因为不少企业从事的经济活动既包含有利于环境的，也包含不利于环境的，如果《欧盟分类法》从总体环境绩效角度对企业活动进行评价，那么一些企业不利于环境的经济活动可能因为对环境产生的消极影响小于企业其他经济活动给环境带来的积极影响而被抵消，这意味着企业整体经济活动的环境绩效仍然为正①，但按照《欧盟分类法》目前的评价模式，企业不同经济活动的环境绩效不存在相互抵消的问题，如果企业为转型向外融资，这种分类法可能给投资者（资金提供方）评价企业经营的环境可持续性造成影响，进而增加企业的融资成本，增加企业对外融资的难度。

（二）《欧盟分类法》应进一步扩展覆盖的行业范围，提高对可持续发展转型的促进

《欧盟分类法》虽然涵盖了对欧洲减少温室气体排放贡献最大的部门，但尚未对可能为气候变化做出重大贡献的所有经济活动进行评估，这可能限制某些计划转型部门、企业或其他经济行为者的参与，因此有必要扩展《欧盟分类法》以提供更大的部门覆盖率。例如，纳入更多的赋能活动，可以从制造业、农业和林业部门提高能源效率的经济活动界定入手进行扩展，同时把通过融资、分销和销售与《欧盟分类法》保持一致的产品或服务以及通过向与《欧盟分类法》保持一致的活动提供关键材料的方式为环境做贡献的活动确定为赋能活动。《欧盟分类法》目前考虑的仅是直接赋能活动，通常是实质性贡献的上游活动，忽略了买方力量对下游活动的重要性以及上游材料价值链对持股或卖方贡献的股权影响，所以当前的技术筛选标准要么与最终产品（如零排放车辆）相关，要么与生产过程（如化学品、金属和水泥的制

---

①　Michael E. Canes. The ineficient financing of federal agency energy projects. [J]. Energy Policy, 2017, 111: 28 – 31.

造，以及电力和热/冷发电）相关。其实可以考虑把《欧盟分类法》扩展到为气候变化做出实质性贡献的下游部门，而不需要对技术筛选标准进行任何修改，因为技术筛选标准主要是与产品（而不是过程）相关，可以适用于整个价值链。

人们对于目前《欧盟分类法》框架能否为活跃在分类法条例授权立法未涵盖行业的企业提供融资支持存在不同看法，理论上讲与《欧盟分类法》一致的融资应仅适用于《欧盟分类法》所涵盖的活动，然而或许可以通过修改授权立法的方式来达到涵盖更广泛部门和活动的目的，至于是否必须制定额外的技术筛选标准还值得进一步探讨。

（三）《欧盟分类法》应尽快完成其他四项环境目标的可持续性技术筛选标准制定，并着手推进社会和治理两个维度可持续性技术标准的制定

《欧盟分类法》目前只是对经济活动的环境绩效进行评估，未来应在保持现有分类框架完整性的前提下尽可能提高框架的包容性，逐步扩大评估对象和内容，最终实现对所有经济活动环境、社会、治理绩效的全面评估，并从法律义务角度进一步规定投资者应参照经济活动的环境、社会和治理绩效评估结果来进行投资决策，只有这样才能更大发挥《欧盟分类法》对转型融资的直接促进作用。同时，我们也应客观看待分类法的作用，分类法解决不了所有转型融资的问题，必须辅以其他政策工具，如利用金融产品标签。欧盟委员会可以借助阐明欧盟绿色债券标准与《欧盟分类法》之间的联系来为企业自愿披露其绿色债券与《欧盟分类法》的一致程度提供指导，并明确《欧盟分类法》涉及的披露义务是否可以扩大到债券等其他金融工具。为了让企业能够更好展示转型计划，可以允许它们使用《欧盟分类法》法案所列举指标之外的其他指标，如使用气候变化基准来衡量和体现企业的环境绩效等。

（四）《欧盟分类法》应进一步完善与信息披露相关的规则，并加强与欧盟其他可持续金融信息披露法律制度的协调

不同企业起点不一，达到分类标准的潜力也不一样，《欧盟分类

法》对增加绿色融资空间有积极作用，因为它包含比基于市场的绿色融资框架更多的经济活动和环境目标，把传统上被自动排除在绿色投资领域之外的活动如水泥或钢铁行业的经济活动也纳入可融资的环境可持续经济活动范畴。《欧盟分类法》通过资本支出和运营支出这两个关键变量反映企业转型战略实施方面的相关信息，可以帮助所有企业（包括绿色收入很少或没有绿色收入的企业）通过其在绿色活动中的投资获得绿色融资。金融企业作为机构投资者和融资中介，其业务活动可以为经济转型赋能，不论是银行的传统贷款产品还是绿色贷款产品都可以为企业绿色活动投资提供资金帮助[1]，证券公司和投资银行可以通过创新金融工具来适应转型活动的融资需求。不过为实现这些目标，金融企业需要获取非金融企业相关非财务信息，但目前欧盟的《非财务信息报告指令》和《欧盟分类法》法案关于非财务信息的披露义务主体仅覆盖了少数大型企业，并未包含中小型企业，而中小型企业恰恰是最需要转型融资的主体，它们自身经济实力有限，如果不能从外部获得融资，就可能无法实施转型计划或只能延缓实施转型计划。金融企业做出投资决策和证明其经营活动的环境绩效都需要收集交易对手的相关非财务信息，如果中小企业没有强制性非财务信息披露义务，金融企业很难获取相关信息，也就无法真正完成自身非财务信息的全面和准确披露。因此需要进一步协调《非财务信息报告指令》和《欧盟分类法》法案关于披露义务的相关规定并扩大具有强制性披露义务的主体范围，特别是完善《欧盟分类法》第 8 条授权制定的技术筛选标准。另外，如何从法律角度强化企业自愿披露的动机，科学确定强制性披露和自愿性披露的界限也应是《欧盟分类法》未来完善值得重点考虑的方向之一。

新冠肺炎疫情强化了将资金引向可持续项目的必要性，因为只有这样才可以使经济、企业和社会特别是卫生系统更有能力抵御气候和

---

① Anna Geddes, Tobias S. Schmidt. The multiple roles of state investment banks in low-carbon energy finance: An analysis of Australia, the UK and Germany. Energy Policy, 2018, 115: 158 – 170.

环境带来的冲击和风险，对维持公众健康水平也有明显好处。欧盟针对这场危机采取的财政刺激措施以及《欧盟绿色新政》下的投资计划将为欧洲复苏提供一个新契机，《欧盟分类法》可以充当一个强有力的工具帮助引导金融市场走向绿色复苏，因为它不仅能为公司和投资者提供统一标准用于确定哪些经济活动可以被视为环境可持续，而且可以通过对绿色活动和投资项目的分类遏制"漂绿"风险和欧盟内部市场分割风险。但是《欧盟分类法》没有为符合其标准的经济活动设定投资义务，这不能不说是一个缺陷。

本 章 小 结

《欧盟分类法》法案及其授权立法明确了环境可持续经济活动的判定标准和金融产品环境可持续特征信息披露的基本要求，并对描述金融企业和非金融企业经营活动环境可持续程度的关键绩效指标进行了规定，还细化了对减缓气候变化和适应气候变化两类环境目标做出重大贡献经济活动的技术筛选标准，迈出了统一界定环境可持续经济活动的第一步。该法案是欧盟可持续金融法律体系的重要组成部分，不仅为区分金融活动和金融产品的可持续性提供了参考依据，也为完善非财务信息披露规范做出了贡献。不过法案还有许多条款需要制定操作指引才能保证实施效果，而且随着科学技术的发展和人类对环境可持续发展认识的深入，衡量经济活动环境可持续性的标准也将不断被修正。同时，将来还需要增加有关经济活动社会可持续和治理可持续维度的分类标准才算真正完成分类法体系框架的构建。此外，为促进经济活动的可持续转型，《欧盟分类法》有关经济活动可持续性的判定标准也有完善空间。

第四章

可持续发展背景下欧盟金融
基准法律制度的发展

金融基准是金融市场参与者衡量投资业绩和做出投资决策的重要参考，欧盟在统一联盟层面金融基准法规基础上引入气候金融基准，并通过授权立法方式逐步细化和协调不同类型气候金融基准的披露事项、方法论及方法论设计标准，初步形成反映金融活动环境可持续性业绩的金融基准法律规制框架。欧盟目前与可持续性业绩评价相关的金融基准规范包括对《金融基准条例》两次修订形成的两组气候金融基准规范及与这两组规范相关的三个授权立法法案。

第一节　欧盟金融基准法律制度

一、规范出台的背景

欧盟在出台《金融基准条例》统一联盟层面金融基准规范之前已有一些关于金融基准的零散立法。例如，欧洲议会和欧洲理事会第2014/65/EU号指令《上市金融工具定价规范》（以下简称"第2014/65/EU号指令"）包含对上市金融工具定价基准可靠性的要求，欧洲议会和欧洲理事会第2003/71/EC号指令《金融工具发行人基准使用规则》（以下简称"第2003/71/EC号指令"）包含对发行人使用基准的要求，欧洲议会和欧洲理事会第2009/65/EC号指令《可转让证券集合计划基准使用规划》（以下简称"第 2009/65/EC 号指令"）包含对可转让证券集合计划使用基准的规定，欧洲议会和欧洲理事会第 1227/2011 号条例《批发性能源金融产品基准制定和使用范围》包含禁止操纵用于批发能源产品基准的规定，但这些立法法案只涵盖部分基准的特定方面，既没有解决所有基准规定中存在的问题，也没有涵盖金融业中金融基准的所有用途。

金融基准对跨境交易定价至关重要，有助于各种金融工具和服务的内部市场有效运作。实践中经常出现的情况是金融合同中用作参考利率的许多基准（特别是抵押贷款相关基准）由一个成员国提供，却被其他成员国信贷机构和消费者所使用。尽管只有少数成员国通过了关于基准的法律规范，但它们各自关于基准的法律框架在适用范围等方面已经出现分歧，由于基准的管理人和使用者受到不同成员国法律规范的约束，这些不同规范导致了欧盟内部市场的分裂。同时，因为欧盟消费者保护相关法律规则未涵盖金融合同中有关基准的充分信息披露这一特定问题，一些成员国的消费者对基准的使用提出消费者投诉和诉讼，在成员国层面很可能会采取不同措施，由于不同层次消费者保护附带的竞争条件不同，这也可能导致内部市场的分裂。

于是为了确保内部市场正常运作，改善运行环境，特别是在金融市场的运行环境，确保对消费者和投资者的高度保护，欧盟决定为联盟层面金融基准建立一个全面统一的监管框架，保证直接对参与基准提供、贡献和使用的人施加义务的法律规定能在整个欧盟得到统一适用。

二、规范的主要内容

（一）金融基准的定义

金融基准指任何用于确定一项金融工具或金融合同项下应付款的参考指数，或用于衡量投资基金业绩的指数，目的在于追踪该指数的回报或界定投资组合的资产配置或计算业绩费率。其中"指数"（index）是任何向公众公开或提供的数字，这些数字由以下两部分定期确定：

一部分是完全或部分基于一个公式或其他计算方法或评估；另一部分是基于一项或多项底层资产或价格，包括预估价格、实际或预估利率、报价和承诺报价，或其他价值或调查。①

（二）对金融基准完整性和可靠性的规范

金融基准不仅应用于金融工具和金融合同的发行和签订，金融业还使用基准衡量投资基金业绩以跟踪回报或确定投资组合的资产配置或计算业绩费用。许多金融工具和金融合同的定价取决于基准的准确性和完整性。操纵利率基准的违法案件以及有关能源、石油和外汇基准被操纵的指控表明基准可能受到利益冲突的影响。自由裁量权的使用和薄弱的治理机制增加了基准被操纵的脆弱性。作为基准的指数如果在准确性和完整性方面遭遇失败或受到怀疑必然会削弱市场信心，给消费者和投资者造成损失，扭曲实体经济。因此，必须确保基准和基准确定过程的准确性、稳健性和完整性，欧盟主要通过对基准管理人和基准数据贡献者的行为约束来实现。

1. 基准管理人的治理规范

欧盟主要从治理和利益冲突要求、监督职能要求、控制框架要求、问责框架要求、记录保存要求、投诉处理机制和外包等方面对基准管理人的治理和内控机制进行规定以保障金融基准的完整性和可靠性。

基准管理人是对基准的提供具有控制权的自然人或法人，拥有管理基准的安排、收集和分析输入数据、确定基准并公布基准等重要权利。管理人可以将其中一项或多项职能外包给第三方，包括基准的计算、公布或提供基准其他相关服务和活动。提供基准经常涉及将计算基准、收集输入数据和传播基准等重要职能外包，为确保治理安排的有效性，欧盟规定任何此类外包都不能免除基准管理人的任何义务和

①　European Parliament and Council. Regulation（EU）2016/1011 of the European Parliament and Counci on indices used as benchmarks in financial instruments and financial contracts or to measure the performance of investment funds and amending Directives 2008/48/EC and 2014/17/EU and Regulation（EU）No 596/2014［EB/OL］.［2020 - 05 - 06］. https：//eur-lex. europa. eu/legal-content/EN/TXT/？uri = CELEX：32016R1011.

责任，并且不妨碍管理人履行其义务或者责任的能力，或者有关主管机关对其进行监督的能力。

为确保基准的完整性，欧盟还要求基准管理人执行适当的治理安排以控制利益冲突和维护投资者对基准完整性的信心，这是因为即使在有效管理的情况下，大多数管理人也会因受到利益冲突影响做出关于不同利益相关者的判断和决定，所以管理人必须有一个规范运作的机构用于有效监督其治理安排的实施和有效性。

另外，欧盟确定了一个由管理人和贡献者保留记录的框架，要求披露有关基准的目的和方法论，以便于根据国家或欧盟法律更有效、更公平地解决潜在索赔问题。由于审计和有效执行条例需要事后分析和证据，欧盟要求基准管理人在计算基准时应该在足够长的时间内保持适当记录。基准要衡量的现实以及衡量基准的环境可能会随着时间推移发生改变，有必要定期审查提供基准的过程和方法，查明缺点和可能的改进。许多利益相关者可能会受到基准提供失败的影响，应该让他们参与帮助识别这些缺陷，为此欧盟规定基准管理人应建立投诉处理机制框架，使利益相关者能够向基准管理人投诉并确保基准管理人客观评估投诉。

基准管理人是输入数据的中心接受者，能够在一致的基础上评估输入数据的完整性和准确性，欧盟赋予管理人享有在认为输入数据不能代表基准拟测量市场或经济现实时采取某些措施的权利，包括改变输入数据的措施、输入数据的贡献者或方法论，如果不能有效行使上述权利，管理人可以停止提供该基准。作为其治理框架的一部分，欧盟规定管理人应制定措施保障在基准公布前监测输入数据并在公布后验证输入数据，包括在适用情况下将数据与历史模式进行比较。

2. 基准数据贡献者的行为准则

提供基准涉及确定基准时的自由裁量权，裁量权受制于某些类型的利益冲突，这意味着存在操纵基准的机会和动机，这些风险是基准所共有的，应受适当的治理规范制约，但因风险程度各不相同，采取的风险防范措施应根据具体情况而定。由于一项基准的脆弱性和重要性会随时间推移而变化，通过参考目前重要性或脆弱性指数并不能解决基准未来可能产生的风险，特别是目前没有广泛使用的基准如果今后得到更多使用，就这些基准而言，一个小小的操纵都可能产生重大影响。每一个基准输入数据的贡献者都可以行使自由裁量权，他们有可能受到利益冲突的影响成为操纵的来源，鉴于为基准做出贡献是一项自愿活动，如果有任何倡议要求贡献者显著改变商业模式，他们可能会停止贡献，不过对于已经受到管制和监督的实体，要求良好治理不会导致巨大的成本或不成比例的行政负担。因此，条例只对受监督的贡献者规定了某些义务用于约束其自由裁量权的行使。①

　　基准的完整性和准确性取决于贡献者提供输入数据的完整性和准确性，必须明确规定贡献者对输入数据的义务，确保他们遵守这些义务并确保这些义务符合基准管理人的治理要求和方法论。因此，条例规定基准管理人有必要制定一个行为准则以明确上述要求以及贡献者在提供输入数据方面的责任。② 贡献者有可能受到利益冲突的影响且能够在确定输入数据时行使自由裁量权，因此有必要对贡献者制定治理安排以确保这些冲突得到有效管理，同时还应保证以输入数据的准确性、合规性和可验证性。

（三）对关键金融基准的规范

　　欧盟主要围绕关键基准的强制性管理、关键基准管理人市场力量的削弱和对关键性基准的强制性贡献等问题对关键基准进行管理。关键基准的失败会影响市场完整性和金融稳定，也会影响消费者、实体经济或成员国家庭和企业的融资。一个或多个成员国都可能感受到关键基准失败带来的不稳定影响，因此欧盟规定哪些基准被视为关键基准，并制定额外要求以确保这些基准的完整性和稳健性。通常可以使用定量标准或定量和定性标准组合来确定关键基准，如果基准未达到

---

①②　European Parliament and Counci. Regulation （EU） 2016/1011 of the European Parliament and Counci on indices used as benchmarks in financial instruments and financial contracts or to measure the performance of investment funds and amending Directives 2008/48/EC and 2014/17/EU and Regulation （EU） No 596/2014 ［EB/OL］. ［2020 - 05 - 06］. https：//eur-lex. europa. eu/legal-content/EN/TXT/？ uri = CELEX：32016R1011.

适当数量阈值，但其存在和准确性与一个或多个成员国的市场完整性、金融稳定或消费者保护相关也可将其视为关键基准，在所有相关主管当局同意应将一类基准视为关键基准时，即便不符合前述条件，该类基准也可以被列为关键基准，如果相关主管当局之间存在分歧，以管理人所在国主管当局的意见为准。

贡献者如果停止向关键基准提供投入数据可能会损害这些基准的可信性，因为这些基准衡量基础市场或经济现实的能力会因缺乏数据而受到损害，欧盟规定主管当局有权要求受监督实体对关键基准做出强制性贡献，以维护有关基准的可信性，但强制提供输入数据并不是为了强制受监管实体履行订立交易或承诺订立交易的义务。

（四）对金融基准方法论变更和对金融基准终止的规范

衡量经济现实的金融基准的准确性和可靠性取决于所使用的方法和输入的数据，有必要采用透明的方法确保基准的可靠性和准确性。这种透明度不意味着公布用于确定某一基准的公式，而是披露足以使利益攸关方了解基准如何产生并评估其代表性、相关性和对其预期用途适当性的要素。可能有时有必要改变方法以确保基准的持续准确性，但方法的任何改变都会对基准的使用者和利益攸关方产生影响，因此欧盟明确了改变基准方法时应遵循的程序包括进行协商的必要性，以便用户和利益相关者能够根据这些变化采取必要行动或者在他们对这些变化有顾虑时通知管理人。

金融基准管理人停止对关键基准的管理可能导致金融合同或金融工具无效，给消费者和投资者造成损失并影响金融稳定，欧盟规定有关主管当局有权要求对一个关键基准进行强制性管理，以保持基准的存续。[①] 在基准管理人进入破产程序的情况下，主管当局应提供一份评

---

① European Parliament and Council. Regulation （EU） 2016/1011 of the European Parliament and Counci on indices used as benchmarks in financial instruments and financial contracts or to measure the performance of investment funds and amending Directives 2008/48/EC and 2014/17/EU and Regulation （EU） No 596/2014 ［EB/OL］. ［2020 – 05 – 06］. https：//eur-lex. europa. eu/legal-content/EN/TXT/? uri = CELEX：32016R1011.

估报告给有关司法当局，用于审议是否以及如何将关键基准移交给新的管理人或停止提供基准。

第二节 欧盟低碳基准和积极碳影响基准规范

一、规范的制定背景

《金融基准条例》虽然为欧盟提供了统一的金融基准规范，但没有反映可持续投资的需求，为帮助投资者比较投资的碳足迹，欧盟引入低碳基准和积极碳影响基准两类新的商品基准。欧盟可持续金融高级别专家组发表的有关可持续金融战略的最终报告中建议要求金融基准提供者提供基准所包含的证券及其权重情况披露指数暴露于可持续性风险的具体细节，同时要求欧洲证券和市场管理局在其发布的《金融基准声明指南》中提及可持续性考虑因素，特别是阐明可持续性考虑因素如何反映在金融基准方法论中。专家组指出指数和金融基准对投资有间接但重要的影响，许多投资者在投资组合配置和衡量金融产品表现时非常依赖金融基准，虽然基准提供者一直在开发各种基准用于捕捉可持续性和气候因素，但它们在总体投资组合配置中的重要性仍然有限。①

欧盟委员会于 2018 年 3 月 8 日公布了《可持续增长融资行动计划》，该计划宣布采取的措施包括提高金融基准方法论中环境、社会、治理因素的透明度和制定欧盟低碳基准方法论设计标准的倡议。绿色低碳基准的统一标准有助于降低"漂绿"风险。如果环境、社会、治理等各因素方法论的披露程度不同，市场参与者很难通过比较基准的方式为其投资策略选择适当的基准，因此强化有关基准的披露规范也

---

① TEG. interim report on EU climate benchmarks and benchmarks' ESG disclosures [EB/OL]. [2020 – 12 – 06]. https：//ec. europa. eu/info/files/190618 – sustainable-finance-teg-report-climate-benchmarks-and-disclosures_en.

很重要。于是欧盟对《金融基准条例》进行了第一次修订，提出低碳基准和积极碳影响基准及其方法论。

二、规范对金融基准信息披露制度的完善

（一）低碳基准和积极碳影响基准的概念

低碳基准是指在构建资产组合时，其标的资产与构成标准资本加权的资产组合相比碳排放量更少的基准；积极碳影响基准是指在构建资产组合时，其标的资产与构成标准资本加权的资产组合相比碳排放量节约超过其碳足迹的金融基准。①

（二）基准方法论披露的最低要求

追求或考虑环境、社会、治理目标的金融基准或基准系列的管理人必须解释方法论的关键要素是如何反映环境、社会、治理因素。对于每个基准或基准系列而言，如果采用不同方式解释基准方法论的关键要素如何反映环境、社会、治理因素会导致基准之间缺乏可比性，同时也容易导致环境、社会、治理因素的范围和目标缺乏明确性，因此有必要统一这种解释的最低限度内容以及使用的模板。

为了让投资者更好地理解基准的方法论，在解释方法论的关键要素如何反映所提供和公布的每个基准或基准系列的环境、社会、治理因素法律要求时还应考虑设定基准所依据的基础资产。欧盟委员会授权条例（EU）2020/1817《关于金融基准中环境、社会和治理因素披露的最低要求规范》根据《金融基准条例》第 13 条 2a 款授权，就基准方法论中如何反映环境、社会和治理因素的最低解释内容做出了以下规定，这些规定同样适用于欧盟气候转型基准和欧盟于巴黎协定一致基准方法论的披露。

---

① European Commission. Proposal for a regulation amending Regulation （EU）2016/1011 on low carbon benchmarks and positive carbon impact benchmarks ［EB/OL］.［2020 – 01 – 13］. https：//ec. europa. eu/info/publications/180524 – proposal-sustainable-finance_en#benchmarks.

（1）基准管理人应使用授权法案附件一中规定的模板具体说明他们在设计基准方法论时考虑了附件二中提及的哪些环境、社会和治理因素。他们还应解释这些因素是如何反映在该方法论的关键要素中，包括选择基础资产、权重因素、指标和代理等关键要素。

（2）对于个别基准，基准管理人可在提供的解释中用超链接取代包含所有该等信息的网站，而无须提供授权法案附件中规定的模板所要求的所有信息。

（3）如果基准包括不同类型的标的资产，基准管理人应解释每个相关标的资产如何反映环境、社会、治理因素。

（4）基准管理人可在提供的解释中包括其他的环境、社会、治理因素及相关信息。

（5）基准管理人应在提供的解释中明确说明他们是否追求环境、社会、治理目标。

（6）基准管理人应在提供的解释中提及所披露的每个环境、社会、治理因素所使用的数据来源和标准。①

（三）基准声明

金融基准管理人应在基准声明中解释环境、社会和治理因素是如何反映在追求或考虑环境、社会、治理目标的每个基准或基准系列中。欧盟委员会授权条例（EU）2020/1816《关于金融基准中环境、社会和治理因素的披露规范》根据《金融基准条例》第 27 条第 2b 款授权，对在基准声明中解释环境、社会和治理因素如何反映在其提供和发布的每个基准中做出了以下规定，这些规定同样适用于欧盟气候转型基准和欧盟与巴黎协定一致基准方法论的披露。

---

① European Parliament and of the Council. Commission Delegated Regulation （EU） 2020/ 1817 of 17 July 2020 Supplementing Regulation （EU） 2016/1011 of the European Parliament and of the Council As Regards the Minimum Content of the Explanation on How Environmental, Social and Governance Factors Are Reflected in the Benchmark Methodology，OJ 2020 L 406/12 ［EB/OL］. ［2021 - 07 - 13］. https：//ec. europa. eu/info/law/benchmarks-regulation-eu - 2016 - 1011/amen- ding-and-supplementary-acts/implementing-and-delegated-acts_en#200717.

（1）基准管理人应在基准说明中使用附件一中规定的模板，说明附件二所列的环境、社会和治理因素如何反映在其提供和发布的每个基准或基准系列中。

（2）上段所述解释必须包括环境、社会、治理因素的权重对应的基准和基准系列，并按加权平均值汇总。

（3）对于个别基准，基准管理人可以用基准声明中包含的超链接替换该信息，而无须提供前述附件一中规定模板所要求的所有信息，该超链接可指向包含所有该信息的网站。

（4）如果基准包括不同的标的资产，基准管理人应解释其如何让每项标的资产反映环境、社会、治理因素。

（5）基准管理人应在提供的解释中提及所披露的环境、社会、治理因素所使用的数据来源和标准。

（6）根据授权法案第 1 条第 4 款披露额外环境、社会、治理因素的基准管理人应包括对这些额外环境、社会、治理因素的评分。①

（四）基准方法论披露的关键要求

1. 低碳基准方法论披露的关键要求

基准管理人应将用于计算低碳基准的任何方法正规化，记录并公开，披露的信息应描述以下内容。

（1）用于计算低碳基准的基础资产清单。

（2）所有标准和方法，包括基准计算中使用的筛选和加权因子、指标、变量。

（3）用于排除与一定碳足迹水平或化石储备水平相关联资产或公司的标准，这些资产或公司不能被列入低碳基准。

---

① European Parliament and of the Council. Commission Delegated Regulation （EU） 2020/1816 of 17 July 2020 Supplementing Regulation （EU） 2016/1011 of the European Parliament and of the Council As Regards the Explanation in the Benchmark Statement of How Environmental, Social and Governance Factors are Reflected in Each Benchmark Provided and Published, OJ 2020 L 406/1 [EB/OL]. [2021 - 07 - 13]. https://ec. europa. eu/info/law/benchmarks-regulation-eu - 2016 - 1011/amending-and-supplementary-acts/implementing-and-delegated-acts_en#200717.

（4）低碳基准衡量指标组合中与基础资产相关的碳足迹和碳减排标准和方法。

（5）低碳基准与母指数之间的追踪误差。

（6）调高低碳基准相对于母公司指数中低碳资产的权重，并解释为什么必须进行这种调整才能反映出低碳基准的目标。

（7）低碳基准中的证券市场价值与母公司指数中的证券市场价值之间的比率。

（8）用于筛选符合低碳基准的资产或公司的输入数据类型和来源，包括：公司控制的排放源；公司上游购买的电力，蒸汽或其他能源消耗所产生的排放；因公司经营而产生但不受公司直接控制的排放；如果公司的产品或服务被更多的碳排放替代品替代，排放将继续存在（"排放节省"）；输入数据是否使用欧盟委员会 2013/179/EU 号建议《关于产品和组织环境足迹计算的指引》第 2 点（a）和（b）中定义的产品和组织环境足迹方法。

（9）基准所追求指数组合的总碳足迹暴露水平（风险敞口）及其对基准追求的低碳战略所涉及气候变化缓解目标的预计影响。

（10）采用特定低碳方法论战略或目标的理由，以及为什么该方法适用于计算基准低碳目标的解释。

（11）对给定方法论进行内部审核和批准的程序，以及此类内部审核的频率。[1]

2. 积极碳影响基准方法论披露的关键要求

除前述适用于低碳基准管理人的义务外，积极碳影响基准管理人还应披露包含在基准中的每项基础资产的积极碳影响，并说明用于确定排放节省是否超过投资资产或公司碳足迹的公式或计算方法（即积极碳影响比率）。

---

[1]　European Commission. Proposal for a regulation amending Regulation （EU） 2016/1011 on low carbon benchmarks and positive carbon impact benchmarks ［EB/OL］. ［2020 - 01 - 13］. https：//ec. europa. eu/info/publications/180524 - proposal-sustainable-finance_en#benchmarks.

（五）方法论变更的披露

低碳基准和积极碳影响基准的管理人应采用并向用户公开对方法论进行重大调整所涉的流程和理由。这些流程应与基准计算持续坚持的低碳目标或积极碳影响目标保持一致，并符合以下要求。

（1）这些流程应包含在明确时限内提前通知的要求，让使用者有充分机会分析和评论这类打算进行修改部分的影响。

（2）这些流程应为用户对这些变更发表意见以及管理员对这些意见做出回应提供可能，在任何给定的咨询期之后，所有市场用户都可以访问这些意见，除非评论人要求保密。①

此外，低碳和积极碳影响基准的管理人应定期审查其方法论，确保其可靠地反映相关低碳或积极碳目标，并应制定程序用于考虑相关用户的意见。

第三节　欧盟气候转型基准和与《巴黎协定》
　　　　　一致基准规范

一、规范的制定背景

《金融基准条例》为欧盟内不同类型基准制定统一规则后，越来越多的投资者采用低碳投资策略并使用低碳基准来衡量投资组合的绩效。基于《巴黎协定》中有关碳排放承诺的方法论，建立气候转型基准和与《巴黎协定》一致基准有助于提高透明度，还可以防范出现"漂绿"现象。目前欧盟内有大量指数被归类为低碳指数，它们被用作跨境销售的投资组合和金融产品基准，这些用于大量个体和集体投资组合的低碳基准的质量和完整性影响着欧盟内部市场的有效运作。

---

① European Commission. Proposal for a regulation amending Regulation （EU） 2016/1011 on low carbon benchmarks and positive carbon impact benchmarks ［EB/OL］. ［2020 - 01 - 13］. https：//ec. europa. eu/info/publications/180524 - proposal-sustainable-finance-en#benchmarks.

许多用于衡量投资组合业绩的低碳指数特别是用于隔离投资账户和集体投资计划的低碳指数由一个成员国制定却被其他成员国的投资组合和资产管理公司使用，而且许多投资组合和资产经理通常使用其他成员国制定的基准来对冲碳风险。市场上出现了具有不同程度雄心的各种类别的低碳指数，一些基准旨在降低标准投资组合的碳足迹，而另一些基准则可能只是选择有助于实现《巴黎协定》规定的2℃目标的元素，尽管在目标和战略上存在差异，但其中许多基准都被推荐为低碳基准。

基准方法论的差异导致欧盟内部市场分裂，基准用户不清楚某个特定的低碳指数是符合《巴黎协定》目标的基准还是仅仅是旨在降低标准投资组合碳足迹的基准。为应对监管机构对其基准低碳属性的不合法指控，成员国可能会采用自己的规则保护投资者免受对用作低碳投资组合的不同类别低碳指数的困扰。如果没有一个协调的框架来确保个人或集体投资组合中使用的主要类别低碳基准的准确性和完整性，成员国做法的差异很可能对欧盟内部市场的顺利运作造成阻碍。因此，为维护内部市场正常运作和确保消费者和投资者得到高水平保护，需要确定气候转型基准和与《巴黎协定》一致基准在欧盟层面的最低要求。

二、规范对金融基准信息披露和方法论设计制度的完善

（一）气候转型基准和与《巴黎协定》一致基准的概念

气候转型基准是指标记为"欧盟气候转型基准"且其底层资产以由此产生的基准投资组合处于脱碳轨道的方式被选择、加权或排除的金融基准；与《巴黎协定》一致基准是指标记为"欧盟与《巴黎协定》一致基准"且其底层资产以由此产生的基准组合碳排放量符合《巴黎协定》目标的方式被选择、加权或排除的金融基准。[①]

---

① European Parliament and of the Council. Regulation（EU）2019/2089 of the European Parliament and of the Council amending Regulation（EU）2016/1011 as regards EU Climate Transition Benchmarks，EU Paris-aligned Benchmarks and sustainability-related disclosures for benchmarks［EB/OL］.［2020 – 01 – 13］. https：//eur-lex. europa. eu/legal-content/EN/TXT/？ uri = CELEX：32019R2089.

（二）基准方法论的披露

披露基准管理人应披露方法论的关键要素如何反映除利率和外汇基准以外的基准或基准系列的环境、社会、治理因素。

（三）基准声明

自 2020 年 4 月 30 日起，基准声明应包含对环境、社会、治理因素是如何反映在所提供的每个基准或基准系列中的解释。对于不追求环境、社会、治理目标的基准或基准系列，基准管理人在基准声明中只需明确说明他们不追求此类目标。

如果该基准管理人的投资组合中没有气候转型基准或与《巴黎协定》一致基准，或者个别基准管理人没有追求环境、社会、治理目标或考虑环境、社会、治理因素的基准，则应在该管理人提供的所有基准声明中说明这一点。

对于重要的股票和债券基准，以及欧盟气候转型基准和欧盟与《巴黎协定》一致的基准，基准管理人应在其基准声明中披露详细情况用于说明它们是否以及在多大程度上与碳减排目标或《巴黎协定》目标一致，从而符合（EU）2019/2088 号条例第 9 条第 3 款关于金融产品信息披露规则的规定。

自 2021 年 12 月 31 日起，除利率基准和外汇基准外，基准管理人应在每一个基准或在适用情况下在基准声明中包括解释其方法论如何与碳减排目标或《巴黎协定》目标保持一致的内容。

（四）基准方法论披露的最低要求

一项基准的管理人应将任何用于基准计算的方法论公式化、文件化和公开化，提供以下信息并同时保证隐私和保护欧盟第 2016/943 号条例《企业技术秘密和商业信息使用规范》规定的未披露技术秘密和商业信息。

（1）基准主要构成要素列表。

（2）用于基准方法论的所有标准和方法，包括筛选和加权因素、指标。

（3）排除与基准碳足迹水平或化石能源水平不相容的资产或公司的标准。

（4）脱碳轨迹确定的标准。

（5）用于确定脱碳轨迹的数据类型和来源：范围 1 的碳排放，即由发行底层资产公司控制的来源产生的排放；范围 2 的碳排放，即由购买发行底层资产公司上游公司生产的电力、天然气或其他能源消费所致的排放；范围 3 的碳排放，即未被范围 1 和范围 2 覆盖的所有产生于报告公司价值链的间接排放，包括上下游公司的排放，特别是对气候变化及其缓解产生高度影响的部门。

（6）指数投资组合的总体碳排放，当母指数（parent index）用于构建基准时，应披露基准和母指数之间的追踪误差，还应披露基准中的证券市场价值与母指数中的证券市场价值之间的比值。

（7）明确用于决定排放是否与《巴黎协定》目标相符的公式或计算。①

（五）基准方法论设计的最低标准

1. 气候转型基准和巴黎一体化基准方法论设计共同适用的最低标准

欧盟委员会根据授权进一步制定了以下欧盟气候转型基准和欧盟巴黎一体化基准方法论设计共同适用的最低标准。

（1）参考温度情景（reference temperature scenario）。基准管理人应使用 1.5°C 情景作为参考温度场景来设计构建这些基准的方法论。

（2）股票配置的限制（equity allocation constraint）。基准应以在欧盟或其他司法管辖区公共市场准入的股票证券为基础对授权立法附件 I 中 A 节至 H 节和 L 节所列示行业进行综合风险敞口计算。

（3）计算温室气体强度或绝对温室气体排放。基准管理人应使用

---

① European Parliament and of the Council. Regulation（EU）2019/2089 of the European Parliament and of the Council amending Regulation（EU）2016/1011 as regards EU Climate Transition Benchmarks, EU Paris-aligned Benchmarks and sustainability-related disclosures for benchmarks ［EB/OL］.［2020 – 01 – 13］. https：//eur-lex. europa. eu/legal-content/EN/TXT/? uri = CELEX：32019R2089.

与其所有基础资产相同的计价货币来计算温室气体排放强度或这些基准的绝对温室气体排放量（如果适用）。基准的管理人应每年重新计算这些基准的温室气体强度和绝对温室气体排放量。

（4）使用基准方法论应逐步纳入范围3的温室气体排放数据。基准的方法论应以下列方式涵盖范围3的温室气体排放数据：①在2020年12月23日前，至少列入能源和采矿行业的范围3温室气体排放数据；②自2020年12月23日起的两年内，列入（EC）1896/2006号条例《行业温室气体排放数据报告规范》（以下简称"（EC）1896/2006号条例"）第10至18、第21至33、第41、第42和第43、第48至49部分所指运输、建筑物、材料和工业部门的范围3温室气体排放数据；③自2020年12月23日起的四年内，列入第（EC）1896/2006号条例附件一中提及的所有其他部门的范围3温室气体排放数据。[①]

从2020年12月23日至2021年12月31日，如果基准管理人能证明无法计算或估计范围3温室气体排放数据，他们可以暂时使用化石燃料储备数据。

（5）确定制定和公布温室气体减排目标的公司。基准管理人可以在基准中增加设定和公布温室气体减排目标的组合证券发行人的权重，如果它们满足下列条件：①组合证券发行人能准确地公布其范围1、范围2和范围3温室气体排放范围；②组合证券的发行人至少连续三年以每年至少7%的平均水平降低其温室气体强度或（如适用）绝对温室气体排放量，包括范围1、范围2和范围3温室气体排放量。[②]

范围3温室气体排放量应按照有关使用基准方法论逐步纳入范围3温室气体排放数据规定的分阶段实施期进行解释。

（6）设定脱碳轨迹以及未达标基准的标识调整。基准的脱碳轨迹

---

①② European Parliament and of the Council. Commission Delegated Regulation （EU） 2020/1818 of 17 July 2020 Supplementing Regulation （EU） 2016/1011 of the European Parliament and of the Council As Regards Minimum Standards for EU Climate Transition Benchmarks and EU Paris-aligned Benchmarks，OJ 2020 L 406/17 ［EB/OL］.［2021－07－13］. https：//ec. europa. eu/info/law/benchmarks-regulation-eu－2016－1011/amending-and-supplementary-acts/implementing-and-delegated-acts_en#200717.

应具有以下目标：①对于在欧盟或另一个司法管辖区公开市场发行的股票证券，每年平均至少减少7%的温室气体强度；②对于主权发行人发行的债务证券以外的证券，如果这些发行人拥有在欧盟或另一个司法管辖区公开市场上获得认可的权益证券，则平均每年至少减少7%的温室气体强度或平均每年至少减少7%的绝对温室气体排放量；③对于主权发行人发行的债务证券以外的证券，如果这些发行人没有拥有在欧盟或另一个司法管辖区公开市场上承认的权益证券，则平均每年至少减少7%的绝对温室气体排放量。

这些目标应按几何级数计算，这意味着"n"年温室气体强度或绝对温室气体排放量的年最低7%减少量应以 n－1 年的温室气体强度或绝对温室气体排放量为基础，从基准年开始按几何级数计算。①

基准管理人应在未实现第1款上述目标的每一年通过向上调整下一年脱碳轨迹中的目标来补偿未达成目标。

在以下情况下欧盟气候转型基准的管理人和欧盟与《巴黎协定》一致基准的管理人将不能再将其基准标记为上述两类基准：①前述目标在某一年未实现，且在下一年也没有得到补偿；②或前述目标在任何连续10年期间有三次没有实现。

如果该基准在失去标记后连续两年达到脱碳轨迹目标，那么基准管理者可以将基准重新标记为欧盟气候转型基准或与欧盟和《巴黎协定》一致基准，但如果该基准两次失去该标记则无法恢复标记。

（7）温室气体强度和绝对温室气体排放量的变化。温室气体强度或绝对温室气体排放量的变化应计算为 n 年末基准所有组成部分的加权平均温室气体强度或绝对温室气体排放量与 n 年末的加权平均温室气体强度或绝对温室气体排放量之间的百分比变化，在第 n－1 年末，

---

① European Parliament and of the Council. Commission Delegated Regulation（EU）2020/1818 of 17 July 2020 Supplementing Regulation（EU）2016/1011 of the European Parliament and of the Council As Regards Minimum Standards for EU Climate Transition Benchmarks and EU Paris-aligned Benchmarks，OJ 2020 L 406/17［EB/OL］.［2021－07－13］. https：//ec. europa. eu/info/law/benchmarks-regulation-eu－2016－1011/amending-and-supplementary-acts/implementing-and-delegated-acts_en#200717.

所有基准成分的加权平均温室气体强度或绝对温室气体排放量。

每当温室气体强度或绝对的计算方法发生重大变化时,基准管理人应使用新的基准年。

2. 气候转型基准方法论设计的最低标准

(1)欧盟气候转型基准的管理人应在 2022 年 12 月 31 日前根据以下要求对遵循脱碳轨迹的公司发布的底层资产进行选择、加权或排除。

披露公司在特定时限内拟实现的可衡量的碳减排目标;披露公司分解到相应运营子公司层面的碳减排情况;披露公司实现这些目标的年度进展情况信息;与底层资产有关的活动不会显著损害其他环境、社会、治理目标。①

(2)欧盟气候转型基准温室气体强度或绝对温室气体排放量基线的降低。欧盟气候变化基准的温室气体强度或绝对温室气体排放量(如适用),包括范围 1、范围 2 和范围 3 温室气体排放量,应至少比可投资范围的温室气体强度或绝对温室气体排放量低 30%。范围 3 温室气体排放量应按照关于使用基准方法论逐步纳入范围 3 的温室气体排放数据规定的分阶段实施期进行解释。

(3)气候转型基准的除外条款。欧盟气候转型基准的管理人应在其方法论中披露是否以及如何排除某些公司。

3. 与《巴黎协定》一致基准方法论设计的最低标准

(1)与《巴黎协定》一致基准温室气体强度或绝对温室气体排放量基线的降低。欧盟与《巴黎协定》一致基准的温室气体强度或绝对温室气体排放量(如适用),包括范围 1、范围 2 和范围 3 温室气体排放量,应至少比可投资范围的温室气体强度或绝对温室气体排放量低 50%。范围 3 温室气体排放量应按照第 5 条规定的分阶段实施期进行解释。②

---

①② European Parliament and of the Council. Commission Delegated Regulation (EU) 2020/1818 of 17 July 2020 Supplementing Regulation (EU) 2016/1011 of the European Parliament and of the Council As Regards Minimum Standards for EU Climate Transition Benchmarks and EU Paris-aligned Benchmarks, OJ 2020 L 406/17 [EB/OL]. [2021-07-13]. https://ec. europa. eu/info/law/benchmarks-regulation-eu-2016-1011/amending-and-supplementary-acts/implementing-and-delegated-acts_en#200717.

（2）与《巴黎协定》一致基准的除外条款。欧盟与《巴黎协定》一致基准的管理人应将下列所有公司排除在基准之外：①参与与有争议武器（指国际条约和公约、联合国原则以及适用的国家立法中提到的有争议武器）有关的任何活动的公司；②从事烟草种植和生产的公司；③违反联合国全球契约（UNGC）原则或经济合作与发展组织（OECD）跨国企业准则的公司；④收入的1%或以上来自硬煤和褐煤的勘探、开采、分销或精炼的公司；⑤从石油燃料的勘探、开采、分销或精炼中获得10%或以上收入的公司；⑥50%或以上的收入来自气体燃料勘探、开采、制造或分销的公司；⑦50%或更多收入来自温室气体强度超过100克二氧化碳当量/千瓦时的发电的公司。①

欧盟与《巴黎协定》一致基准的管理人应将其或外部数据提供者发现或估计的严重损害欧洲议会和欧洲理事会即《欧盟分类法》法案第九条所述一个或多个环境目标的任何公司排除在基准之外。

欧盟与《巴黎协定》一致基准的管理人应在基准方法论中披露其使用的、基于气候相关或其他环境、社会和治理因素的任何其他基准排除标准。

（六）估算的披露要求

1. 气候转型基准管理人和与《巴黎协定》一致基准管理人应共同遵守的针对估算的披露要求

（1）气候转型基准管理人和与《巴黎协定》一致基准管理人使用非基于外部数据提供商提供的数据估计应正式确定、记录并公布此类估算所依据的方法论，包括：用于计算温室气体排放量的方法论，以及这些估算所依据的主要假设和预防原则；估算缺失、未报告或少报温室气体排放量的研究方法；用于估算缺失、未报告或少报温室气体

---

① European Parliament and of the Council. Regulation （EU） 2019/2089 of the European Parliament and of the Council amending Regulation （EU） 2016/1011 as regards EU Climate Transition Benchmarks, EU Paris-aligned Benchmarks and sustainability-related disclosures for benchmarks ［EB/OL］. ［2020 – 01 – 13］. https：//eur-lex. europa. eu/legal-content/EN/TXT/？ uri = CELEX：32019R2089.

排放量的外部数据集。

（2）气候转型基准的管理人和使用基于外部数据提供者提供数据估算的欧盟与《巴黎协定》一致基准的管理人应正式确定、记录并公开以下所有信息：数据提供者的名称和联系方式；使用的方法论、主要假设和预防原则（如有）；数据提供者网站的超链接，以及使用的相关方法（如有）。

2. 与《巴黎协定》一致基准的管理人还应遵守的针对估算的披露要求

（1）与《巴黎协定》一致基准的管理者人使用非基于外部数据提供者提供的数据估计应正式化，记录并公布估算所依据的方法论，包括：估算所采用的方法和研究方法，以及估算所依据的主要假设和预防原则；估算中使用的外部数据集。

（2）使用基于外部数据提供者提供数据估算的欧盟与《巴黎协定》一致基准的管理人应将以下所有信息正式化、记录并公开：数据提供者的名称和联系方式；使用的方法、主要假设和预防原则（如有）；数据提供者网站的超链接，以及使用的相关方法（如有）。

（七）脱碳轨迹的披露

欧盟气候转型基准的管理人和与《巴黎协定》一致基准的管理人应正式确定、记录和公布这些基准的脱碳轨迹，即确定这些脱碳轨迹的基准年，如果未达到脱碳轨道中规定的目标，则应说明未达到目标的原因以及为恢复基准标识而采取的步骤。

（八）数据源的准确性

气候转型基准的管理者和与《巴黎协定》一致基准的管理人应确保范围1、范围2和范围3温室气体排放数据的准确性，使之符合全球或欧洲标准，并应在其方法论中披露所使用的标准，同时保证温室气体排放数据的可比性和质量。

第四节　评　析

金融基准既是金融活动业绩评价的重要基础，也是金融交易和金融投资决策的重要参考，在金融体系中有着举足轻重的地位。欧盟作为一个相对紧密的区域共同体，经济领域的融合是加强其他领域融合的关键，统一欧盟层面金融基准有助于推进同盟内部金融市场的一体化进程，对经济一体化进程的深入也起到了间接的促进作用，是欧盟金融市场积极一体化的表现。[①]《金融基准条例》整合了之前零散的欧盟层面金融基准法律规范，从基准的定义、分类、设计、管理、披露、变更和终止以及基准相关各方权利义务等多方面为金融基准构建了一个框架完整的内容体系，是欧盟金融法律制度的一个标志性进展。

可持续金融对金融活动业绩的评价不再是单纯的经济利益最大化，而是强调经济、社会和环境三方面整体利益的平衡和最优化，这给传统金融基准特别是其方法论带来巨大冲击。如果不修改金融基准规范则无法反映金融体系的发展需求，也无法为可持续投资提供合适的参考标准，因此欧盟对金融基准条例的两次修订都将重点放在基准方法论及其披露的完善上。欧盟认识到修改金融基准规范的必要性，同时考虑到基准的修订无法一蹴而就，现阶段出台全面反映经济、社会、环境三个维度的金融基准仍具有相当大的难度，因此决定从目前最迫切需要的环境维度中的气候角度入手对金融基准开展修订。于是有了对《金融基准条例》的两次修订。

一、对低碳基准和积极碳影响基准规范的评析

《巴黎协定》签署后欧盟委员会在是否以及如何修订《金融基准条例》的问题上面临几种选择：第一种是不采取行动，这种选择可能会

---

① 程卫东. 欧洲市场一体化：市场自由与法律［M］. 北京：社会科学文献出版社，2009.

使欧盟内部市场分割进一步加剧，无法激励企业将其战略与气候目标保持一致，自然与欧盟可持续发展战略和可持续金融战略基本目标相悖。第二种选择是提高基准方法论的透明度，制定"低碳"基准的最低标准。这种选择下基准管理人需要向投资者提供与气候有关参数的列入、基准组成要素的说明以及用于选择和衡量这些参数的标准等细节，对于基准管理人来说这些要求相对简单，因为它只要求基准管理人在其方法论中遵守最低标准，也让他们在添加其他要素或标准时具有一定的灵活性。可是这种方法仅适用于那些不以实现《巴黎协定》将温度上升控制在2℃以内为目标的低碳指数，无法促进欧盟可持续发展目标的全面实现。第三种选择是统一欧盟"低碳基准"和"积极碳影响基准"规则，保持与《巴黎协定》将温度上升控制在2℃以内的目标一致。如果采纳这一选择，欧盟委员会将制定一套统一的规则用于涵盖低碳或积极碳影响基准，这些基准将使资产管理公司和机构投资者能够正确跟踪和评估根据《巴黎协定》将温度上升控制在2℃以内目标选择基金的业绩，并向其客户或受益人证明其投资符合这一目标。与第二种选择相比，这种选择将把那些对减少碳排放做出重大贡献的公司资产考虑在内，从而使更多投资流向这些公司。然而低碳基准可能只集中在某些行业，不适合由大部分利益相关方构建的核心股权投资组合。第四种选择是统一适用于低碳基准和积极碳影响基准方法论的最低标准。第五种选择是制定不同类型低碳基准的统一欧盟规则。第四和第五种选择适用于比第二和第三种选择更广泛的基准范围，将使机构投资者和资产管理公司能够正确跟踪和评估更多类型低碳基金的业绩并提供相对较多的工具选择以证明它们符合客户的低碳偏好。第四种选择将明确用于确定低碳基准和积极碳影响基准方法论最低要求的关键要素，为用于选择和衡量基准基础资产的标准和方法论提供标准，可以利用欧盟委员会批准的公司用于计算其环境绩效的现有欧洲方法如产品环境足迹（PEF）和组织环境足迹（OEF）来计算与基础资产相关的碳足迹和碳减排。第五种选择需要引入最大限度的协调安排，新引入的两类基准方法论将在一级立法措施层面提供详细和全面规则基础上得到充分协调，并在二级立法措施层面制定进一步的详细规范。这些规则将为低碳基准和积极碳影响基准基础资产的选择和权重制定详细标准。这种方法将使新类别基准的方法论具有高度可比性，然而基准管理人在设计其方法论时缺乏一定的灵活性。相比之下，第四种选择虽然让投资者享有的基准方法论可比性程度有所降低，但在设计计算其方法论的公式时，基准管理人有很大灵活性。总的来说，这种方法将为市场参与者制定解决环境问题的新战略提供空间，而且在此选择下基准管理人将自己的既有方法论调整为欧盟立法规定的最低标准时产生的成本较小。同时这种选择也与欧盟委员会在可持续金融领域的其他提议一致，因为它有助于提高资产管理人根据投资目标向最终投资者提供信息的质量。与第三种选择类似，第四种选择还可以将更多投资引向对减少排放做出重大贡献的高碳密集型部门的公司。不过第四种选择也面临挑战，如现有数据不稳定且通常情况下不完整，比较不同部门公司碳排放量的工作可能很复杂，建立统一的方法论也许会阻碍创新等。

欧盟委员会对《金融基准条例》第一次修订的最终立法提案采纳的是第四种选择[①]，从总体上看这种选择是各种利益权衡下的最佳选择。首先，这种选择有助于改善投资者和基准提供者之间的信息不对称，因为资产经理和投资组合经理拥有所有必要信息来选择反映其投资风格的低碳或积极碳影响指数。其次，这种选择也能减少目前欧盟内部市场的分裂，因为低碳指数的方法论尚未标准化。再次，这种选择还可以提高公司披露的与气候有关信息的质量和可比性，鼓励公司披露这些信息以纳入指数。最后，这种选择也能相对迅速地将资金转向具有可持续目标的资产和项目，这些资产和项目在温室气体排放方面具有积极影响且有助于实现《巴黎协定》目标。之所以能达到上述效果是因为协调不同类型低碳基准和积极碳影响基准的标准和方法论披露可以为追求各种低碳战略的投资者提供足够工具用于评估其基金

---

① TEG. interim report on EU climate benchmarks and benchmarks' ESG disclosures [EB/OL]. [2020－12－06]. https：//ec. europa. eu/info/files/190618－sustainable-finance-teg-report-climate-benchmarks-and-disclosures_en.

或投资组合与选定基准之间的一致性，使这些投资者能够根据适当的低碳基准更好地跟踪和衡量投资组合业绩。

此外，这次修订从法律角度也具有正当性和合理性。首先，《欧洲联盟运行条约》（TFEU）第 114 条赋予欧洲议会和欧洲理事会采取措施帮助实现成员国法律、法规或行政行动中有关建立和运作内部市场规定目标的权力，该条允许欧盟采取措施消除目前妨碍行使基本自由的障碍，防止出现使包括投资者在内的经济经营者难以充分利用内部市场利益的障碍。① 由于欧盟缺乏统一的低碳基准规则，这些基准标准之间的分歧可能导致投资者产生认识混淆，还可能导致不当选择用于衡量低碳基金和产品业绩的基准，因此欧盟可以采取行动通过确保用于衡量低碳投资组合绩效的低碳基准在欧盟内部市场的有效运作来促进对整个欧盟可持续活动的跨境投资。其次，虽然有些金融基准是成员国的国家基准，但在金融合同和产品中使用基准往往是跨国界的。虽然在成员国层面就指数采取行动可能有助于确保指数适合具体成员国国情，但有可能遗漏跨境层面因素的考虑，并最终会导致不同规则的拼凑②，致使在欧盟单一市场内形成不公平竞争的环境。况且在成员国层面采取行动也不符合《金融基准条例》的基本宗旨，因为该条例目的是统一管理整个欧盟基准的制定和使用规则。欧盟委员会的提案符合《欧盟条约》（TEU）第 5 条第 3 款规定的辅助性原则，欧盟是在成员国无法充分实现目标且联盟行动能在范围或效果上取得更好效果的情况下才采取立法行动。再次，修订对基准管理人施加的新义务是建立在这些管理人已经受基准条例类似要求约束的基础上，在某些情况下甚至还减轻了低碳基准管理人的负担，因为修订为这些基准制定了明确和统一的规则，从而有可能降低制定内部政策的成本，所以修

---

① TEG. final report on EU climate benchmarks and benchmarks' ESG disclosures ［EB/OL］. ［2020 - 12 - 06］. https：//ec. europa. eu/info/files/190930 – sustainable-finance-teg-final-report-climate-benchmarks-and-disclosures_en.

② Theocharis Tsoutsos. Benchmarking Framework to Encourage Energy Efficiency Investments in South Europe. The Trust EPC South Approach ［J］. Procedia Environmental Sciences，2017，38：413 –419.

订也符合《欧盟条约》第 5 条第 4 款规定的相称性原则。最后，鉴于大多数金融基准的跨境性质，对《金融基准条例》进行修订是在欧盟范围内引入环境、社会、治理披露规则以及统一低碳基准最低标准的最合适法律形式，因为在不需要国家立法的情况下直接适用条例将限制主管当局在国家层面采取不同措施的可能性，可以确保整个欧盟采取一致做法和形成更大法律确定性。

二、对气候转型基准和与《巴黎协定》一致基准规范的评析

《金融基准条例》第一次修订引入的低碳基准和积极碳影响基准由于缺乏方法论设计的协调（特别是缺乏对碳足迹如何全面评估的共识）和对所追求与地球变暖相关影响目标的清晰表达，影响了这两类基准的可比性、可靠性和接受度①，而且各不相同的基准方法论设计及其披露程度也阻碍了市场参与者比较指标以及为环境或气候相关投资战略选择合适基准的能力，因此低碳基准和积极碳影响基准被市场接受和采纳的程度有限，基准对所有投资组合配置的重要性依旧较低。

欧盟对《金融基准条例》的第二次修订创设了气候转型基准和与《巴黎协定》一致基准，这两类基准既可以为被动投资战略提供参考，也可以作为温室气体排放战略相关投资绩效的评价基础。气候转型基准的主要使用者是养老基金和再保险公司这类机构投资者，它们的目标是保护主要资产免受各种气候变化和向低碳经济转型相关的投资风险（即转型风险）冲击②，与《巴黎协定》一致基准的主要使用者是那些比欧盟气候转型基准投资者拥有更多紧迫意识并想向《巴黎协定》所称 1.5℃情景迅速转型的机构投资者。

从立法意图看，欧盟对《金融基准条例》的第二次修订主要着眼于以下几个方面：一是在给基准管理人设计方法论留有弹性的同时让

① Robyn Clark. Bridging funding gaps for climate and sustainable development：Pitfalls，progress and potential of private finance ［J］. Land Use Policy，2018，71：335－346.

② Bonizella Biagini. A typology of adaptation actions：A global look at climate adaptation actions financed through the Global Environment Facility ［J］. Global Environmental Change，2020，25：97－108.

气候基准方法论保持一定的可比性；二是为投资者提供一个与其投资战略相符的基准工具；三是加强投资者影响的披露，特别是加强有关气候变化和能源转型方面投资者影响的披露；四是打击"漂绿"行为。

基准方法论的完善一直是欧盟金融基准立法的关注重点，当可持续金融背景下金融资源配置标准发生重大改变时，方法论的修正在发挥金融基准反映投资活动可持续性业绩方面起着决定性作用。[①] 对比《金融基准条例》的两次修订，相较低碳基准和积极碳影响基准规范，气候转型基准和与《巴黎协定》一致基准规范中不仅有基准方法论的披露要求和声明标准，还专门针对方法论设计提出两类基准共同适用的最低标准和单独适用的最低标准要求，同时鉴于金融基准方法论设计中估算的重要性单独制定了估算的披露规则，并对获取数据的准确性提出了要求。此外，欧盟委员会授权立法（EU）2020/1818 号条例《关于气候转型基准和与〈巴黎协定〉一致基准披露的最低标准条例》有相当一部分内容是有关方法论的完善，具体体现在以下几方面：一是由于当前没有足够数据来评估主权实体所做决定产生的碳足迹，因此授权立法将主权实体发行的债券排除在气候转型基准和与《巴黎协定》一致基准的合格底层基础资产的范围之外。二是鉴于温室气体排放量的计算是气候转型基准和与《巴黎协定》一致基准适用的重要步骤，为了使计算具有可比性和一致性，授权立法明确需要重新计算一次温室气体排放量的时间间隔，并规定在适用的情况下有可能还需要对使用的货币种类进行更新。三是考虑到仅根据范围 1 和范围 2 的温室气体排放量计算的结果可能违反常识认知，因此授权立法要求气候转型基准和与《巴黎协定》一致基准的最低标准不仅应考虑公司的直接排放，还应考虑按生命周期评估的排放，即应包括范围 3 的温室气体排放。而由于现阶段无法保证范围 3 温室气体排放的数据质量，因此授权立法又制定了适当的过渡时间表。四是因为基准管理人可以根据公司设定的脱碳目标来设置加权系数，授权立法为此制定了与各个

---

① Jeong Hwan Bae. Increasing consumer participation rates for green pricing programs：A choice experiment for South Korea ［J］. Energy Economics，2018，74：490－502.

公司报告的脱碳目标有关的特定规则。五是由于认为与《巴黎协定》一致基准不应鼓励对违反全球标准［例如联合国全球契约（UNGC）原则］的公司发行金融工具的投资，因此授权立法根据气候相关因素、其他环境、社会和治理因素制定排除适用与《巴黎协定》一致基准的标准，同时为支持减少污染性能源的使用并适当地过渡到可再生能源，还规定从煤炭、石油或天然气中获取超过一定比例收入的公司也应被排除在外。六是为确保气候转型基准和与《巴黎协定》一致基准所采用方法论的披露，授权立法就有关脱碳轨迹信息的披露以及这两种基准的数据来源、数据质量以及基准管理人的披露义务都制定了专门规则。

不过由于目前可获的发行人层面数据有限，基准方法论还需要完善，未来有必要根据可持续性风险情景分析实践的发展对第二次修订确定的基准最低标准要求进行审查，以保持这两类基准符合《巴黎协定》的气候目标，欧盟对《金融基准条例》的第二次修订中也考虑到了这个问题，设置了定期审查条款。

在对《金融基准条例》进行第二次修订后欧盟通过了《金融服务业可持续性信息披露条例》，该条例对可持续投资进行了重新界定，将可持续投资与追求环境、社会目标以及不对其他领域产生显著损害的积极活动联系起来，要求投资者披露其投资决策对可持续性因素的不利影响，还要求提供旨在追求可持续性目标基金的金融市场参与者披露这些目标以及用于评估、衡量和监测这些目标进展的方法论。根据《金融服务业可持续性信息披露条例》的规定，如果一项指数被设定为参考基准，基准管理人还需要披露指数是否以及如何与基金的可持续性目标相符。[①] 鉴于基准在金融产品披露中扮演着重要角色，因此欧盟委员会出台三个相关授权立法以使基准披露尽可能与《金融业可持续性相关披露条例》保持一致。此外，由于《欧盟分类法》法案以及把可持续性因素融入《金融市场工具指令》《保险分销指令》《可转让证

---

① European Parliament and of the Council. Regulation（EU）2019/2088 of the European Parliament and of the Council of 27 November 2019 on Sustainability-related Disclosures in the Financial Services Sector［EB/OL］.［2020 – 06 – 17］. https：//eur-lex. europa. eu/legal-content/EN/TXT/? uri = CELEX：32019R2088.

券集合投资计划指令》《另类投资基金指令》等法规的相关授权立法陆续出台，关于《金融基准条例》三个授权立法的制定也充分考虑了与这些法案的一致性和可比性。

只有当有关对可持续发展目标所产生影响的数据可获且能被用于企业大多数投资组合时，与可持续发展目标相关的金融产品和基准才能真正发展起来[①]，不过目前信息披露中衡量企业对可持续发展目标所产生影响的数据尚未被广泛提供，因此《金融基准条例》的修订及其授权立法尚未对这方面披露提出要求，预计日后条件成熟欧盟应该会进一步完善相关规定。

气候转型基准和与《巴黎协定》一致基准等气候金融基准属于基准中的商品基准大类，在可持续金融背景下，这两类基准需要参照关键基准的要求进行管理，但鉴于其特征有别于传统的关键基准，欧盟从使用、信息披露和管理维护三方面强化对这两类基准的管理。

基准使用方面，为确保气候转型基准和与《巴黎协定》一致基准标签可靠且便于欧盟各国投资者识别，对《金融基准条例》的第二次修订中明确只有符合《金融基准条例》规定要求的金融基准管理人才有资格在欧盟销售气候转型基准和与《巴黎协定》一致基准时使用这些标签。

基准信息披露方面，为鼓励公司披露减少碳排放的可信目标，要求气候转型基准的管理人在选择或对底层资产进行加权时应考虑那些将减少与《巴黎协定》目标相符碳排放量作为目标的公司。考虑到基准使用者并不总是掌握关于基准管理人方法论在多大程度上考虑了环境、社会、治理因素的必要信息，这种信息往往分散或不存在，无法进行有效的跨国界比较，为使市场参与者能够做出明智选择，除利率和外汇基准管理人外，对《金融基准条例》的第二次修订要求所有基准管理人应在基准声明中披露基准是否追求环境、社会、治理目标以及基准管理人是否提供此类基准。为向投资者通报重大股票和债券基

---

① Jofre Carnicer. The world at a crossroads：Financial scenarios for sustainability ［J］. Energy Policy，2019，48：611–617.

准以及气候转型基准和与《巴黎协定》一致基准在多大程度上有助于实现《巴黎协定》目标，第二次修订还要求基准管理人应公布详细资料说明是否以及在多大程度上与碳减排目标或《巴黎协定》目标一致，并公布它们用于计算这些基准的方法论，方法论信息应说明底层资产是如何被选择和加权的，哪些资产被剔除在外以及剔除的原因。[①] 为评估基准如何促进环境目标，《金融基准条例》的第二次修订规定基准管理人应披露底层资产的碳排放量如何测量及其各自的价值，包括基准的总体碳足迹、类型以及所使用数据的来源。

基准管理维护方面，为确保持续遵守所选气候变化缓解目标，欧盟要求气候转型基准和与《巴黎协定》一致基准的管理人应定期审查方法论，并告诉基准使用者其对这些方法论进行任何重大变更的适用程序。在引入重大变更时，除了对气候变化没有影响的底层资产的基准如利率基准和外汇基准外，基准管理人应披露变更的原因并解释该变更如何与基准的初始目标一致。由于中断一个关键基准可能会影响市场完整性、金融稳定、消费者、实体经济和成员国家庭和企业的融资，而关键基准的终止还可能影响金融合同或金融工具的有效性并对投资者和消费者造成干扰，且对金融稳定也可能产生潜在严重影响，此外由于不再提供关键基准的输入数据可能损害此类基准的代表性并对其反映底层市场或经济现实的能力产生不利影响，因此修订要求从现有关键基准切换到适当的后续基准应该有过渡期，以便无须中断即可完成此类转换所需的所有法律和技术安排。为了保证气候相关金融基准与原有金融基准的平稳切换，《金融基准条例》第二次修订明确在过渡期间现行基准应与后续基准一起公布，同时延长现有关键基准的发布和使用期限，而无须基准管理人申请授权。

三、欧盟两组气候相关金融基准规范的比较及不足

欧盟先后创制了两组气候相关金融基准，这两组基准规范都对基

---

① TEG. Handbook on Climate Benchmarks and benchmarks' ESG disclosures [EB/OL]. [2020 - 03 - 03]. https：//ec. europa. eu/info/files/192020 - sustainable-finance-teg-benchmarks-handbook_en.

准概念、基准声明、基准披露的共同最低要求以及每一种基准的特别最低要求做了规定，所不同的是后一组金融基准（气候转型基准和与《巴黎协定》一致基准）还专门针对金融基准设计的方法论和基准的使用维护要求进行了规范，更强调数据来源的准确性和基准设计中估算方法的披露，并且规范内容对科学研究进展的反映也更为明显，这使得第二组气候基准相较第一组气候基准在使用中的可比性、稳健性和可靠性更佳。此外，第二组气候基准规范是在《巴黎协定》达成后制定的，将与转型活动及赋能活动相关的投资也纳入基准涵盖范畴，这让欧盟金融基准对与可持续发展转型相关的活动也将发挥促进和引导作用，弥补了第一组气候基准未将转型活动囊括在内的缺憾。

不过目前欧盟金融基准规范仍局限于气候领域，未涉及其他环境领域，更没有对社会和治理方面创设基准，鉴于基准在可持续投资业绩评价中的关键作用，欧盟基准法律规范的完善还有很长的路要走。

本 章 小 结

欧盟建立了统一的金融基准规范，对基准的定义、类别、管理、信息披露及方法论等进行详细规定，在此基础上又根据建设可持续金融体系的需要对《金融基准条例》进行了两次修订，先后引入低碳基准、积极碳影响基准、气候转型基准、与《巴黎协议》一致基准四项气候金融基准，并通过授权立法就在基准方法论和基准声明中如何反映环境、社会、治理因素以及气候转型基准和与《巴黎协议》一致基准应遵循的最低标准做出规定。欧盟关于金融基准规范的调整为可持续金融活动业绩评估和可持续金融投资决策提供了符合可持续发展需求的参考标准，也为金融监管机构和金融企业的风险管理提供了适合的参考依据。然而气候金融基准只能用于反映金融的部分环境可持续水平，未来还需要构建更全面的环境金融基准并制定社会金融基准和治理金融基准才能满足可持续金融活动对环境、社会、治理综合业绩评价的需要。

欧盟可持续金融信息披露
法律制度的构建

　　信息披露制度始终是金融体系法律制度的核心组成部分，对促进金融市场交易和防范金融风险都发挥着重要支撑作用，这是由金融体系的自身特点决定的。可持续金融体系建设是一项系统工程，需要投资方识别和了解可持续投资机会、做出可持续投资决策，需要融资方向投资方介绍融资项目的可持续性和自身经营的可持续性，需要金融企业设计和提供符合可持续发展要求的金融产品和服务，需要金融中介机构为可持续性金融产品和服务提供认证和评级，需要金融监管机构对金融市场及市场参与主体存在的风险做出及时判断并采取有效监管，所有这些需求的满足都有一个基础性前提，那就是相关信息可获。传统金融体系信息披露法律制度规制的重点是财务信息披露，但对于可持续金融体系来说，不仅需要披露财务信息，也需要披露非财务信息即可持续性信息，不仅需要金融企业披露可持续性信息，同时也需要非金融企业披露可持续性信息，因此金融体系信息披露法律制度的完善势在必行。

　　欧盟较早就开始关注企业非财务信息的披露，立法要求企业披露经营中涉及的环境问题和劳资关系等非财务信息，并尝试逐步扩大非财务信息披露主体的范围，细化和规范非财务信息披露的内容和方式。在可持续金融战略行动计划启动实施后，基于金融服务提供商可持续性信息披露对可持续金融发展的重要价值，欧盟出台法规统一金融行业可持续性信息披露规则。《欧盟分类法》出台时又出于促进可持续投资机会识别和风险防范考虑进一步完善了企业（含部分金融服务提供商）非财务信息的披露要求。欧盟委员会也在 2021 年提出修订企业可持续性信息披露相关法规的立法建议，将对企业非财务信息报告制度做进一步更新。总之，欧盟可持续金融信息披露法律制度是建立在对企业非财务信息披露规范基础上，通过制定金融领域信息披露专项法规和发展企业非财务信息披露规范（从非财务信息披露到可持续性信息披露）并结合《欧盟分类法》有关企业非财务信息披露的规范来构建系统的可持续金融信息披露法律制度。

第一节　金融服务业可持续性相关信息披露规范

一、《金融服务业可持续性信息披露条例》

（一）信息披露的法律基础

欧盟意识到自身正在面临气候变化、资源枯竭和其他与可持续发展相关问题带来的灾难性和不可预测后果，认为现在就需要采取紧急行动通过公共政策和金融服务部门来调动资本为可持续发展提供资金支持，具体到金融领域则应要求金融市场参与者和财务顾问向投资者披露和说明如何整合可持续性风险以及如何应对自身经营给可持续发展带来的不利影响。[1] 在投资决策和咨询过程中加入对可持续性因素的考量可以促进金融系统的稳定并最终对金融产品的风险回报产生影响，金融市场参与者和财务顾问服务提供商有义务提供必要信息使最终投资者能够做出明智的投资决策。

但对欧盟来说仅有成员国层面关于可持续性相关信息的披露规范

---

[1]　Thomas Lagoarde – Segot. Sustainable finance. A critical realist perspective ［J］. Research in International Business and Finance，2018，4：1 – 9.

还是不够的，如果欧盟不就向投资者披露可持续发展相关信息制定统一规则，分散的监管措施将在成员国层面继续使用，就连金融行业内部也可能存在不同的监管措施，这些不同的措施和标准将导致严重的竞争扭曲。① 各不相同的披露标准和市场导向型披露实践使投资者很难就不同成员国的金融产品所涉环境、社会和治理风险以及可持续投资目标进行有效比较，这会导致金融产品及其分销渠道的不公平竞争环境，在欧盟统一市场内部造成额外障碍，这些各不相同的措施和标准还会给最终投资者们造成困惑，甚至影响他们的决策，也会影响欧盟实现《巴黎协定》目标。

基于上述考虑，欧盟制定《金融服务业可持续性信息披露条例》，目的在于统一欧盟层面关于金融服务和产品提供商的可持续性相关信息披露规则，减少金融产品销售和服务提供过程中的信息不对称，要求金融市场参与者和财务顾问应向最终投资者进行合同订立前和合同订立后的可持续性相关信息披露。这项法案对欧盟企业会计、审计规范以及管理个人年金和养老金产品的成员国法律中规定的信息披露要求进行了完善，同时要求成员国让现行法律规范下指定的监管机构在本国境内负责实施《金融服务业可持续性信息披露条例》。

（二）披露主体

欧盟金融服务业可持续性信息披露的主体包括两类：一类是金融市场参与者；另一类是财务顾问服务提供商。

"金融市场参与者"包括以下类型金融企业：①提供基于保险类投资产品（IBIP）的保险企业；②提供投资组合管理的投资企业；③养老金管理机构；④职业年金管理机构；⑤替代性投资基金经理；⑥泛欧个人养老金产品（PEPP）提供商；⑦根据欧盟第345/2013号条例第14条规定注册的风险投资基金管理人；⑧根据第346/2013号条例第15条规定注册的社会企业家基金管理人；⑨从事可转让证券投资的管理

---

① David Reiner. Behavioral Issues in Financing Low Carbon Power Plants ［J］. Energy Procedia，2009，37：4495－4502.

企业（UCITS）；⑩提供投资组合管理的信贷机构。

"财务顾问服务提供商"包括以下类型金融企业：①为保险类投资产品提供咨询的保险中介机构；②提供 IBIPs 产品的保险企业；③提供投资咨询意见的信贷机构；④提供投资建议的投资企业；⑤根据第 2011/61/EU 号指令第 6（4）条第（b）项第（i）款规定提供投资建议的替代性投资基金经理；⑥根据第 2009/65/EC 号指令第 6（3）条第（b）项第（i）款提供投资建议的从事可转让证券投资的管理企业。①

值得注意的是，欧盟金融服务业可持续性信息披露的义务主体并未涵盖金融业所有企业，如《金融服务业可持续性信息披露条例》不适用于为保险类投资产品提供咨询服务的保险中介机构，也不适用于为非法人企业提供投资咨询的投资企业，如果其雇用人数不超过 3 人的话（包括自然人和自由职业者）。不过欧盟允许成员国要求为保险类投资产品提供咨询服务的保险中介机构以及根据欧盟第 883/2004 号条例和第 987/2009 号条例设立的经营国家社会保障计划的养老金产品管理机构履行可持续性信息披露义务。

（三）披露原则

《金融服务业可持续性信息披露条例》没有对可持续性信息的基本原则进行详细规定，仅要求信息披露应该及时，但是条例授权金融监管机构制定技术建议，欧洲金融监管机构就可持续性信息披露的基本原则提出以下建议：首先，披露主体应以易于获取、无歧视、免费、简单、简明、可理解、公平、明确且无误导性的方式提供信息。信息的显示和布局应易于阅读并使用可读大小的字符，且应以易于理解的方式书写。其次，披露主体应以可搜索的电子格式提供信息。再次，披露主体应保证其网站上发布的为最新信息，信息披露时应标明信息

---

① European Parliament and of the Council. Regulation（EU）2019/2088 of the European Parliament and of the Council of 27 November 2019 on Sustainability-related Disclosures in the Financial Services Sector［EB/OL］.［2020 – 06 – 17］. https：//eur-lex. europa. eu/legal-content/EN/TXT/? uri = CELEX：32019R2088.

发布日期，并采用更新日期方式清楚标识任何更新的文本。最后，披露主体在信息中如果提及金融企业实体或金融产品，应提供法人实体标识符（LEI）和国际证券识别码（ISIN）。

（四）披露的方式和途径

金融市场参与者和财务顾问服务提供商这两类主体都有义务在企业官方网站上披露可持续性信息，金融市场参与者应在官方网站上公布其在投资决策过程中整合可持续性风险的相关内部制度信息，财务顾问服务提供商应在官方网站上公布其投资建议或保险建议中包含的与可持续性风险整合相关的信息。

欧盟根据不同类型披露主体的业务性质对上述可持续性信息的具体披露途径进行了规定：①替代性投资基金经理应在根据欧盟指令第2011/61/EU 号第 22 条规定的公布年度报告中披露；②保险企业应根据欧盟指令第 2009/138/EC 号第 185 条第（6）款的规定每年以书面形式披露；③养老金管理机构应在根据欧盟指令第 2016/234 号第 29 条规定公布的年度报告中披露；④合格的风险投资基金经理应在根据欧盟第 345/2013 号条例第 12 条规定公布的年度报告中披露；⑤合格的社会企业家基金经理应在根据欧盟第 346/2013 号条例第 13 条规定公布的年度报告中披露；⑥职业年金管理机构应以书面形式在年度报告或按照国内法案规定编写的报告中披露；⑦可转让证券基金管理人应在根据第 2009/65/EC 号指令第 69 条规定提供的招股说明书中披露；⑧提供投资组合管理或投资建议的投资企业应在根据第 2014/65/EU 号指令第 25（6）条规定提供的定期报告中披露；⑨提供投资组合管理或投资建议的信贷机构应在根据第 2014/65/EU 号指令第 25（6）条规定提供的定期报告中披露；⑩泛欧个人年金产品提供商应在根据欧盟第 2019/1238 条例第 36 条规定公布的利益冲突声明中披露。[①]

---

① European Parliament and of the Council. Regulation （EU） 2019/2088 of the European Parliament and of the Council of 27 November 2019 on Sustainability-related Disclosures in the Financial Services Sector ［EB/OL］.［2020－06－17］. https：//eur-lex. europa. eu/legal-content/EN/TXT/? uri = CELEX：32019R2088.

（五）披露内容——企业层面（组织要求）

欧洲金融监管机构为《金融服务业可持续性信息披露条例》第4条所涉信息的披露水平制定了一个针对金融市场参与者和财务顾问服务提供商共同适用的不利影响信息披露要求，并针对两类主体的不同业务特点做了披露内容的微调。如果仅要求金融市场参与者和财务顾问服务提供商就他们的相关政策进行声明类型的披露（即原则性披露）或就各类不利影响分别制定详细的披露标准，前一种选择虽然对于信息披露主体和金融监管主体比较易于操作且成本较小，但这种披露只能为投资提供很少有关不利影响的信息，不同主体披露的信息可比性也比较差；后一种选择虽然可以为投资者提供详尽的信息，便于决策，也便于做定量比较和分析，同时还尽可能地减少了披露误导信息的可能性从而降低"漂绿"风险，但对于信息披露主体和监管主体的成本都比较高。

关于《金融服务业可持续性信息披露条例》第4条所涉评估不利影响时使用的指标类型，欧洲金融监管机构拟订的技术标准倾向于在数据可获性较好的领域实施强制性指标，而在其他领域实施选择性指标。这种选择可以帮助投资者基于不利影响最简明指标列表对金融服务提供商进行比较，从而获得更多有价值的信息，同时也帮助金融市场参与者和财务顾问服务提供商根据不利影响最简明指标列表将环境、社会、治理因素融入投资过程，但这种选择在数据可获性存在问题时增加了评估投资决策不利影响的成本，而且强制性指标也许并不一定适合所有金融市场参与者和财务顾问服务提供商。曾有利益相关方提出另外两种政策选择：一种是为金融市场参与者和财务顾问服务提供商推荐评价不利影响的选择性指标；另一种是全部使用强制性指标。[①]

---

① ESAs. Final Report on draft Regulatory Technical Standards with regard to the content, methodologies and presentation of disclosures pursuant to Article 2a（3），Article 4（6）and（7），Article 8（3），Article 9（5），Article 10（2）and Article 11（4）of Regulation（EU）2019/2088［EB/OL］.［2021 - 05 - 07］. https：//www. eba. europa. eu/regulation-and-policy/transparency-and-pillar - 3/joint-rts-esg-disclosure-standards-financial-market-participants.

第一种政策选择对于信息披露主体来说较容易遵守，有助于鼓励他们进行自愿披露，但信息的相互可比性比较差。第二种政策选择可以最大限度保证信息的可比性，但是对金融市场参与者和财务顾问服务提供商，尤其是小型的金融市场参与者和财务顾问服务提供商成本是最贵的，同时也很难保证支撑这些指标的数据一定可获。此外，对强制性指标是否能够反映技术进步以及新指标的数据可获性评估也十分困难，而且强制性指标也并不一定适合所有金融市场参与者和财务顾问服务提供商。欧洲金融监管机构试图从成本、实施的复杂性和对投资者的有用性三者之间找一个平衡点。

1. 金融市场参与者

金融市场参与者如果考虑其投资决定对可持续性因素产生的不利影响，应在对影响规模、企业经营性质和规模以及其提供的金融产品类别进行适当考量基础上针对前述不利影响的尽职调查发表声明；如果不考虑投资决定对可持续性因素产生的不利影响，则需要阐明不考虑的理由。

金融市场参与者如果考虑其投资决定对可持续性因素产生的不利影响，应披露以下信息：①对可持续性因素产生的不利影响进行识别和排序的内部制度规定；②对可持续性因素产生的不利影响以及已采取或计划就该等影响采取的任何行动；③根据欧盟2007/36/EC《企业信息披露指令》（以下简称"2007/36/EC 号指令"）第三条规定提供的员工雇佣政策摘要（如适用）；④遵守负责任的商业行为准则、国际认可的尽职调查义务和报告要求以及《巴黎协定》的情况。①

为提高上述关于不利影响信息披露的可用性，欧洲金融监管机构根据《金融服务业可持续性信息披露条例》授权制定技术标准进一步细化了应披露信息的具体内容及内容的编排顺序，金融市场参与者被要求按照以下顺序和事项详细披露其投资决定对可持续性因素产生的

---

① European Parliament and of the Council. Regulation （EU） 2019/2088 of the European Parliament and of the Council of 27 November 2019 on Sustainability-related Disclosures in the Financial Services Sector ［EB/OL］. ［2020 - 06 - 17］. https：//eur-lex. europa. eu/legal-content/EN/TXT/? uri = CELEX：32019R2088.

不利影响。

（1）摘要，包含以下信息：不利的可持续性影响声明所涉及金融市场参与者的名称；考虑不利的可持续性影响时所涉及的事实；声明所涉期间；长度不超过 A4 纸双面打印的关于主要不利可持续性影响声明的摘要。摘要语言至少采用金融市场参与者所在成员国官方语言之一，如果成员国官方语言与国际金融领域惯用语言不同，还需以国际金融领域惯用语言同时披露。

（2）描述对可持续性产生的主要不利影响，包含声明所涉期间金融市场参与者投资决策对可持续性产生的主要不利影响的阐述，阐述至少应包含：符合技术标准附件一表 1 所列对不可持续性因素的阐述；符合技术标准附件一表 2 所列对气候或其他与环境有关可持续性因素产生主要不利影响的说明；符合附件一表 3 所列对社会、劳工、人权、反腐败或反贿赂等可持续性因素产生主要不利影响的说明；其他可视为对可持续性因素产生主要不利影响事项的说明。

（3）描述对主要不利可持续性影响进行识别和排序的政策（含政策内容和政策如何维持及适用的说明），描述至少包括：金融市场参与者的决策机构批准这些政策的日期；在组织战略和组织流程中实施这些政策的职责分工；对评估每种主要不利影响所采用方法论的阐述，尤其是方法论如何判断主要不利影响发生的概率和严重性；对方法论中误差范围的解释；关于数据来源的描述。在有关信息不易获取时，对主要不利可持续性影响进行识别和排序的相关政策的描述还应包含以下内容：从被投资企业直接获取信息所采取的所有努力；尽管尽了最大努力但仍无法直接从被投资企业获得信息时，用于评估不利影响时使用的任何合理假设和进行的额外研究，以及与第三方数据提供者的合作或使用外部专家的相关情况。

（4）为应对主要不利可持续性影响所采取行动的说明，包含在声明所涉期间和下一个期间为避免或减少主要不利影响所采取或拟采取的行动，以及声明所涉期间因采取行动所减少的主要不利影响。

（5）为应对主要不利可持续性影响制定的政策，包含（如适用）根据欧洲议会和欧洲理事会第 2007/36/EC 号指令第 3 条第 g 款规定提供的关于"应对主要不利可持续性影响所制定的政策"的摘要以及其他相关应对政策和在声明所涉期间因采取应对政策减少的主要不利影响。

（6）相关国际标准，包含对金融市场参与者遵守负责任的商业行为守则、国际公认的尽职调查和报告标准以及《巴黎协定》的说明。[①]

技术标准要求金融市场参与者在不考虑可持续性不利影响的情况下应在其网站以醒目声明的方式提示消费者并解释不考虑的原因，有必要的话还需要解释何时它将考虑授权立法附件一表1所列的"主要不利影响"。

自2021年6月30日起，雇用超过500名员工的金融市场参与者必须考虑其投资决定对可持续性因素产生的不利影响并应在网站上发布和及时更新《金融服务业可持续性信息披露条例》第4条第二款要求披露的信息。

2. 财务顾问服务提供商

财务顾问服务提供商如果考虑其投资决定对可持续性因素产生的不利影响，应在对影响规模、企业经营性质和规模以及其提供的金融产品类别进行适当考量基础上针对前述不利影响的尽职调查发表声明；如果不考虑其投资决定对可持续性因素产生的不利影响，则需要阐明不考虑的理由。《金融服务业可持续性信息披露条例》对财务顾问服务提供商在考虑其投资决定对可持续性因素产生的不利影响情况下应披露的具体内容未作要求。

《金融服务业可持续性信息披露条例》规定欧洲金融监管机构（ESAs）有权对法案第4条第一款至第五款要求披露信息的内容、方法和呈现方式制定监管技术标准，并要求无论是否考虑对可持续性因素产生的不利影响，金融市场参与者和财务顾问服务提供商在薪酬政策

---

① ESAs. Final Report on draft Regulatory Technical Standards with regard to the content, methodologies and presentation of disclosures pursuant to Article 2a（3），Article 4（6）and（7），Article 8（3），Article 9（5），Article 10（2）and Article 11（4）of Regulation（EU）2019/2088［EB/OL］.［2021 – 05 – 07］. https：//www. eba. europa. eu/regulation-and-policy/transparency-and-pillar – 3/joint-rts-esg-disclosure-standards-financial-market-participants.

中都应说明该政策如何保持与可持续性风险整合的一致，并且在网站上公布相关信息。

欧洲金融监管机构制定的技术标准要求财务顾问服务提供商关于对可持续性所产生不利影响的声明应包含它们挑选金融产品过程的细节。例如，金融市场参与者披露的信息是否与法案相符；财务顾问是否根据附件一表 1 所列主要不利影响对金融产品进行排名和选择，如果是，则说明所使用的方法论；用于选择金融产品并提供投资建议的相关标准。①

技术标准同样要求财务顾问服务提供商在不考虑可持续性不利影响的情况下应在其网站以醒目声明的方式提示消费者，并解释不考虑的原因，有必要的话还需要解释何时它将会考虑授权立法附件一表 1 所列"主要不利影响"。

（六）披露内容——合同前披露

1. 金融市场参与者

金融市场参与者应在订立合同前披露以下内容：①将可持续性风险纳入其投资决定的方式；②有关可持续性风险对其所提供金融产品收益可能产生的影响的评估。如果金融市场参与者认为可持续性风险对其投资决定不构成实质性影响，则须简要说明理由。

2. 财务顾问服务提供商

财务顾问服务提供商应在订立合同前披露以下内容：①将可持续性风险纳入其投资或保险咨询意见的方式；②有关可持续性风险对其所提供咨询意见的金融产品收益可能产生的影响的评估。如果财务顾问服务提供商认为可持续性风险对其投资决定或咨询建议不构成实质性影响，则须简要说明理由。

---

① ESAs. Final Report on draft Regulatory Technical Standards with regard to the content, methodologies and presentation of disclosures pursuant to Article 2a（3），Article 4（6）and（7），Article 8（3），Article 9（5），Article 10（2）and Article 11（4）of Regulation（EU）2019/2088［EB/OL］.［2021 - 05 - 07］. https：//www. eba. europa. eu/regulation-and-policy/transparen-cy-and-pillar - 3/joint-rts-esg-disclosure-standards-financial-market-participants.

（七）披露内容——产品层面

1. 可持续性风险融入相关信息披露中的金融产品信息披露

金融产品层面可持续性信息的披露主体仅涉及金融市场参与者，不包含财务顾问服务提供商。自 2022 年 12 月 30 日起，金融市场参与者如果考虑其投资决定对可持续性因素产生的不利影响，或根据《金融服务业可持续性信息披露条例》规定属于必须披露可持续性信息的金融市场参与者（企业雇员超过 500 人或集团雇员超过 500 人的母公司）在提供金融产品时，根据该条例第 6 条第（3）款规定披露的可持续性风险融入相关信息中应包括以下内容：①阐明金融产品是否已经考虑对可持续发展产生的不利影响，如果已考虑，是如何考虑的？②关于对可持续性发展产生实质性不利影响的声明应包含在根据该条例第 11 条第（2）款规定披露的定期报告中。①

如果根据《金融服务业可持续性信息披露条例》第 11 条第（2）款规定披露的定期报告中被要求对前文所述不利影响进行量化，那么金融市场参与者还应参照欧洲金融监管机构根据该条例第 4 条第 6、第 7 款授权制定的监管技术标准来进一步细化披露内容。② 如果金融市场参与者提供金融产品时未考虑其投资决定对市场的不利影响，则在进行可持续性风险融入相关信息披露时应在每个金融产品资料中包含一份声明，声明应明确告知金融市场参与者未考虑投资决策对可持续性因素的不利影响以及未做这种考虑的原因。

如果金融产品能够促进环境或社会可持续发展或能够同时促进环境和社会可持续发展且被投资企业拥有良好治理实践的，金融市场参与者应在进行可持续性风险融入相关信息披露时包含以下内容：①金融产品如何实现前述环境和社会可持续发展目标的信息；②如已设定某一指标作为衡量基准，则提供证据证明该指标是否以及如何与促进

---

①② European Parliament and of the Council. Regulation（EU）2019/2088 of the European Parliament and of the Council of 27 November 2019 on Sustainability-related Disclosures in the Financial Services Sector［EB/OL］.［2020 - 06 - 17］. https：//eur-lex. europa. eu/legal-content/EN/TXT/？uri = CELEX：32019R2088.

环境和社会可持续发展目标一致。金融市场参与者同时还被要求阐明确定作为基准的指标所采用的方法论。①《金融服务业可持续性信息披露条例》授权欧洲金融监管机构为前述信息披露的具体方式和内容制定监管技术标准，并要求金融监管机构在制定技术标准时充分考虑各种类型金融产品的特点和差异，保证技术标准的实施使披露准确、公平、清晰、简洁且没有误导。

如果金融产品以可持续投资为目标且设定了一个指标作为衡量基准，在进行可持续性风险融入相关信息披露时应包含以下内容：①设定的指标为何与可持续投资目标一致？②解释为何这一指标不同于其他市场指标。如果金融产品以可持续投资为目标但未指定指标作为衡量基准，则在进行可持续性风险融入相关信息披露时应包含如何实现该目标的说明；如果金融产品以减少碳排放为目标，则进行可持续性风险融入相关信息披露时应包括碳排放减少的目标以及说明如何实现《巴黎协定》设定的减排目标。②《金融服务业可持续性信息披露条例》同样授权欧洲金融监管机构为前述信息披露的具体方式和内容制定监管技术标准，也同样要求金融监管机构在制定技术标准时应当考虑各种类型金融产品的特点和差异，保证技术标准的实施使披露准确、公平、清晰、简洁且没有误导。

2. 合同前披露中的金融产品信息披露

欧洲金融监管机构针对《金融服务业可持续性信息披露条例》第8、第9条所涉信息的披露制定了统一的格式和详细规则，这种选择可以为投资者提供最大限度的详细信息，也可以更好地阐明金融产品提供商对终端消费者的责任，在诉讼中法律效力也更强。同时，监管者也可以获得更多信息，但对金融市场参与者而言需要更多资源投入，也会增加信息收集难度，不过信息不对称的问题仍然存在，欧盟开展的消费者研究表明大部分研究要么未被阅读，要么被误读或是在购买

---

①② European Parliament and of the Council. Regulation（EU）2019/2088 of the European Parliament and of the Council of 27 November 2019 on Sustainability-related Disclosures in the Financial Services Sector［EB/OL］.［2020 – 06 – 17］. https：//eur-lex. europa. eu/legal-content/EN/TXT/？uri = CELEX：32019R2088.

金融产品和收到警示时才被阅读，且存在信息超载的问题。① 如果只要求原则性披露，虽然对不同行业的金融产品更易实施，但产品之间信息的可比性较差，给投资中提供的详细信息有限，存在信息披露主体规避法律的可能，在终端消费者诉讼中的法律效力较弱。如果比原则性披露进一步，即规定一个最低披露标准，这种选择尽管提供了一个信息比较的基础，同时也允许根据金融产品特点进行方法选择，但实施起来相比原则性披露需要更多资源投入，尤其是对小型金融市场参与者，而且因为采用最低标准，有些风险可能被忽略，同时又存在信息超载风险，如果没有针对信息呈现方式制定详细规则，还可能导致消费者对披露的信息不甚理解。因此技术标准应该是欧盟在权衡各种利弊后做出的选择。

对于《金融服务业可持续性信息披露条例》第8、第9条所涉合同前信息披露是否需要制定一个强制性模板的问题，欧洲金融监管机构采纳了强制性模板，这种选择为金融市场参与者提供标准格式和公平的竞争环境，有利于投资者对金融产品进行比较，有助于提高消费者的参与程度，但这种模式没有留下多少解释的空间，较难融入根据《金融服务业可持续性信息披露条例》第6条第3款规定的不同行业合同前文件和各成员国不同的金融实践。如果选择不设模板，虽然可以适应金融产品的不同特点，但降低了信息的可比性，也容易造成信息披露的水平差异。而如果提供一个没有强制效力的模板，这一选择虽然可以兼顾灵活性和统一性，但严重依赖金融市场参与者自愿使用模板的能力。不过强制性模板的实施效果还有待观察。

（1）金融产品合同前信息披露的一般要求。金融市场参与者在自身官方网站披露《金融服务业可持续性信息披露条例》第8条第1款（对金融产品环境或社会可持续特征的合同前披露）和第9条第1、第2、第3款（对以可持续投资或降低碳排放为目标的金融产品的合同前披露）所述金融产品的具体信息应包括以下信息：①企业的环境、社

---

① Friedemann Polzin. Mobilizing private finance for low-carbon innovation – A systematic review of barriers and solutions [J]. Renewable and Sustainable Energy Reviews，2017，77：525 –535.

会或可持续投资目标；②用于评估环境、社会可持续发展影响和可持续投资的衡量标准及采用这些标准基于的方法论；③条例第 8 条和第 9 条所述资料［这些资料是用于解释金融产品为何具备环境可持续、社会可持续、环境社会双重可持续特征或可持续投资目标以及这些金融产品的特征或目标如何与已设定的衡量指标（如有）相符］；④条例第 11 条所述资料（这些资料是用于在定期报告中解释金融产品具备促进环境可持续、社会可持续、兼具环境社会可持续双重特征或具有可持续投资目标）。① 金融市场参与者对上述信息的披露应当清晰、简洁，使投资者容易理解，应当以准确、公平、清晰、没有误导、简洁的方式在网站显眼、易于访问区域内发布。欧洲金融监管机构被授权为上述信息披露的具体方式和内容制定监管技术标准，在制定技术标准时也被要求考虑各种类型金融产品的特点和差异，保证技术标准的实施使披露准确、公平、清晰、简洁且没有误导。

（2）具有环境可持续特征或社会可持续特征或兼具环境可持续和社会可持续两种特征的金融产品的合同前信息披露要求。欧洲金融监管机构根据《金融服务业可持续性信息披露条例》的授权，对属于《金融服务业可持续性信息披露条例》第 8 条规定的具有环境可持续特征或社会可持续特征或兼具环境可持续和社会可持续两种特征的金融产品在合同前应披露的信息进行了细化，要求金融市场参与者按以下顺序和事项披露信息。

①金融产品的环境或社会可持续特征包括：对金融产品促进环境或社会功能的描述；金融产品所涉投资的叙述和图形阐述，其中图形阐述应有助于说明实现环境或社会促进功能的投资总额及其中环境促进功能和社会促进功能投资在总投资中所占比例、总投资中其他有助于实现金融产品环境或社会促进功能的投资及其中环境和社会促进投资的比例，叙述性披露部分应解释前述各项投资的计划比例并区分对

---

① European Parliament and of the Council. Regulation（EU）2019/2088 of the European Parliament and of the Council of 27 November 2019 on Sustainability-related Disclosures in the Financial Services Sector［EB/OL］.［2020 – 06 – 17］. https：//eur-lex. europa. eu/legal-content/EN/TXT/？uri = CELEX：32019R2088.

被投资企业的直接持股投资和对这些企业的其他类型风险敞口、其他计划投资的目的，包括对这些投资的任何潜在最低限度环境或社会保障措施的描述以及这些投资是否用于与货币市场工具相关的对冲基金或属于数据不充分的投资、在不同行业和子行业的计划投资比例，包括化石燃料行业的投资比例；对披露信息的网页超链接搜索路径的指引。

②如果金融产品没有可持续投资目标，披露中应包含以下说明："本金融产品不以可持续投资作为目标。"在金融产品投向可持续投资时，需要解释这些可持续投资没有对可持续投资目标构成显著损害，并阐明如何基于不利影响的衡量指标做出是否构成显著损害的结论以及如何排除显著损害可持续投资目标的投资。

③投资战略包括：说明用于实现金融产品环境或社会促进功能的投资战略类型，这些战略在选择能够实现上述环境、社会促进功能的投资时所包含的关键性要素，以及如何在投资过程中持续实施该战略；评估被投资企业良好治理实践政策的简短概述；对披露信息的网站搜索路径。

④可持续性指标包括用于衡量金融产品每一项环境或社会促进功能效益的可持续性指标列表。

⑤衍生工具的使用包括有关如何使用欧洲议会和欧洲理事会第600/2014 号条例《金融衍生工具销售条例》（以下简称"600/2014 号条例"）第 2 条第（1）款第（29）项定义的衍生工具来实现金融产品环境和社会促进功能的说明。

⑥网站搜索路径指引包括以下声明："可以在网站上找到更多特定产品信息"，声明应包含对网站的引用以及披露信息的网站搜索路径。

⑦参考基准（如果已为金融产品设定了一个指数作为参考基准）应披露以下信息：参考基准是如何与金融产品所促进的环境或社会功能以及投资战略持续保持一致的；当某指数被用来衡量金融产品环境或社会功能效益时，阐明该指数与其他广义市场指数有何不同。如果参考基准的方法论与金融产品的环境或社会促进功能不一致，则应明确声明参考基准与金融产品促进的环境或社会促进功

能不一致。①

（3）具有可持续投资目标的金融产品的合同前信息披露要求。欧洲金融监管机构根据《金融服务业可持续性信息披露条例》的授权，对属于《金融服务业可持续性信息披露条例》第9条规定的具有可持续投资目标的金融产品在合同前应披露的信息进行了细化，要求金融市场参与者按以下顺序和事项披露信息。

①金融产品的可持续投资目标包括：对金融产品可持续投资目标的描述；对金融产品投资的叙述性解释和图形表示，其中图形阐述应说明可持续投资总额及其中环境投资和社会投资在总投资中所占的比例、总投资中其他有助于实现可持续投资目标的投资及其中环境和社会促进投资的比例，叙述性披露部分应解释前述各项投资的计划比例并区分对被投资企业的直接持股投资和对这些企业的其他类型风险敞口、其他计划投资的目的，包括对这些投资的任何潜在最低限度环境或社会保障措施的描述以及这些投资是否用于与货币市场工具相关的对冲基金或属于数据不充分的投资、在不同行业和子行业的计划投资比例，包括化石燃料行业的投资比例；对披露信息的网页超链接搜索路径的指引。

②对可持续投资目标未产生显著损害，解释金融产品投资为何没有对可持续投资目标产生显著损害，并阐明如何基于不利影响的衡量指标做出是否构成显著损害的结论以及如何排除显著损害可持续投资目标的投资。

③投资战略包括：说明用于实现可持续投资目标的投资战略类型，这些战略在选择能够实现可持续目标的投资时所包含的关键性要素，以及如何在投资过程中持续实施该战略；评估被投资企业良好治理实践政策的简短概述；对披露信息的网站搜索路径。

---

① ESAs. Final Report on draft Regulatory Technical Standards with regard to the content, methodologies and presentation of disclosures pursuant to Article 2a（3），Article 4（6）and（7），Article 8（3），Article 9（5），Article 10（2）and Article 11（4）of Regulation（EU）2019/2088［EB/OL］.［2021 - 05 - 07］. https：//www. eba. europa. eu/regulation-and-policy/transparen-cy-and-pillar - 3/joint-rts-esg-disclosure-standards-financial-market-participants.

④可持续性指标包括用于衡量可持续投资目标实现程度的指标列表。

⑤衍生工具的使用包括有关如何使用欧洲议会和欧洲理事会第600/2014号条例第2条第（1）款第（29）项定义的衍生工具实现金融产品的可持续投资目标。

⑥网站搜索路径指引包括以下声明："可以在网站上找到更多特定产品信息"，声明还应包含对网站的引用以及披露信息的网站搜索路径。

⑦已设定指标衡量可持续投资目标的应解释：在参考基准选择的方法论中如何使对可持续性因素的考量与金融产品的可持续投资目标保持持续一致；被设定的指标为什么以及在哪些方面与广义市场指数不同；如何持续确保投资战略与该指数方法论保持一致。

⑧碳减排目标包括：参考基准符合欧盟气候基准或根据欧洲议会和欧洲理事会第（EU）2016/1011号条例《气候转型基准和与〈巴黎协定〉一致基准条例》（以下简称"（EU）2016/1011号条例"）规定的欧盟巴黎基准；如果没有可参照的欧盟气候基准或欧洲议会和欧洲理事会第（EU）2016/1011号条例规定的欧盟巴黎基准，则应解释如何持续保障碳减排目标的实现以达成《巴黎协定》规定的长期气候变暖目标，特别是应该阐明金融产品为何符合欧盟第2016/1011号条例第19a、第19b和第19c条规定的方法论要求。①

3. 定期报告中的金融产品信息披露

欧洲金融监管机构为《金融服务业可持续性信息披露条例》第11条所涉定期金融产品信息披露格式制定了强制性模板。这种选择提供了统一的格式框架，允许终端投资者对产品信息进行比较，但对金融市场参与者遵守有难度，较难融入现行模板和成员国实践。不过如果不设模板，虽然可以适应金融产品的不同特点，更容易整合不同部门的报告要求，

---

① ESAs. Final Report on draft Regulatory Technical Standards with regard to the content, methodologies and presentation of disclosures pursuant to Article 2a（3），Article 4（6）and（7），Article 8（3），Article 9（5），Article 10（2）and Article 11（4）of Regulation（EU）2019/2088［EB/OL］.［2021-05-07］. https：//www. eba. europa. eu/regulation-and-policy/transparency-and-pillar-3/joint-rts-esg-disclosure-standards-financial-market-participants.

但降低了终端消费者金融产品投资组合的可比性，而且会助长根据终端消费者调整信息的倾向。如果提供一个没有强制效力的模板，虽然可以兼顾灵活性和统一性，但又严重依赖金融市场参与者自愿使用模板的意愿，同样较难融入现行模板和成员国实践，欧盟的选择是两害相权取其轻。

对定期信息披露的水平，欧洲金融监管机构采纳的是制定最低披露标准，这种选择有利有弊：一方面它提供了一个信息比较的基础，同时也允许根据金融产品特点进行方法选择；另一方面该模式的实施需要更多资源投入，因为采用最低标准，有些风险被忽略，存在信息不对称问题，所以大部分消费者估计不会阅读或可能误读抑或在购买金融产品和收到警示时才会阅读这些信息。至于原则性披露的选择，虽对不同主体和金融产品组合更易实施，但提供给终端投资者的信息有限，存在信息披露主体规避法律的可能，基本未在监管机构考虑之列。而制定统一的格式和详细规则尽管有诸如给投资者最大限度的详细信息和提高投资者对信息的理解程度等好处，由于一直非常注重成本收益分析，欧盟认为这种选择对金融市场参与者需要更多资源投入，成本高的同时还存在信息不对称的问题，所以最终放弃。

（1）定期报告中金融产品信息披露的一般要求。如果金融市场参与者提供的金融产品具备环境可持续、社会可持续或同时具备环境可持续和社会可持续特征，或者该金融产品以可持续投资为目标（不论其是否已确定衡量可持续投资的基准）或以碳减排为目标，则在定期报告中应披露以下内容：①如果提供的金融产品属于具备环境可持续、社会可持续或同时具备环境可持续和社会可持续特征，则披露该产品在多大程度上具备促进环境或社会可持续发展的功能；②如果提供的金融产品属于以可持续投资为目标（不论其是否已确定衡量可持续投资的基准）或以碳减排为目标，则披露根据相关可持续性衡量指标测算的该金融产品的整体可持续性影响。①

---

① European Parliament and of the Council. Regulation （EU） 2019/2088 of the European Parliament and of the Council of 27 November 2019 on Sustainability-related Disclosures in the Financial Services Sector ［EB/OL］. ［2020 - 06 - 17］. https：//eur-lex. europa. eu/legal-content/EN/TXT/? uri = CELEX：32019R2088.

（2）具有环境可持续特征或社会可持续特征或兼具环境可持续和社会可持续两种特征的金融产品在定期报告中的信息披露要求。欧洲金融监管机构根据《金融服务业可持续性信息披露条例》的授权，对属于《金融服务业可持续性信息披露条例》第8条规定的具有环境可持续特征或社会可持续特征或兼具环境可持续和社会可持续两种特征的金融产品在定期报告中应披露的信息进行了细化，要求金融市场参与者按以下顺序和事项披露信息。

①金融产品的环境或社会可持续投资包括：描述参考期间内金融产品环境或社会功能的实现程度，包括使用的可持续性指标衡量的业绩；如果金融市场参与者已经提供了一次有关该金融产品的定期报告，还需将本次披露与上次披露进行比较。对于欧洲金融监管机构技术标准要求披露的金融产品合同前信息或定期报告中披露的金融产品信息用于排除不可持续投资的任何可持续性指标，还应解释使用该指标的原因，包括解释该指标如何与金融产品的环境或社会促进功能相符。

②对可持续投资目标没有产生显著损害，针对包含可持续投资的金融产品，应解释其为何在参考期间没有对可持续投资目标产生显著损害，并阐明如何基于不利影响的衡量指标做出是否构成显著损害的结论以及如何排除显著损害可持续投资目标的投资。

③金融产品的总投资，应按投资规模降序方式披露在参考期间金融产品投资的前25笔投资，包括这些投资所涉行业和投资地点。如果在参考期间占金融产品投资比重50%以上的投资数量少于25项，则按投资规模降序排列所有投资，包括这些投资所涉行业和投资地点。

④被设定为基准指数的可持续业绩包括：解释被设定为参考基准的指标与广泛市场指数存在哪些区别，这一解释至少包括金融市场参与者认为能用于判定该指标是否与第（EU）2016/1011号条例第27条（2a）款所指参考基准声明中可持续投资目标以及可持续性因素相符的可持续性衡量指标在参考期间的绩效；将金融产品在参考期间的绩效与第（3）条中所涉指标进行比较；将金融产品在参考期内的绩效与相关广义市场指数进行比较。第（3）条和本条中规定的比较应以表格或图形呈现。

⑤与可持续性相关的投资所占比例包括：以图表方式说明参考期间的各种投资比例，例如可持续投资总额及其中实现环境或社会可持续发展目标的可持续投资所占比例、其他有助于实现金融产品环境或社会促进功能的总投资额及其中实现环境或社会可持续发展目标的可持续投资所占比例、其他投资所占比例；此外还应描述对这些投资所涉被投资企业的直接持股以及对这些企业其他类型风险敞口的比例、在参考期内其他投资的目的（包括描述任何对环境或社会有保护和促进作用的投资及这些投资是否用于与货币市场工具有关的对冲基金或是否为数据不足的投资）以及参考期间不同行业的投资比例。

⑥为促进环境或社会采取的行动包括在参考期间为实现金融产品的环境或社会促进功能而采取的行动，含根据第 2007/36/EC 号指令第3g 条规定的股东参与行动以及任何其他股东参与行动。①

（3）具有可持续投资目标的金融产品在定期报告中的信息披露要求。欧洲金融监管机构根据《金融服务业可持续性信息披露条例》的授权，对属于《金融服务业可持续性信息披露条例》第 9 条规定的具有可持续投资目标的金融产品在定期报告中应披露的信息进行了细化，要求金融市场参与者按以下顺序和事项披露信息。

①金融产品可持续投资目标的达成包括：说明在参考期间达成可持续投资目标的程度，包括所使用的可持续性指标的执行情况；如果金融市场参与者已提供了一次有关该金融产品的定期报告，则还应将当前参考期与先前参考期进行比较。对于欧洲金融监管机构技术标准要求披露的金融产品合同前信息或定期报告中披露的金融产品信息用于排除不可持续投资的任何可持续性指标，还应解释使用该指标的原因，包括解释该指标如何与可持续投资目标相符。

②对可持续投资目标没有产生显著损害，应解释其为何在参考期

---

① ESAs. Final Report on draft Regulatory Technical Standards with regard to the content, methodologies and presentation of disclosures pursuant to Article 2a（3），Article 4（6）and（7），Article 8（3），Article 9（5），Article 10（2）and Article 11（4）of Regulation（EU）2019/2088［EB/OL］.［2021 - 05 - 07］https：//www. eba. europa. eu/regulation-and-policy/transparency-and-pillar - 3/joint-rts-esg-disclosure-standards-financial-market-participants.

间没有对可持续投资目标产生显著损害，并阐明如何基于不利影响的衡量指标做出是否构成显著损害的结论以及如何排除显著损害可持续投资目标的投资。

③金融产品的总投资，应按投资规模降序方式披露在参考期间金融产品投资的前25笔投资，包括这些投资所涉行业和投资地点。如果在参考期间占金融产品投资比重50%以上的投资数量少于25项，则按投资规模降序排列所有投资，包括这些投资所涉行业和投资地点。

④被设定为基准指数的可持续业绩包括：解释被设定为参考基准的指标与广泛市场指数存在哪些区别，这一解释至少包括金融市场参与者认为能用于判定该指标是否与第（EU）2016/1011号条例第27条第（2a）款所指参考基准声明中可持续投资目标以及可持续性因素相符的可持续性衡量指标在参考期间的绩效；将金融产品在参考期间的绩效与第（3）条中所涉指标进行比较；将金融产品在参考期内的绩效与相关广义市场指数进行比较。第（3）条和本条中规定的比较应以表格或图形呈现。

⑤碳减排目标，包括该金融产品在参考期间与实现《巴黎协定》长期全球变暖目标（含与欧盟气候转型基准或欧盟和与《巴黎协定》一致基准以及第（EU）2016/1011号条例第19条a、d款和第27条2a款所指环境、社会、治理因素）是否相符的说明。

⑥与可持续性相关的投资所占比例包括：以图表方式说明参考期间的各种投资比例，如可持续投资总额及其中实现环境或社会可持续发展目标的可持续投资所占比例；此外，还应描述对这些投资所涉被投资企业的直接持股以及对这些企业其他类型风险敞口的比例、在参考期内其他投资的目的（包括描述任何对环境或社会有保护和促进作用的投资及这些投资是否用于与货币市场工具有关的对冲基金或是否为数据不足的投资）以及参考期间不同行业的投资比例。

⑦为达成可持续投资目标采取的行动，应包含在参考期间为实现金融产品可持续投资目标采取的行动，含根据第2007/36/EC号指令第

3g 条规定的股东参与行动以及任何其他股东参与行动。①

4. 官方网站上的金融产品信息披露

欧洲金融监管机构为《金融服务业可持续性信息披露条例》第8、第9条所涉官方网站的信息披露制定了统一的格式和详细规则，这种选择可以给投资者最大限度的详细信息，也更易于监管，但对金融市场参与者需要更多资源投入。在公众协商过程中很少有利益相关方赞成原则性披露，因为这种选择虽然对不同主体和金融产品组合更易实施，但产品之间信息的可比性较差，给投资者提供的详细信息有限，存在信息披露主体规避法律的可能，所以信息披露的价值不大。但有部分利益相关方建议监管机构应该只需制定最低披露标准，他们认为这种选择既提供了一个信息比较的基础，同时也允许根据金融产品特点进行方法选择，尽管实施需要更多资源投入，但对于小型金融市场参与者并非无法承受。

针对官方网站信息披露的呈现要求，欧洲金融监管机构选择了制定标准模板。这种选择允许终端消费者在不同金融产品之间进行信息比较，为金融市场服务提供商提供了公平的竞争环境和标准信息披露格式，但对于金融市场参与者是比较严格的政策框架，且遵守每一种类型金融产品的指定披露格式确实难度不小。但如果不设置格式要求，虽然易于金融市场参与者和财务服务服务提供商实施，允许针对金融产品的特点选择披露方法和工具，但降低了信息的可比性，不容易使披露准确、公平、清晰，没有误导且简洁。而如果提供一个事先规定最大长度的统一摘要格式模板，虽然有望提高披露的统一性和消费者的理解程度，允许根据金融产品特点进行方法调整，但对金融市场参与者和财务顾问服务提供商提出了更高的实施要求，也不能在所有金融产品之间形成可比性，容易延缓线上信息呈现的创新。

---

① ESAs. Final Report on draft Regulatory Technical Standards with regard to the content, methodologies and presentation of disclosures pursuant to Article 2a (3), Article 4 (6) and (7), Article 8 (3), Article 9 (5), Article 10 (2) and Article 11 (4) of Regulation (EU) 2019/2088 [EB/OL]. [2021 – 05 – 07]. https://www.eba.europa.eu/regulation-and-policy/transparency-and-pillar – 3/joint-rts-esg-disclosure-standards-financial-market-participants.

（1）信息披露的位置和要点。金融市场参与者应将与可持续性相关的金融产品信息与金融产品的其他信息在其官方网站的同一位置披露，而且披露应指出这些可持续性相关信息对应的金融产品，并明确披露这些金融产品的环境、社会功能或可持续投资目标。

（2）具有环境可持续特征或社会可持续特征或兼具环境可持续和社会可持续两种特征的金融产品在企业官方网站上的信息披露要求。金融市场参与者应该按照以下顺序在官方网站上披露金融产品信息：①"摘要"，篇幅最长不超过 A4 尺寸纸张双面打印长度；②"金融产品的环境或社会可持续特征"；③"投资比例"；④"没有可持续投资目标"；⑤"投资战略"；⑥"对环境或社会可持续特征的监控"；⑦"方法论"；⑧"尽职调查"（对金融产品底层资产的尽职调查，包括尽职调查过程中的内外部控制机制）；⑨"应对政策"；⑩"数据来源和处理（用于实现金融产品环境或社会可持续特征的数据来源、保证这些数据质量的措施、数据的加工过程以及预估数据所占比例）"；⑪"方法论和数据的限制"；⑫"设定的参考基准"。上述信息应至少以欧盟成员国国内的一种官方语言提供，且同时以国际金融领域通用的语言提供，如果国际金融领域通用语言与该成员国官方语言不同的话。上述披露应包含以下声明："该产品未将可持续投资作为目标。"当金融产品有涉及可持续投资时，则应解释可持续投资如何不会对可持续投资目标构成显著损害，并阐明如何基于不利影响的衡量指标做出是否构成显著损害的结论以及如何排除显著损害可持续投资目标的投资。[①]

（3）具有可持续投资目标的金融产品在企业官方网站上的信息披露要求。金融市场参与者应该按照以下顺序在官方网站上披露金融产品信息：①"摘要"，篇幅最长不超过 A4 尺寸纸张双面打印长度；②"金融产品的可持续投资目标"；③"投资比例"；④"对可持续投资目标

---

① ESAs. Final Report on draft Regulatory Technical Standards with regard to the content, methodologies and presentation of disclosures pursuant to Article 2a（3），Article 4（6）and（7），Article 8（3），Article 9（5），Article 10（2）and Article 11（4）of Regulation（EU）2019/2088［EB/OL］.［2021 - 05 - 07］. https：//www. eba. europa. eu/regulation-and-policy/transparency-and-pillar - 3/joint-rts-esg-disclosure-standards-financial-market-participants.

未造成显著损害"；⑤"投资战略"；⑥"对可持续性投资目标的监控"；⑦"方法论"；⑧"尽职调查"（对金融产品底层资产的尽职调查，包括尽职调查过程中的内外部控制机制）；⑨"应对政策"；⑩"数据来源和处理（用于实现可持续特征目标的数据来源、保证这些数据质量的措施、数据的加工过程以及预估数据所占比例）"；⑪"方法论和数据的限制"；⑫"对可持续投资目标的达成"。上述信息应至少以欧盟成员国国内的一种官方语言提供，且同时以国际金融领域通用的语言提供，如果国际金融领域通用语言与该成员国官方语言不同的话。上述披露应解释金融产品没有对可持续投资目标产生显著损害，并阐明如何基于不利影响的衡量指标做出是否构成显著损害的结论以及如何排除显著损害可持续投资目标的投资。①

（八）对"未产生显著损害"的评估

1."未产生显著损害"评估应包含的指标

欧洲金融监管机构要求披露主体在进行"未产生显著损害"评估时所采用的指标应包含技术标准附件一中表 1 所列主要不利影响衡量指标和环境目标。

这一选择的优点有两个：一是全面，不仅包括了环境和社会主要不利影响的指标，也排除了从事对分类法法案中规定的环境目标造成显著损害活动的企业；二是高效，如果金融市场参与者现在能披露主要不利影响，那么他们应该已经对技术标准附件一中表 1 所有指标进行了投资决策评估，但因为排除了技术标准附件中表 2 和表 3 中的选择性指标，可能会漏掉对评估有帮助的有效指标。

在进行政策选择时欧洲金融监管机构也考虑过另外两个选择：一个选择是要求指标包括技术标准附件一中表 1 所列主要不利影响衡量指标，

① ESAs. Final Report on draft Regulatory Technical Standards with regard to the content, methodologies and presentation of disclosures pursuant to Article 2a（3）, Article 4（6）and（7）, Article 8（3）, Article 9（5）, Article 10（2）and Article 11（4）of Regulation（EU）2019/2088［EB/OL］.［2021 – 05 – 07］. https：//www. eba. europa. eu/regulation-and-policy/transparency-and-pillar – 3/joint-rts-esg-disclosure-standards-financial-market-participants.

这种选择一方面简单，因为表 1 已明确列出相应指标，另一方面高效，因为如果金融市场参与者现在能披露主要不利影响，那么他们应该已经对表 1 所有指标进行了投资决策评估，但这一选择降低了分类法法案第 12 条的重要性，因为该条针对每类环境目标的显著损害如何判定已制定规范，而《金融服务业可持续性信息披露条例》的规定又创设了一个与分类法法案平行的评估程序。另一个选择是要求指标包含技术标准附件一中表 1 所列全部不利影响衡量指标和环境目标，这一选择的优点是最全面，囊括所有《金融服务业可持续性信息披露条例》和分类法法案有关评估不利影响的指标，但成本太高，最后监管机构选择了折中的第二种方案。

2. "未产生显著损害"评估采用的门槛条件

欧洲金融监管机构要求主体根据自身设定的门槛条件对显著损害进行评估。

这一选择好处是带来有用的披露，因为要求披露主体就自行设定的门槛条件包括所有指标进行显著损害评估，投资者和监管机构能获得相对更多的信息，而且这一选择也意味着已对显著损害进行定量评估，但由于企业自由设定门槛条件，降低了信息的可比性，还可能存在实际上没有门槛条件的可能。

有利益相关方提出过其他政策选择：一个选择是对显著损害评估设定原则性责任，这一选择简单且成本低，但可比性很低且因为对投资造成的损害程度没有要求披露，因此对投资者和监管机构没有什么用处，所以监管机构未采纳；另一个选择是基于事前设定的门槛条件进行显著损害评估，这一选择好处是具有最高程度的可比性，且因为披露主体可以基于事前由监管机构已设定的门槛条件，减少自行设定门槛条件的成本，但这一选择的技术复杂性很高，需要欧洲金融监管机构和欧盟其他机构对门槛条件的科学决策，同时也存在潜在违反对信息披露的呈现方式和内容进行授权规范相关法律规定的可能性，目前实施的可行性不大，所以监管机构也未采纳。

（九）披露的其他规定

欧盟强调金融服务业可持续性信息披露的及时性，要求金融市场参与者和财务顾问提供商应确保披露的任何信息都是最新的，如果修改该信息，应在同一网站上公布该修改的明确说明。

对于金融市场参与者和财务顾问服务提供商在营销传播中提供的信息，欧盟要求不能与根据《金融服务业可持续性信息披露条例》披露的信息相抵触。

《金融服务业可持续性信息披露条例》要求欧洲金融监管机构对金融市场参与者和财务顾问服务提供商的自愿信息披露程度进行评估，自 2022 年 9 月 10 日起每年向欧盟委员会提交一份最佳实践报告，并就自愿披露标准提出建议。另外，条例还要求欧盟委员会在 2022 年 12 月 30 日后对条例的实施进行评估并考虑是否附上新的立法建议，在评估中重点考虑以下问题：条例第 4 条第 3、第 4 款有关雇用员工数量的规定（即具有强制披露义务的主体标准）应该保持不变抑或变更或是增加其他标准？（b）条例的运作是否会因为缺乏数据或数据质量不佳而受到限制？

二、《欧盟分类法》对条例的补充

（一）具有环境可持续、社会可持续或兼具环境社会可持续特征金融产品的信息披露

如果《金融业可持续性信息披露条例》第 8 条第 1 款所指金融产品具有促进环境的特征，那么《欧盟分类法》第 5 条对其适用。在根据该条例可持续性风险融入（条例第 6 条第 3 款）和企业定期报告（条例第 11 条第 2 款）规定披露的信息中还应包括以下声明："不造成显著损害"原则仅适用于考虑了环境可持续经济活动欧盟标准的金融产品所涉投资；金融产品中的其他投资没有考虑环境可持续经济活动欧盟标准。[①]

---

① European Parliament and of the Council. Regulation （EU） No 2020/852 of the European Parliament and of the Council of 18 June 2020 on the Establishment of a Framework to Facilitate Sustainable Investment，and Amending Regulation （EU） 2019/2088 ［EB/OL］. ［2021 – 03 – 26］. https：//ec. europa. eu/info/law/sustainable-finance-taxonomy-regulation-eu – 2020 – 852_en.

分类法要求欧洲金融监管机构为上述信息披露的内容和方式制定技术监管标准，并在制定标准时考虑金融产品不同类型的特点和差异，保证披露准确、公平、清晰、不误导、简洁明了，在适当时候金融监管机关还应对标准予以更新以持续满足披露目标的要求。

（二）具有可持续投资目标金融产品的信息披露

如果《金融服务业可持续性信息披露条例》）第 9 条第 1、第 2、第 3 款所指金融产品投资于对该条例第 2 条第 17 款所指环境目标有重大贡献的经济活动，在根据该条例可持续性风险融入（条例第 6 条第 3 款）和企业定期报告（条例第 11 条第 2 款）规定披露的信息中还应包括以下声明：有关金融产品所涉投资对环境目标或分类法法案第 9 条所指环境目标做出贡献的相关信息；描述金融产品所涉投资如何以及在何种程度上投资于分类法法案第 3 条所称环境可持续经济活动，描述应具体说明金融产品所涉投资对环境可持续经济活动的投资比例，包括分类法法案第 16 条和第 10 条第 2 款所指赋能和转型活动在金融产品所涉全部投资中所占比例的细节。[①]

分类法也要求欧洲金融监管机构为上述信息披露的内容和方式制定技术监管标准，要求的具体内容与具有环境可持续、社会可持续或兼具环境社会可持续特征的金融产品类似。

（三）既不具有环境可持续、社会可持续或兼具环境社会可持续特征，也不具有可持续特征目标金融产品的信息披露

当一个金融产品既不属于《金融服务业可持续性信息披露条例》第 8 条第 1 款所指金融产品也不属于第 9 条第 1、第 2、第 3 款所指金融产品时，根据该条例可持续性风险融入（条例第 6 条第 3 款）和企业定期报告（条例第 11 条第 2 款）规定披露的信息中应包括以下声

---

① European Parliament and of the Council. Regulation （EU） No 2020/852 of the European Parliament and of the Council of 18 June 2020 on the Establishment of a Framework to Facilitate Sustainable Investment, and Amending Regulation （EU） 2019/2088 ［EB/OL］. ［2021 - 03 - 26］. https：//ec. europa. eu/info/law/sustainable-finance-taxonomy-regulation-eu - 2020 - 852_en.

明：该金融产品所涉投资没有考虑环境可持续经济活动欧盟标准。

（四）"不造成显著损害"相关信息的披露

《欧盟分类法》要求在《金融服务业可持续性信息披露条例》第 2 条中插入 2a——不造成显著损害原则，授权欧洲金融监管机构制定监管技术标准用于明确该条例第 2 条第 17 点所指"不造成显著损害"原则相关信息披露的具体内容和展示方式，其目的是与条例第 4 条第 6、第 7 段所指不利影响相关的可持续性指标方面的披露内容、方法论和展示方式保持一致。

（五）对《金融服务业可持续性信息披露条例》评审条款的修订

《欧盟分类法》修订了《金融服务业可持续性信息披露条例》的评审条款，要求欧盟委员会在 2022 年 7 月 13 日前发布条例实施情况的报告，并在以后每三年公布一次。修订规定上述条例实施情况报告应包含以下内容：第一，有关环境可持续经济活动技术监管标准的发展现状；第二，判断一项经济活动是否属于环境可持续经济活动的标准；第三，环境可持续投资定义在欧盟法和成员国层面法律中的使用情况（包括要求设立遵守标准的验证机制的条款）；第四，根据条例创设的技术监管标准对通过条例规定的金融产品或其他金融产品引导私人资金投向环境可持续经济活动的有效性；第五，条例涉及的金融市场参与者、投资者获取可靠、及时、可验证信息的难度；第六，确定所获数据是否与技术监管要求一致的验证程序的可进入性等。①

同时《欧盟分类法》还要求欧盟委员会在 2021 年 12 月 31 日前发布报告阐述将《金融服务业可持续性信息披露条例》的适用范围拓展到环境可持续经济活动之外所必需的法律条款，并要求对条款的阐述应涉及没有对环境可持续性产生显著影响的经济活动和对环境可持续

① European Parliament and of the Council. Regulation （EU） No 2020/852 of the European Parliament and of the Council of 18 June 2020 on the Establishment of a Framework to Facilitate Sustainable Investment, and Amending Regulation （EU） 2019/2088 ［EB/OL］. ［2021 – 03 – 26］. https：//ec. europa. eu/info/law/sustainable-finance-taxonomy-regulation-eu – 2020 – 852_en.

性产生显著损害的经济活动，且包含对与转型和赋能活动相关特定披露要求适当性的评审意见。另外，对条款的阐述还应覆盖其他可持续性目标如社会目标。

第二节　企业非财务信息披露规范

一、企业非财务信息披露一般规则

（一）信息披露的制度框架

欧盟针对企业非财务信息披露的规范主要由 2014 年通过的《非财务信息报告指令》①、2017 年颁布的有关适用《非财务信息报告指令》的非约束性指南②和 2019 年颁布的有关适用《非财务信息报告指令》中气候相关信息披露规定的补充指南③三部分组成，其中第一项指令属于欧盟正式立法形式，具有法律约束力，后两项指南属于建议性质，虽然没有强制性法律约束效力，但对企业非财务信息披露有重要指导作用。

欧盟针对企业的非财务信息报告要求最早可以溯源至 2003 年的《会计现代化指令》（第 2003/51/EC 号指令），该指令要求企业在管理报告中必须包括与环境和员工事务有关的非财务信息，但成员国可以免除中小企业这项义务。随后的几年中许多欧盟成员国（包括丹麦、

---

①　European Parliament and of the Council. Directive 2014/95/EU of the European Parliament and of the Council of 22 October 2014 Amending Directive 2013/34/EU As Regards Disclosure of Non-financial and Diversity Information by Certain Large Undertakings and Groups ［EB/OL］. ［2019 - 07 - 06］. https：//eur-lex. europa. eu/legal-content/EN/TXT/？uri = CELEX%3A32014L0095.

②　European Commission. Guidelines on Non-financial Reporting (Methodology for Reporting Non-financial Information) ［EB/OL］. ［2019 - 11 - 16］. https：//ec. europa. eu/info/publications/non-financial-reporting-guidelines_en.

③　European Commission. Guidelines on Non-financial Reporting：Supplement on Reporting Climate-related Information ［EB/OL］. ［2020 - 04 - 06］. https：//ec. europa. eu/info/publications/non-financial-reporting-guidelines_en#climate.

法国、西班牙、瑞典和英国）在国家层面引入了非财务信息报告要求。2014 年欧盟通过《非财务信息报告指令》（指令 2014/95/EU），指令修订了《会计指令》（指令 2013/34/EU），对某些大企业施加了更严格的非财务信息报告义务。根据《非财务信息报告指令》的授权，欧盟委员会于 2017 年发布了对该指令范围内企业适用的非约束性指南用于报告相关、有用和可比的非财务信息。2019 年欧盟委员会又发布了《非财务信息报告指令补充指南》，主要针对与气候相关信息的报告，至此欧盟初步形成企业非财务信息报告的基本制度框架。

（二）报告义务的主体

欧盟有关企业非财务信息报告的义务适用于员工人数超过 500 人的大型企业和员工人数超过 500 人的大型集团母公司，如果母公司本身以合并方式报告必要的信息，可以免除其子公司的报告义务。欧盟要求企业非财务信息报告应包含在企业管理报告中，但允许成员国同意企业在单独报告中发布必要的非财务信息，目前欧盟大多数成员国采用这一做法。

（三）披露事项和范围

欧盟企业非财务信息披露涉及环境、社会和员工事务、人权以及反腐败和反贿赂四个报告主题，企业应披露商业模型、战略、战略实施的结果、风险和风险管理以及与业务相关的关键绩效指标（KPI）五个方面的信息。[①] 如果企业对前述一个或几个主题没有信息对外披露，应解释原因。企业应在便于外部主体了解其活动的发展、绩效、地位和影响所必需的范围内披露信息，不仅必须报告非财务信息如何影响企业，还必须报告企业对社会和环境的影响。企业披露的战略方面信息包括披露企业实施尽职调查过程的相关信息。在披露风险时，企业

---

① European Parliament and of the Council. Directive 2014/95/EU of the European Parliament and of the Council of 22 October 2014 Amending Directive 2013/34/EU As Regards Disclosure of Non-financial and Diversity Information by Certain Large Undertakings and Groups ［EB/O］. ［2019 - 07 - 06］. https：//eur-lex. europa. eu/legal-content/EN/TXT/? uri = CELEX%3A32014L0095.

应具体描述与业务关系有关的风险，业务关系包括但不限于供应链，不过实际上欧盟主要是要求企业报告与其供应链相关的风险。对金融企业而言，业务关系的披露包括与其投资的企业之间的关系。如果企业认为指令列举的四项主题之外的其他非财务信息也很重要，也应予以披露。

（四）披露原则

欧盟《非财务信息报告指令》为企业提供了相当大的灵活性，让它们自主判断实际上哪些非财务信息对于理解其发展、绩效、地位和影响必不可少，而且几乎没有成员国在转换该指令时引入了更进一步细化的规范，尽管这给企业报告其非财务信息提供了充分自由，但是这样的自由也有弊端比如信息披露较为随意，致使所披露信息的可比性较差。

不过欧盟委员会制定的有关《非财务信息报告指令》适用的非约束性指南对信息披露原则提出了具体建议，建议虽然没有强制效力，但客观上为企业非财务信息披露工作提供了指导，加强了非财务信息披露的规范性和有效性。该指南提出了以下六项披露原则：

第一，披露重要信息原则。《非财务信息报告指令》要求企业应在全面了解其价值链关键组成部分的基础上识别关键问题并确定哪些是关键性信息。指南建议企业在评估信息重要性的时候可以考虑以下因素：企业的商业模式、战略和主要风险；企业所在行业面临的主要挑战；利益相关者的利益和期望；公共政策和监管驱动因素。

第二，公正、平衡和可理解原则。指南认为非财务信息报告应全面考虑所有可用和可靠的信息，充分考察信息输入有利和不利方面，信息应以公正的方式进行评估和呈现，明确区分事实与观点或解释。通过使用简单的语言和一致的术语，可以采用使信息更容易理解的样板，并应在必要时提供技术术语的定义，还应提供信息的背景材料使其更容易理解，也可以通过解释所披露信息的关键内部信息（如测量）来增强使用者对方法、基本假设和信息来源的理解，要求同等重视定性信息和定量信息的披露。指南还建议建立适当的企业治理安排（如由某些独立董事会成员或董事会委员会负责可持续性或透明度事项），创建能够收集可靠证据的内部控制系统和报告系统，让利益相关方有效参与，引入独立的外部保证等。

第三，全面但简洁原则。《非财务信息报告指令》规定了信息披露的范围即广度，报告任何特定问题的信息深度取决于其重要性，指南指出非财务信息报告应避免非重要信息，因为披露重要信息可能会掩盖重要信息。

第四，战略性和前瞻性原则。指南建议非财务信息披露应有助于使用者深入了解企业的业务模式、经营战略及其实施情况，并解释所报告信息的短期、中期和长期影响。

第五，以利益相关者为导向原则。指南建议企业应考虑所有利益相关者的整体信息需求，而非个别、非典型利益相关者的需要和偏好或是那些不合理的信息需求。

第六，一致和连贯原则。指南认为非财务信息报告与管理报告的其他内容应一致，适当解释二者之间的关键联系使投资者和其他利益相关者更易理解重要，非财务信息报告中关键业绩指标选取的方法论应随时间变化而更新。

（五）披露内容

《非财务信息报告指令》没有对企业非财务信息披露的具体内容做规定，欧盟委员会制定的有关《非财务信息报告指令》适用的《非财务信息报告指令非约束性指南》填补了这一空白。非约束性指南针对每类非财务信息披露事项应披露的具体内容提出了参考建议。

第一，针对商业模式，非约束性指南建议企业考虑使用关键业绩指标来解释其业务模式和经营发展趋势，以清晰、可以理解和实事求是的方式解释企业的商业模式。

第二，针对政策和尽职调查，非约束性指南建议企业解释其管理层和董事会的责任和决策以及如何分配企业资源来实现企业经营和风险管理目标，并要求企业就已实施的尽职调查流程提供详细披露，包括相关流程和供应链所涉及的供应商，也可以考虑披露为建立这些流程所做的企业决策和运行这些流程的计划，企业应对其政策的结果提供有益、公平和平衡的看法。

第三，针对政策的结果，非约束性指南建议企业披露的非财务信息应有助于投资者和其他利益相关者了解和监控企业的绩效，非财务信息报告应全面、简明地反映企业经营业绩和活动，企业可以考虑解释财务和非财务结果之间的关系，在结果分析中应包括相关的非财务关键业绩指标。

第四，针对主要风险及其管理，非约束性指南建议企业披露有关其主要风险的信息以及如何管理和减轻这些风险的信息，这些风险应涉及其运营、产品或服务、供应链和业务关系或其他方面，并建议企业发表对短期、中期和长期主要风险的看法。非约束性指南建议企业解释主要风险如何影响其业务模式、运营、财务绩效和其他活动的关键信息，同时解释用于识别和评估此类风险的过程，认为企业还应突出并解释其主要风险或管理方式的任何重大变化。

第五，针对主要绩效指标，非约束性指南建议企业根据企业自身情况报告有用关键绩效指标，报告的指标应与企业在其内部管理和风险评估过程中实际使用的指标保持一致。通常情况下企业不同报告期应使用相同的关键业绩指标，但如果因业务或技术原因指标发生变更，应解释变更原因。①

针对应披露的非财务信息事项详略程度，有些披露企业有时担心详细披露正在发生的一些事项信息可能给企业运营造成显著损害，但非约束性指南认为只是概要性地披露非重要事项与全面披露要求相差甚远，由于各个事项之间往往相互关联，如与企业运营、产品相关的环境问题或供应链也可能对消费者、员工或供应商的安全和健康产生影响或影响品牌声誉，因此非约束性指南建议企业清晰、公正和全面披露相关信息，并对各个事项可以披露的相关信息列示了非穷举的信

---

① European Commission. Guidelines on Non-financial Reporting（Methodology for Reporting Non-financial Information），OJ 2017 C 215/1［EB/OL］.［2019－11－16］. https：//ec. europa. eu/info/publications/non-financial-reporting-guidelines_en.

息披露清单供企业参考。

（六）披露遵循的报告标准

《非财务报告指令》规定，不论企业使用成员国、欧盟还是国际报告框架来编制非财务报告，均应明确介绍它们所使用的标准和框架，该指令没有规定必须采用的报告标准和框架，绝大多数成员国也没有对企业报告非财务信息制定比指令更严格的规范。该指令要求审计师必须验证企业是否在管理报告中提供了非财务信息报告，有些成员国（意大利、西班牙和法国）引入了更严格的保证要求，要求对独立保证服务提供商报告的信息内容进行验证。欧盟委员会关于《非财务信息报告指令》适用的非约束性指南也建议企业明确其报告参考的国内、欧盟或国际标准以增强所披露信息的可比性，并为企业推荐了一些可用的参考标准。对于董事会多元化披露方面，非约束性指南指出这方面不是非财务信息报告的必备部分，以不给非财务信息报告披露多样性信息造成损害为前提，非约束性指南为董事会多元化信息披露提供了一些建议。

二、企业气候相关非财务信息披露规则

（一）规则的制定背景

对气候相关信息进行披露是全球经济可持续转型和将资金引向可持续发展的关键前提之一，包括《巴黎协定》在内的诸多国际条约都对气候相关信息的披露提出义务要求，同时气候相关信息披露也是欧盟《可持续金融行动计划》的组成部分之一，然而《非财务信息报告指令》及其适用的非约束性指南均未单独就这一领域的信息披露做出规定。

2017年6月，20国集团金融稳定机构成立气候相关财务披露工作组（TCFD）并发布建议鼓励金融机构和非金融企业披露关于与气候相关的风险和机会的信息，该建议被广泛认可为报告气候相关信息的权威指导意见，欧盟一直试图在可持续金融领域引领国际规则的制定，

积极完善相关立法以保持其国际优势地位并将其规范做法和理念推广至全球始终是欧盟的战略重点，因此对《非财务信息报告指令》进行完善并使之涵盖气候相关信息披露成为必然。

欧盟委员会 2019 年出台关于《非财务信息报告指令》的补充性指南，专门对企业披露气候相关非财务信息提供指导。欧盟认为补充指南关于气候相关信息披露的指导对企业会带来相应好处，诸如提高对企业内部与气候相关风险和机遇的认识和理解以便改善内部风险管理从而更明智地进行决策和战略规划；使企业投资者结构更加多元化并有利于降低融资成本；便于与利益相关者特别是投资者和股东进行更具建设性的对话；提高企业声誉等。

（二）规则的主要内容

欧盟要求企业在使用补充性指南披露气候相关非财务信息前先熟悉本国转化《非财务信息报告指令》的相关立法和欧盟委员会 2017 年发布的《非财务信息报告指令非约束性指南》，强调补充性指南不具有强制性，鼓励企业选择报告气候相关信息的替代方法，只要它们符合法律要求，鉴于气候相关信息的具体披露内容可能因企业、行业而异，气候相关信息报告领域的方法和最佳做法正在迅速发展，故指南希望保持披露规范的灵活性，鼓励企业和其他组织继续创新并进一步完善和超越指南建议。

欧盟不鼓励独立进行气候相关信息报告，而是希望企业将气候相关信息整合到其他财务和非财务信息报告中，建议将气候相关信息作为重要的非财务信息披露，因为欧盟认为气候相关风险已成为影响企业经营的长期风险，而且与企业短期经营的各方面也息息相关。补充性指南在对气候相关风险、业务关系和机会的披露方面遵循了《非财务信息报告指令》的双重重要性原则，认为气候相关信息应包括气候变化对企业发展、绩效和地位的影响以及企业活动对气候产生的影响。补充性指南认为企业在报告与气候相关的风险、业务关系和机会时应考虑相关性和整个价值链，对于提供服务的企业指南还建议考虑他们所提供的服务活动给气候带来的影响。补充性指南提议企业对《非财务信息报告指令》所列五个报告领域的气候相关信息都进行披露，对于每个报告领域，指南提供了几项推荐性的披露信息内容，建议气候相关信息披露与公认的报告框架和标准保持一致。① 此外，补充性指南附件一对银行和保险企业披露提供了进一步的指导建议，针对《非财务信息报告指令》所列五个报告领域应如何结合金融行业特点进行气候相关信息披露提供了更详细的披露内容指导，同时补充性指南指出附件并不适用所有金融企业，如资产管理企业或养老基金，因为它们不属于《非财务信息报告指令》的范围，但这些企业也可能发现建议对其有帮助。补充性指南附件二对比了《非财务信息报告指令》和气候相关财务披露工作组（TCFD）建议的信息披露规范，指出气候相关财务披露工作组的建议只强调气候变化对企业经营的影响，但《非财务信息报告指令》还强调企业经营活动对气候变化影响相关信息的披露，不过附件二仍然着眼于将气候相关财务披露工作组的建议内容尽可能融入《非财务信息报告指令》。

三、企业非财务信息披露制度与其他法规的关联及应用

《非财务信息报告指令》与《金融服务业可持续性信息披露条例》和《欧盟分类法》共同构成欧盟金融企业可持续信息报告法律体系的核心。《非财务信息报告指令》规范企业向包括金融市场参与者和最终投资者在内的各种利益相关者所作披露。有时非财务信息会直接从被投资企业流向最终投资者，但更多时候是从被投资企业流向金融市场参与者（包括资产经理和财务顾问），再从金融市场参与者流向最终投资者。《金融服务业可持续性信息披露条例》规范金融市场参与者向最终投资者和资产所有者披露可持续性信息。《欧盟分类法》创建可持续经济活动的分类系统，要求《非财务信息报告指令》适用范围内的企业根据分类法披露其活动在环境上的可持续程度。受《金融服务业可

---

① European Commission. Guidelines on Non-financial Reporting：Supplement on Reporting Climate-related Information ［EB/OL］. ［2020 – 04 – 06］. https：//ec. europa. eu/info/publications/non-financial-reporting-guidelines_en#climate.

持续性信息披露条例》约束的金融市场参与者不仅必须披露以可持续方式销售的金融产品在何种程度上与分类法保持一致，还需要获取所投资企业相关信息来满足自身在《金融服务业可持续性信息披露条例》下的披露义务，由于《非财务信息报告指令》规范被投资企业的信息披露，因此显然需要保持这两项法案对披露要求规定的一致性。《欧盟分类法》授权法案明确了受《非财务信息报告指令》约束的企业进行与《欧盟分类法》相关披露时应涉及的具体内容和方法并为经济活动设定了绩效阈值，《非财务信息报告指令》在完善非财务信息报告标准时应参考《欧盟分类法》以实现尽可能的一致性从而减轻企业不必要的报告负担。《非财务信息报告指令》和《金融服务业可持续性信息披露条例》均采用双重重要性观点，这意味着受这两项法律约束的企业必须同时考虑可持续性问题给企业或投资带来的外部风险，以及企业活动或投资给外部可持续性带来的影响。就《金融服务业可持续性信息披露条例》而言，双重重要性观点是通过要求金融市场参与者披露如何将可持续发展风险纳入其决策流程（由外而内的风险）并披露其不利的可持续性影响（由外而内的影响）来表达。此外，如果金融市场参与者以具有可持续性目标或可持续性特征的形式销售金融产品，它还必须通过披露证明金融产品基础投资与分类法相符。金融部门的某些企业同时受《非财务信息报告指令》和《金融服务业可持续性信息披露条例》约束，通常员工人数超过 500 人的银行或保险企业也会从事资产管理活动，《非财务信息报告指令》涵盖有关此类企业所有活动（包括贷款）的报告，而《金融服务业可持续性信息披露条例》仅涵盖资产管理和投资咨询活动，上述金融企业的报告负担取决于两项法案关于披露要求的一致性，尤其是指标方面规定的一致性。

《资本要求条例》（CRR）和《资本要求指令》（CRD）对在欧盟内设立的信贷机构须遵守的审慎要求做了规定，目的是增强欧盟银行业的弹性，使其能够更好地吸收经济冲击，同时确保银行继续为经济活动和增长提供资金。2019 年《资本要求条例》的修订引入了对大型上市银行的环境、社会和治理风险的披露要求，该要求将于 2022 年 6 月开始适用。根据《资本要求条例》的规定，符合以下任何条件的银行视为大型银行：①是全球系统性重要金融机构；②根据第 2013/36/EU 号指令的第 131 条第（1）和第（3）款已被确定为其他具有系统重要性的金融机构；③就资产总值而言，它在设立的成员国中是三大机构之一；④根据《资本要求条例》和第 2013/36/EU 号指令，在单个基础上或在适用的情况下根据其综合状况，资产总值等于或大于 300 亿欧元。① 上述条例对上市银行的界定是如果某家银行发行的证券已在第 2014/65/EU 号指令第 4 条第（21）款中定义的任何成员国监管的市场上进行交易，就被视为已上市。从现有规定看，某些银行同时受《非财务信息报告指令》和《资本要求条例》第 449a 条的约束，大型上市银行需要披露有关环境、社会、治理方面的风险信息，包括物理风险和转型风险。《非财务信息报告指令》对受其约束的银行披露自身非财务信息以及这些银行收集交易对手的非财务信息有重要参考意义。不过由于《资本要求条例》关于大型银行的定义比《非财务信息报告指令》中大型企业的定义要窄，目前同时受这两个法案约束的企业数量还比较少，但未来如果《资本要求条例》扩大适用主体范围，那么《非财务信息报告指令》对银行业可持续性信息披露的影响会进一步扩大。

欧盟技术专家组建议《欧盟绿色债券标准》应要求将债券收益的使用与《欧盟分类法》进行一定程度的协调。《欧盟分类法》第 8 条要求受《非财务信息报告指令》约束的金融企业和非金融企业应在其非财务信息报告或合并的非财务信息报告中包含经营活动与符合环境可持续性经济活动相关联方式和程度的描述。未来遵守欧盟绿色债券标准的发行人应披露由其债券资助的项目与分类法的相符程度，根据《非财务信息报告指令》披露的信息将为包括绿色债券投资者在内的投资者提供更多信息，使他们能够更好地评估企业的整体非财务绩效。

欧盟生态标签制度建立于 1992 年，对在整个生命周期中符合环境标准的产品和服务授予卓越环境标志，制度考虑了最低限度的社会、

---

① TEG. Report on Climate-related Disclosures［EB/OL］.［2020 - 06 - 06］. https://ec. europa. eu/info/files/190110 - sustainable-finance-teg-report-climate-related-disclosures_en.

道德和治理保障，2009 年 11 月 25 日，欧洲议会和欧洲理事会发布关于欧盟生态标签的第（EC）66/2010 号条例《欧盟生态标签法案》。欧盟委员会在《可持续金融行动计划》中陈述了将《欧盟生态标签法案》应用于提供给散户投资者的具体金融产品［包括打包零售投资和保险产品（PRIIP)］的潜在好处，即缺乏标签的金融产品可能会阻止投资者将资金直接用于可持续投资，引入针对金融产品的欧盟生态标签可以让关注投资环境影响的散户投资者依靠可信赖且经过验证的标签做出明智的投资决策，同时激励金融市场开发更多对环境影响小或产生积极影响的产品①，《欧盟生态标签法案》要求这些金融企业在申请生态标签时必须提供相关非财务信息。

四、企业非财务信息平台的建设和规范

资本市场联盟高层论坛 2020 年 6 月发布最终报告，建议欧盟委员会在欧洲证券市场管理局提议基础上制定立法用于实现以下目标：一是建立一个针对企业公共财务和非财务信息以及其他与金融产品或活动相关公共信息的欧盟数字访问平台（ESAP），平台免费向公众开放且不收取任何费用或设置使用限制；二是确保公司（上市公司和非上市公司）仅需要通过单个报告渠道一次性提交所有公共信息；三是开展有关协调公司公共信息的内容和格式的工作，提升数据可比性和可用性；四是授权欧洲证券市场管理局负责欧盟企业公共财务和非财务信息数字访问平台建设，保障该局有足够的专项资金和资源来实施平台建设。②

关于可以通过欧盟单一访问点提供的公共信息范围，报告建议立

---

① European Commission. Action Plan：Financing Sustainable Growth ［EB/OL］. ［2018 - 09 - 21］. https：//eur-lex. europa. eu/legal-content/EN/TXT/? uri = CELEX：52018DC0097.

② European Commission. Commission Staff Working Document Impact Assessment Accompanying the Document Proposal for a Directive of the European Parliament and of the Council Amending Directive 2013/34/EU，Directive 2004/109/EC，Directive 2006/43/EC and Regulation（EU）No 537/2014，As Regards Corporate Sustainability Reporting ［EB/OL］. ［2021 - 08 - 07］. SWD（2021）150 final，p. 196，https：//eur-lex. europa. eu/legal-content/EN/TXT/? uri = CELEX%3A52021SC0150&qid = 1642728856971.

法时明确分阶段扩大范围。在第一阶段欧盟单一接入点应用作访问持有欧盟监管市场证券的公司披露公共信息的平台，关注公司根据证券市场法规如透明度指令、非财务报告指令、招股说明书规定、股东权利指令等披露的定期信息和持续更新信息，其中包括根据《非财务信息报告指令》在欧盟监管市场上市的公司披露的非财务报告。到第二阶段再考虑是否扩大平台可访问信息范围，报告建议中特别提到可访问信息范围应包括根据可持续金融法规披露的与可持续发展相关的公司公共信息。例如，根据（EU）2019/2088法规披露的有关可持续性风险和影响的企业和产品层面信息，这将使平台成为上市公司当前与可持续性相关的全部公共信息的存储库。到第三阶段考虑是否扩大可访问信息范围至涵盖欧洲证券市场管理局职权范围之外的部分或全部公共信息。

在建设平台时，报告建议采取以下步骤并制定相应法律规范来提高平台信息的可搜索性：第一步立法授予欧洲证券市场管理局相应的权力和资源用于在职权范围内监督数据的正确收集及对欧盟标准的遵守情况；第二步立法授权欧洲证券市场管理局制定开发数据字段和格式的技术标准以确保可以在数据库上找到公共信息；第三步立法授权欧洲证券市场管理局与成员国主管部门协调和推动实施平台建设；第四步立法授权欧洲证券市场管理局制定相关分类法或标准化模板以实现公共信息可以以机器可读格式或标准化模板进行编制；第五步立法授权欧洲银行业监管局和欧洲保险和年金管理局制定相关分类法或模板。

欧盟企业公共财务和非财务信息数字访问平台既是欧盟资本市场联盟建设的组成部分，也是可持续金融信息共享平台建设的组成部分，对可持续金融信息披露规范的完善和实施有着重要影响，论坛建议的平台建设立法规划中多处涉及对《金融服务业可持续性信息披露条例》《非财务信息报告指令》《透明度指令》的修订。资本市场联盟希望促进欧盟资本市场一体化进程，化解阻碍资本流动的内部壁垒，但促进一体化不是最终目的，欧盟主要是希望借此提升资本市场的全球竞争力。衡量资本市场的优劣最终要看它是否能满足实体经济的需求，在欧盟可持续发展战略不断演进的背景下，资本市场的一个主要功能是为可持续发展提供资金筹措场所，在这一点上可持续金融与资本市场联盟可以说殊途同归，二者都需要高质量的企业信息，尤其是可持续性相关信息，都面临如何提升信息披露质量的问题，因此尽管欧盟企业公共财务和非财务信息数字访问平台建设相关立法尚在规划中，但如果进展顺利，必然对可持续金融相关立法特别是信息披露立法产生重要影响。

五、《欧盟分类法》对企业非财务信息披露规范的补充

《欧盟分类法》要求任何有义务根据欧洲议会和欧洲理事会 2013/34/EU 号指令第 19a 或第 29a 规定公布非财务信息的企业应在非财务信息报告或合并非财务信息报告中包含有关企业活动如何以及在何种程度上与《欧盟分类法》法案第 3 条和第 9 条所指环境可持续经济活动相关的信息。

非金融企业披露的具体内容包括：与《欧盟分类法》法案第 3 条和第 9 条所指环境可持续经济活动相关产品或服务带来的营业额在总营业额中的比例；与《欧盟分类法》法案第 3 条和第 9 条所指环境可持续经济活动相关资产或运营过程产生的资本支出和运营支出在总资本支出和运营支出中所占比例。

如果一家有义务根据欧洲议会和欧洲理事会 2013/34/EU 号指令第 19a 或第 29a 规定公布非财务信息的企业依据该指令第 19a（4）或第 29a（4）规定采用单独报告的方式披露，则在其单独报告中也应包含有关企业活动如何以及在何种程度上与《欧盟分类法》法案第 3 条和第 9 条所指环境可持续经济活动相关的信息，与《欧盟分类法》法案第 3 条和第 9 条所指环境可持续经济活动相关产品或服务带来的营业额在总营业额中的比例，以及与《欧盟分类法》法案第 3 条和第 9 条所指环境可持续经济活动相关资产或运营过程产生的资本支出和运营支出在总资本支出和运营支出中所占比例。[1]

---

[1]　European Parliament and of the Council. Regulation（EU）No 2020/852 of the European Parliament and of the Council of 18 June 2020 on the Establishment of a Framework to Facilitate Sustainable Investment，and Amending Regulation（EU）2019/2088［EB/OL］.［2021 - 03 - 26］. https：//ec. europa. eu/info/law/sustainable-finance-taxonomy-regulation-eu - 2020 - 852_en.

《欧盟分类法》授权欧盟委员会根据该法案第 23 条规定，在整体考虑金融企业和非金融企业各自特性的基础上通过授权立法补充前述披露要求，明确披露信息的内容和披露方式，包括使用的方法论和根据《金融服务业可持续性信息披露条例》授权制定的技术筛选标准。

六、金融监管机构对关键绩效指标披露的立法建议

《欧盟分类法》法案第 8 条第 2 款明确受非财务报告指令约束的非金融企业必须披露三个关键绩效指标（KPI）：营业额、资本支出（CapEx）和与环境可持续活动相关的运营支出（OpEx），但该款未对金融企业应披露的关键绩效指标进行规定，也没有对三个关键绩效指标的具体披露内容进行规定。考虑到金融和非金融企业的差异性以及根据《欧盟分类法》授权制定的技术筛选标准，第 8 条第 4 款要求欧盟委员会通过授权立法方式明确根据上述法律规定应披露信息的内容和表示方式，从而增强《欧盟分类法》第 8 条第 1、第 2 款的可操作性。

2020 年 9 月 15 日，欧盟委员会向三个欧洲金融监管机构征求意见，要求它们就披露主体关键绩效指标及其方法论提出建议，三家金融监管机构现已针对非金融企业、资产管理人、信贷机构、投资公司、保险公司和再保险公司等主体关键绩效指标的披露向欧盟委员会提交具体建议，按惯例欧盟委员会将在此基础上制定授权立法草案。

（一）非金融企业关键绩效指标信息的披露

欧洲证券与市场监督管理局对非金融企业应披露的三个关键绩效指标的分子和分母的筛选标准以及披露适用的方法论和格式进行了详细阐述。

1. 披露内容

（1）营业额指标。对于指标的分母，非金融企业在计算营业额时应参考国际会计准则第 2 条第 5 款中"净营业额"的定义。

对于指标的分子，对于《欧盟分类法》所指的气候变化适应这一

环境目标，企业可以在其一项经济活动使其他活动能够适应气候变化时计算营业额；对于《欧盟分类法》所指的其他五项环境目标，企业在这些经济活动对一项或多项环境目标做出重大贡献的同时没有对其他环境目标产生显著损害且满足最低保障标准要求和欧盟委员会授权立法对技术筛选标准的规定时可以计算营业额。

（2）资本支出指标。对于指标的分母，非金融企业应将资本支出界定为财政年度内因直接购置或通过收购、业务合并方式获得有形资产和无形资产时支出的费用，包括减值、折旧和摊销，但不包括公允价值变动。

对于指标的分子，如果资本支出计划、计划相关资产或流程能为分类法所指一项或多项环境目标做出重大贡献的同时没有对任何其他环境目标造成显著损害且满足最低保证标准要求和欧盟委员会授权立法对技术筛选标准的规定时，可以计入资本支出。这些资本支出计划的期限一般不应超过五年，除非根据投资的特点需要超过五年，计划应经过非金融企业的有关机关批准，个人改进措施应纳入计划而不是作为计划的例外情形。

（3）运营支出指标。对于指标的分母，非金融企业应将研发、建筑物装修措施、短期租赁，维护和维修以及与为确保此类资产持续有效运行所必需的厂房和设备的日常服务相关其他直接支出计入。

对于指标的分子，如果运营支出计划能为分类法所指一项或多项环境目标做出重大贡献的同时没有对任何其他环境目标造成显著损害且满足最低保证标准要求和欧盟委员会授权立法对技术筛选标准的规定时，可以计入运营支出。这些运营支出计划的期限一般不应超过五年，除非根据投资的特点需要超过五年，计划应经过非金融企业的有关机关批准。①

对于上述三个关键业绩指标，为避免在多个经济活动中重复计算，

---

① ESMA. Final report：Advice on Article 8 of the Taxonomy Regulation ［EB/OL］. ［2021 – 03 – 23］. https：//www. esma. europa. eu/sites/default/files/library/esma30 – 379 – 471_final_report_ – _ advice_on_article_8_of_the_taxonomy_regulation. pdf.

欧洲证券和市场管理局建议欧盟委员会要求非金融企业对如何将营业额、资本支出、运营支出分配到各个活动中做出最适当的判断，并避免过度夸大与《欧盟分类法》相关经济活动相关的营业额、资本支出、运营支出。

在披露上述指标内容基础上，欧洲证券和市场管理局认为还应同时披露一些相关信息用于说明关键业绩指标的编制方式和覆盖范围，建议欧盟委员会在授权立法中对此类信息的内容设立要求以确保不同非金融企业提供的信息具有可比性，这些信息包括：第一，会计政策。说明营业额、资本支出和运营支出是如何定义以及它们的计算基础，并解释在将收入或支出分配给不同活动时采用的判断。第二，关于评估与《欧盟分类法》保持一致的过程信息。第三，有关营业额、资本支出和运营支出的背景信息，如变动原因。

2. 方法论

欧洲证券和市场管理局建议欧盟委员会就非金融企业报告关键业绩指标的方法论制定以下具体要求。

（1）企业应在企业或集团层面披露每项经济活动的三个关键业绩指标。

（2）企业应确定符合《欧盟分类法》法案第 16 条的赋能经济活动和第 10 条第 2 款的转型经济活动，并披露针对每项赋能经济活动和转型经济活动的三个关键业绩指标。

（3）企业应披露每个环境目标的三个关键业绩指标。

（4）企业应披露与《欧盟分类法》法案第 10 条至第 15 条第 2 款所指不对六项环境目标造成显著损害的经济活动有关的三个关键业绩指标。

如果经济活动有对一项或几项环境目标造成显著损害，则企业应在企业或集团层面披露这些活动的总营业额。①

---

① ESMA. Final report：Advice on Article 8 of the Taxonomy Regulation ［EB/OL］.［2021 - 03 - 23］. https：//www. esma. europa. eu/sites/default/files/library/esma30 - 379 - 471_final_report_ - _ advice_on_article_8_of_the_taxonomy_regulation. pdf.

3. 披露格式

欧洲证券和市场管理局为披露关键业绩指标内容设计了标准表格。表格具体内容可以参见该局向欧盟委员会提交的建议报告附件。

（二）资产管理人关键绩效指标信息的披露

欧洲证券和市场管理局对资产管理人关键绩效指标的披露格式也设计了标准表格，但对需要披露的关键绩效指标并未像对非金融企业关键绩效指标建议那样划分成三类，也没有提出明确的指标名称，只是就指标的内容以及分子和分母的筛选提供了一些指导性原则供欧盟委员会参考。

1. 披露内容

该局建议资产管理人的关键绩效指标应包括与《欧盟分类法》法案保持一致的投资比例，凡是与集合投资组合和个人投资组合管理活动相关的投资都应计入该比率。指标的分子应包括符合欧盟绿色债券标准的绿色债券价值以及投资于被投资公司的与《欧盟分类法》法案一致经济活动的投资价值的加权平均值。[①] 为确保随时间推移披露的关键业绩指标更加准确，该局建议考虑开发估算由主权债券资助的环境可持续性经济活动份额的方法以便将主权债券包括在分子中。该局指出如果被投资公司是金融企业，应将这些企业的相关关键业绩指标用作非金融投资公司所占营业额份额的指标，并认为在欧盟绿色债券标准生效和应用之前，根据同等标准发行的绿色债券可以计算在分子中，但最高不得超过其资助的与分类法相关活动的价值。指标的分母则应包括资产管理人所有投资的价值。

2. 方法论

对于指标披露的方法论，欧洲证券和市场管理局对资产管理人的建议也与非金融企业有较大差别，该局建议欧盟委员会考虑制定一种

[①] ESMA. Final report：Advice on Article 8 of the Taxonomy Regulation ［EB/OL］. ［2021 - 03 - 23］. https：//www. esma. europa. eu/sites/default/files/library/esma30 - 379 - 471_final_report_ - _ advice_on_article_8_of_the_taxonomy_regulation. pdf.

方法以使关键业绩指标的计算涵盖非财务报告指令下没有报告义务公司的投资，由独立机构（例如欧洲委员会的联合研究中心）来详细阐述和维护该方法论，同时负责根据需要维护和更新方法论，并确保将方法论保留在公共领域以便于相关金融市场参与者的访问和使用。[①] 同时，该局建议欧盟委员会在授权立法中规定这种方法论的淘汰期限，以鼓励直接报告数据而不是通过方法论推算得出数据，为鼓励直接报告，该局还建议为资产管理人提供一个过渡期，基本原则是对于在非财务报告指令适用范围内欧盟公司的投资，优先考虑该指令下报告的数据；对于在非财务报告适用范围之外的欧盟公司的投资，首先考虑监管机构与非财务报告指令要求一致的数据，其次才考虑私人获得的与非财务报告指令一致的数据；如果没有上述两类数据则使用前述方法论。

（三）信贷机构关键绩效指标信息的披露

1. 披露内容

欧洲银行业管理局认为非金融企业的关键绩效指标不适合信贷机构。由于受信贷机构资助的经济活动和交易对手的多样性及其所依赖收入来源的差异，《欧盟分类法》法案第 8 条为非金融企业设定的营业额指标不是最适合信贷机构披露的关键业绩指标。而且鉴于信贷机构温室气体排放的主要来源是与交易对手温室气体排放相关的机构价值链中发生的范围 3 排放或与其自身对所购买的电、热或蒸汽消耗相关的范围 2 温室气体排放而不是范围 1 的直接温室气体排放，因此《欧盟分类法》法案第八条中为非金融企业设定的旨在减少直接温室气体排放或与自身消费有关排放投资的运营支出或资本支出指标也不是适合信贷机构披露的关键业绩指标。

该局提出显示信贷机构资产负债表与《欧盟分类法》法案一致的

---

① ESMA. Final report：Advice on Article 8 of the Taxonomy Regulation ［EB/OL］.［2021 – 03 – 23］. https：//www.esma.europa.eu/sites/default/files/library/esma30 – 379 – 471_final_report_ – _advice_on_article_8_of_the_taxonomy_regulation.pdf.

关键业绩指标应该选择绿色资产比率（GAR）①，贷款活动和股权持有中的绿色资产比率应表明信贷机构的贷款和融资活动与《欧盟分类法》保持一致的水平，披露重点应该是信贷机构资产负债表的资产方面，应要求信贷机构提供有关绿色资产比率的信息，包括贷款和垫款、债务证券、持有的权益工具和收回的抵押品。

对于那些在欧盟以外设有子公司的信贷机构，因为分类法法案和非财务指令仅仅适用于欧盟境内，故这些机构从交易对手处获得欧盟以外的相关信息比较困难。但欧洲银行业管理局认为鉴于信贷机构的非欧盟子公司在其整体业务中的相关性，将非欧盟交易对手的风险完全置于披露范围之外将导致不能完整评估这些机构活动与《欧盟分类法》法案的一致性水平，故建议拥有非欧盟子公司的信贷机构至少应确定与分类法法案所涵盖部门相关的非欧盟交易对手的贷款和股权风险，且应计算并单独披露基于欧盟境内风险的绿色资产比率。

欧洲银行业管理局建议根据风险或交易对手的类型确定计算绿色资产比率的方法。下面以居民不动产抵押贷款为例说明欧洲银行业管理局对关键业绩指标分子分母内容的具体建议。

该局认为绿色资产比率的分子应包括与《欧盟分类法》一致的住宅房地产贷款总账面金额，建议针对建筑物的完工时间制定不同的纳入标准。为购买 2020 年 12 月 31 日之前建造建筑物提供的抵押贷款涉及的抵押物应符合《欧盟分类法》法案授权立法中制定的筛选标准，即为缓解气候变化做出重大贡献，其依据是建筑物的能源绩效证书。为购买 2020 年 12 月 31 日之后建造建筑物提供的抵押贷款涉及的抵押物除了应符合《欧盟分类法》法案授权立法中制定的筛选标准外，还

---

① EBA. Advice to the Commission on KPIS and Methodology for Disclosure by Credit Institution and Investment Firms under the NFRD on How and to What Extent Their Activities Qualify as Environmentally Sustainable According to the EU Taxonomy Regulation［EB/OL］.［2021 - 03 - 23］. https：//www. eba. europa. eu/sites/default/documents/files/document _ library/About% 20Us/Missions% 20and% 20tasks/Call% 20for% 20Advice/2021/CfA% 20on% 20KPIs% 20and% 20 methodology% 20for% 20disclosures% 20under% 20Article% 208% 20of% 20the% 20Taxonomy% 20Regulation/963616/Report% 20 - % 20Advice% 20to% 20COM_Disclosure% 20Article% 208% 20Taxonomy. pdf.

须建筑物的能源绩效证书证明其产生的能源需求比法律规定低 20%。[①]

该局认为绿色资产比率的分母应包括以住房不动产为抵押的家庭贷款总账面总额。不过披露上述信息存在与数据可用性和可比性有关的挑战，如有关能源绩效证书相关住房贷款存量数据的收集需要一段时间，而且能源绩效证书标签在欧盟各成员国之间尚未采用相同方法，使其存在可比性问题。由于信贷机构必须依靠能源绩效证书来证明房屋装修贷款对建筑物能效方面的改善，但能源绩效证书目前对于房屋翻新不是强制性要求，因此有必要推动将其设置为强制性要求的立法。而且由于中小型企业不属于非财务信息披露指令要求强制披露信息的企业范围，信贷机构依赖这些交易对手提供的信息来计算其绿色资产比率的难度很大，故也有必要扩大非财务信息披露指令适用的企业范围。

2. 方法论

欧洲银行业管理局建议披露的金融活动（投资和贷款）和商业活动（除贷款）中应包括可以进行可持续性评估的内容。

如果信贷机构的交易对手或客户根据《欧盟分类法》法案第 8 条规定有义务披露相关信息或者有可能通过将分类法法案筛选标准应用于信贷机构资助的活动或交易对手来评估其投资或贷款组合与《欧盟分类法》法案的一致性，那么这些活动应包括在披露中。

如果信贷机构的交易对手或客户根据《欧盟分类法》法案第 8 条规定没有义务披露相关信息或者不能通过将《欧盟分类法》法案筛选标准应用于信贷机构资助的活动或交易对手来评估其投资或贷款组合与《欧盟分类法》法案的一致性，则应从待披露信息中排除信贷机构的相关经济活动。而且欧洲银行业管理局认为如果某些活动由于无法

[①] EBA. Advice to the Commission on KPIS and Methodology for Disclosure by Credit Institution and Investment Firms under the NFRD on How and to What Extent Their Activities Qualify as Environmentally Sustainable According to the EU Taxonomy Regulation［EB/OL］.［2021 - 03 - 23］. https：//www. eba. europa. eu/sites/default/documents/files/document _ library/About% 20Us/Missions%20and%20tasks/Call%20for%20Advice/2021/CfA%20on%20KPIs%20and%20 methodology%20for%20disclosures%20under%20Article%208%20of%20the%20Taxonomy%20Regulation/963616/Report%20 - %20Advice%20to%20COM_Disclosure%20Article%208%20Taxonomy. pdf.

评估其可持续性而被排除在分子之外，也应将其排除在分母之外。

欧洲银行业管理局认为披露关键绩效指标时应考虑信贷机构的资产负债表和根据审慎合并范围产生的损益表。贷款活动是信贷机构的主要业务，信贷机构有能力将资金流引向环境可持续活动并通过贷款业务帮助交易对手向绿色经济转型，因此表示信贷机构金融活动与分类法法案保持一致程度的最佳方法是基于借贷和融资风险的构成显示信贷机构在何种程度上为与《欧盟分类法》法案保持一致的活动筹资。对于投资公司，也建议采取类似的方法。

（四）投资公司关键绩效指标信息的披露

对于投资公司应披露的关键业绩指标，欧洲银行业管理局建议充分考虑其业务特点，制定区别于信贷机构的指标披露要求。例如，在信贷机构中，有关贷款流动和专门贷款的信息应显示出信贷机构活动与交易对手交易之间如何联系的动态，而对于投资公司而言则不存在此信息，但根据投资公司的业务特点在为营业额指标制定最低披露要求之外该局建议应要求投资公司进一步考虑基于资本支出的关键绩效指标的披露。具体建议可参见欧洲银行业管理局向欧盟委员会提交的报告。

（五）保险公司和再保险公司关键绩效指标信息的披露

欧洲年金和保险管理局总结了保险和再保险企业应强制披露的相关比率以及这些比率所依据的方法论，该局建议披露以下两个指标：一个是可持续投资即保险公司或再保险公司为与《欧盟分类法》法案有关的经济活动提供的资金或融资占总投资的比重；另一个是可持续保费占总保费的比重。[①]

---

① EIOPA. Technical Advice on Key Performance Indicators under Article 8 of the EU Taxonomy Regulation [EB/OL]. [2021 - 03 - 23]. https://www.eiopa.europa.eu/sites/default/files/publications/advice/eiopa - 21 - 184 - sustainability-non-financial-reporting-advice-art8 - taxonomy-regulation.pdf? source = search.

1. 可持续投资

（1）披露内容。为了解保险公司和再保险公司进行可持续投资的潜力，欧洲年金和保险管理局建议要求强制披露以下比率：保险人或再保险人直接用于资助符合环境可持续经济活动或与之有关活动的投资相对于总投资的比例。投资应涵盖所有直接投资和间接投资，包括对集合投资计划所涉企业运营的参与、贷款和抵押、不动产、厂场和设备，以及（如相关）商誉和衍生品以外的无形资产投资。比率应以百分比表示，附加披露应区分投资在一般账户和单位挂钩或指数挂钩投资组合中所占的比例。此外，还应披露以资产负债表总额为基准的比率覆盖范围。①

（2）方法论。欧洲年金和保险管理局认为随着针对不同环境目标的技术筛选标准的发展，披露应按分类法法案第九条规定的环境目标进行细分。投资分类标准的评估应基于对环境可持续经济活动的资金资助程度，并根据相关资产或金融工具的特征来确定被投资公司的"资本支出"和"运营支出"，对于金融企业的投资，应使用相应的相关关键业绩指标并借助所有公开和私人可用的信息，必要时可以通过近似值来推算，但推算应用的方法论和会计政策应予以披露和解释，解释应足够详细，且阐明相关可靠信息可用性的潜在限制。鼓励在适当的情况下自愿披露有关保险人或再保险人用于预防和保护措施以支持保单持有人环境目标方面的资本支出及其性质的相关信息。

2. 可持续保费

（1）披露内容。为评估根据《欧盟分类法》被确定为环境可持续的保险公司和再保险公司的业务活动，建议强制披露以下比率：与在《欧盟分类法》所指环境可持续保险活动相对应的非寿险"毛保费收入"占非寿险毛保费总额的比例。毛承保费应理解为"已发行保险合同收入"或"保险收入"，具体取决于适用的会计框架。比率应以百分

---

① EIOPA. Technical Advice on Key Performance Indicators under Article 8 of the EU Taxonomy Regulation［EB/OL］.［2021 – 03 – 23］. https：//www. eiopa. europa. eu/sites/default/files/publications/advice/eiopa – 21 – 184 – sustainability-non-financial-reporting-advice-art8 – taxonomy-regulation. pdf？ source = search.

比表示。[①]

（2）方法论。欧洲年金和保险管理局认为随着针对不同环境目标的标准的发展，披露应按《欧盟分类法》法案第9条规定的环境目标进行细分，补充披露应解释与《欧盟分类法》法案相符的承保活动被再保险的程度或源自再保险活动的程度，还应当公开和解释推算的使用以及适用的方法和会计政策。

第三节　企业可持续性相关信息披露规范

一、从非财务信息披露到可持续性相关信息披露

近年来，用户关于企业可持续信息的需求已显著增加，并且可以肯定的是这种趋势将继续保持下去。首先，投资者日益意识到可持续性问题可能使企业的财务业绩面临风险。[②] 近年来投资界对企业可持续性信息的需求大大增加，需求增加的原因是企业风险性质的不断变化和投资者对这些风险财务影响意识日益增强，与气候相关的金融风险尤其如此。人们也越来越意识到其他环境问题和社会问题（包括健康问题）给企业和投资带来的风险，与气候相关的金融风险对企业经营的直接影响尤其大。其次，不断增长的投资产品市场正在寻求符合某些可持续性标准或实现某些可持续性目标的产品，可持续性信息需求的增长会受到明确寻求满足某些可持续性标准或实现某些可持续性目标的投资产品需求增长的推动。基于市民意识、消费者喜好和市场行

---

① EIOPA. Technical Advice on Key Performance Indicators under Article 8 of the EU Taxonomy Regulation ［EB/OL］. ［2021 - 03 - 23］. https：//www. eiopa. europa. eu/sites/default/files/publications/advice/eiopa - 21 - 184 - sustainability-non-financial-reporting-advice-art8 - taxonomy-regulation. pdf?source = search.

② Elias Erragragui. Do creditors price firms' environmental，social and governance risks？［J］. Research in International Business and Finance，2018，45：197 - 207.

为的快速变化①,这种增长迟早会发生。再次,包括《金融服务业可持续财务披露条例》和《欧盟分类法》在内不少法律规定资产经理和财务顾问需要被投资企业提供更多可持续信息,这也是推动用户对可持续性信息需求增长的重要因素。最后,新冠肺炎疫情可能将进一步加速企业对可持续性信息需求的增长。疫情暴露了工人和企业价值链的脆弱性,关于环境影响的信息在减轻今后流行病发生方面具有重要意义,人类对生态系统的干扰正在日益与疾病的发生和扩散联系在一起。

企业年度报告中披露的可持续性信息用户主要是投资者、非政府组织、社会合作伙伴及其他利益相关者,包括资产管理人在内的投资者希望更好地了解可持续性问题给其投资带来的风险和机遇以及这些投资对人类和环境的影响;非政府组织、社会伙伴和其他利益相关者则希望企业承担更大责任,更深入考察其活动对人类和环境的影响。②欧盟当前的法律框架尚不能满足这些用户的信息需求,主要表现是希望获得可持续性信息的用户发现企业没有报告此类信息,而许多报告了可持续性信息的企业又没有报告与用户期望相关的所有信息,企业报告的数据不够可靠,可比性也不强,用户通常还较难找到此类信息,而且信息很少以机器可读的数字格式提供。

2014年通过的《非财务信息报告指令》(2014/95/EU)要求自2018年开始员工人数超过500人的大型企业以及合并后员工人数超过500人的大型集团母公司应报告可持续性问题如何影响其绩效、地位和发展("由外而内"的角度),以及企业经营对人和环境的影响("由内而外"的角度),这通常被称为"双重重要性",根据指令授权,欧盟委员会于2017年发布针对企业的非约束性报告指南,2019年发布报告与气候相关信息的补充指南,但欧盟委员会在指令2013/34/EU第19a和第29a条授权范围内制定的关于《非财务信息报告指令》的非约束性指南对企业的非财务报告质量没有明显的积极影响,准则的自愿

① Douglas J. Cumming. Crowdfunding cleantech [J]. Energy Economics, 2017, 65: 292 – 303.

② Paulo Leite. Style and performance of international socially responsible funds in Europe [J]. Research in International Business and Finance, 2014, 30: 248 – 267.

性质意味着企业可以自由实施或不实施，指南无法确保不同企业披露的信息具有可比性，也不能确保用户认为相关的所有信息均已被披露，只有强制性的通用报告标准才能确保信息具有可比性并确保所有相关信息都被披露的原因。另外，为了使可持续性信息报告可以接受审计以及实现便于监督和执行的信息披露数字化，也有必要制定强制性的通用报告标准。

即使对有报告义务的企业，现有的报告情况也不容乐观。当前的报告要求缺乏精确性且存在大量私人团体制定的非通用标准和框架，这使企业很难准确地知道应该报告哪些信息[①]，而且在从供应商、客户和被投资企业处获取信息时往往会遇到困难。此外，除了报告符合当前法律要求的信息外，许多企业还时常从利益相关者那里收到不少有关可持续性信息的报告要求[②]，这些报告要求给企业带来大量不必要的成本。

企业可持续信息报告与用户需求之间差距的拉大将带来严重后果。一方面，这意味着投资者无法在其投资决策中充分考虑与可持续性相关的风险，继而可能产生威胁金融稳定的系统性风险。另一方面，差距意味着投资者无法将财务资源分配给具有可持续商业模式和活动的企业，这不仅会破坏《欧洲绿色新政》目标的实现，也会削弱利益相关者要求企业对其给人类和环境带来影响承担责任的能力，造成问责赤字，最终还可能损害社会市场经济的有效运作。

欧洲议会在 2018 年 5 月关于可持续金融的决议中呼吁在《非财务信息报告指令》框架内进一步强化报告义务。在 2020 年 12 月关于可持续企业治理的决议中，欧洲议会对欧盟委员会审查《非财务信息报告指令》的承诺表示欢迎，呼吁将指令适用主体范围扩展到其他企业类别，并欢迎欧盟委员会致力于制定欧盟可持续性信息报告标准，建议企业根据《非财务信息报告指令》发布的非财务信息接受强制审核。

---

①② Robyn Clark. Bridging funding gaps for climate and sustainable development: Pitfalls, progress and potential of private finance [J]. Land Use Policy, 2018, 71: 335–346.

2021 年 4 月，欧盟委员会提交《企业可持续性信息报告指令》立法提案①，提案的目的是以最低成本改善可持续性报告质量，为向完全可持续和包容性的经济和金融体系转型做出贡献。一方面要求更多企业披露更可靠且易于用户使用的相关可持续性信息；另一方面又尽量控制企业披露带来的成本，同时提案重视保持与相关国际倡议和准则的一致性和交流，力图将欧盟标准变成世界标准。

立法提案之所以没有沿用"非财务信息报告"的用词是因为许多利益相关者认为"非财务信息"一词不准确，它似乎暗示所讨论的信息与财务无关，而事实是越来越多的信息确实与财务相关，许多组织和个人现在使用"可持续性信息"一词来代替"非财务信息"，故欧盟为非财务信息报告制定强制性标准的时候采用了"可持续性信息报告指令"的说法。

考虑到可持续性相关风险的重要性与日俱增，同时考虑到在受监管市场上市的中小型企业（SME）在欧盟所有上市企业中所占比例很大，为确保对投资者的保护，欧盟委员会认为应适当要求这些中小型企业披露有关可持续性事项的信息，引入此要求将有助于确保这些较小的上市企业报告金融市场参与者所需的可持续性信息，从而使金融市场参与者能将其纳入投资组合，这也有利于保护和增加中小型上市企业获得金融资本的机会，避免金融市场参与者对此类企业的歧视。此外，为确保金融市场参与者能够从被投资方那里获得所需信息且同时能够遵守法案（EU）2019/2088《金融服务业可持续性信息披露条例》规定的自身可持续信息披露要求，引入上述要求也是必要的。但欧盟委员会考虑这些企业规模较小且资源有限，加之新冠肺炎疫情造成的不利经济环境，认为应为在受监管市场上市的中小企业提供充足时间来为遵守可持续性信息报告要求做准备，而且应让中小企业根据与其能力和资源相称的标准进

---

① European Commission. Proposal for a Directive of the European Parliament and of the Council Amending Directive 2013/34/EU, Directive 2004/109/EC, Directive 2006/43/EC and Regulation (EU) No 537/2014, As Regards Corporate Sustainability Reporting. [EB/OL]. [2021 – 07 – 07]. https：//eur-lex. europa. eu/legal-content/EN/TXT/？uri = CELEX%3A52021PC0189&qid = 1642728856971.

行报告。另外，欧盟也鼓励非上市中小型企业选择自愿遵守这些标准。①

二、可持续性相关信息披露的法律制度设计

（一）可持续性相关信息披露制度的设计重点和法规框架

欧盟委员会对企业可持续性信息披露的法律规制主要围绕三个方面的问题：一是是否制定欧盟可持续性信息强制性报告标准并要求企业遵守；二是审计是否应保证所报告的可持续性信息，如果需要，应当保证到什么程度；三是哪些类别的企业应遵守可持续性信息报告要求。在影响评估基础上欧盟委员会最后决定要求《企业可持续性信息报告指令》适用范围内的所有企业均按照欧盟标准进行强制性报告，也即《企业可持续性信息报告指令》的适用主体范围扩大到所有大型企业和在欧盟监管市场上市的所有企业（微型上市企业除外），包括在欧盟监管市场上市但未在欧盟境内设立的企业及非欧盟企业的欧盟子企业；所有企业均应为报告的可持续性信息寻求外部有限保证，同时在以后分阶段朝着合理保证要求方向迈进。

欧盟委员会提出的《企业可持续性信息报告指令》立法提案建议对四项法案进行修订，包括：修订《会计准则》的某些现有规定并增加有关可持续性报告的新规定；修订《审计指令》和《审计条例》用于涵盖对可持续性信息的审计；修订《透明度指令》，将可持续性信息披露要求的范围扩展至所有上市企业，并阐明这些企业的可持续性信息报告监管机制。②

---

① European Commission. staff working doucument：Fitness Check on the EU framework for public reporting by companies Accompanying the document Report from the Commission to the European Parliament，the Council and the European Economic and Social Committee on the review clauses in Directives 2013/34/EU，2014/95/EU，and 2013/50/EU ［EB/OL］.［2021 – 07 – 07］. https：//eur-lex. europa. eu/legal-content/EN/TXT/？ uri = CELEX：52018DC0097.

② European Commission. report from the Commission to the European Parliament，the Council and the European Economic and Social Committee on the review clauses in Directives 2013/34/EU，2014/95/EU，and 2013/50/EU ［EB/OL］.［2021 – 07 – 07］. https：//eur-lex. europa. eu/legal-content/EN/TXT/？ uri = CELEX%3A52021DC0199&qid = 1642728856971.

（二）可持续性相关信息披露的具体规范

1. 可持续性相关信息披露的基本要求

（1）双重重要性原则，企业应披露必要信息以便让人们了解可持续发展如何影响企业以及企业如何影响可持续发展。

（2）强调企业报告可持续性信息应包含定性和定量信息、前瞻性和追溯性信息。

（3）要求有披露义务的所有企业均按照欧洲可持续性报告标准进行报告，并允许中小企业根据特定的可持续性报告标准进行报告。

（4）允许子公司关于上述信息的披露包含在集团层面的合并管理报告中，但要求子公司披露其免于单独报告上述信息义务所依据的事实。

2. 可持续性相关信息披露的报告事项

（1）描述企业的商业模式和战略包括：企业的商业模式和战略在应对与可持续性事项相关风险时的弹性；与可持续发展事项有关的企业发展机遇；企业为确保其商业模式和战略与向可持续经济转型和《巴黎协定》将全球变暖限制在 1.5℃ 以内的目标项适应制订的计划；企业的商业模式和战略是如何考虑利益相关者的利益及企业对可持续性事项的影响；在可持续发展方面，企业的战略是如何实施的。

（2）描述企业设定的与可持续性事项有关的目标及企业在实现这些目标方面取得的进展。

（3）描述企业行政、管理和监督机构在可持续性事项方面发挥的作用。

（4）描述企业在可持续发展方面的政策。

（5）描述：企业就可持续性事项实施的尽职调查程序；与企业价值链相关的主要现存或潜在不利影响，包括企业自身的运营、产品和服务、业务关系和供应链；企业为防止、减轻或补救现存或潜在的不利影响而采取的任何措施以及这些措施的结果。

（6）描述企业面临的与可持续性事项有关的主要风险，包括企业对此类事项的主要依存关系以及企业如何管理这些风险。

（7）列出与（1）至（6）点所指披露有关的指标。

（8）描述企业无形资产信息，包括智力、人力、社会和关系资本等方面的信息。①

企业还需要同时报告收集上述各项信息的过程，并要求在收集过程中考虑这些信息对企业短期、中期和长期前景的影响。

3. 可持续性相关信息披露的报告标准

（1）欧盟委员会将通过授权法案明确企业报告的可持续性信息必须满足的最低质量标准。企业应按照欧盟委员会授权法案（EU）2019/815《关于企业非财务报告指令中气候相关信息报告的补充指南》第3条的规定以单一电子报告格式准备财务报告和管理报告，并标记可持续性信息报告字样。

（2）企业应披露的环境因素信息包括：气候变化的减缓；气候变化的适应；水和海洋资源利用和循环经济；污染；生物多样性和循环经济。

（3）企业应披露的社会因素信息包括：人人享有平等的机会，包括性别平等和同工同酬，培训和技能发展以及残疾人的就业和包容；工作条件，包括安全和适应性的就业，工资，社会对话，集体谈判和工人的参与，工作与生活的平衡以及健康、安全和适应良好的工作环境；尊重《国际人权法案》和联合国其他核心人权公约，国际劳工组织关于工作中基本原则和权利宣言以及国际劳工组织基本公约和欧盟基本权利宪章所规定的人权、基本自由、民主原则和标准。

（4）企业应披露的治理因素信息包括：企业的行政，管理和监督部门的作用，包括在可持续性事项及其组成方面的作用；商业道德和企业文化，包括反腐败和反贿赂；企业的政治参与，包括其游说活动；与商业伙伴的关系的管理和质量，包括付款方式；企业的内部控制和风险管理系统，包括与企业报告过程有关的信息。

---

① European Commission. Proposal for a Directive of the European Parliament and of the Council Amending Directive 2013/34/EU, Directive 2004/109/EC, Directive 2006/43/EC and Regulation (EU) No 537/2014, As Regards Corporate Sustainability Reporting [EB/OL]. [2021-07-07]. https：//eur-lex. europa. eu/legal-content/EN/TXT/? uri = CELEX%3A52021PC0189&qid =1642728856971.

（5）欧盟委员会至少每 3 年审查一次可持续性信息的报告标准，以便考虑相关标准的发展，包括国际标准的发展。欧盟委员会在 2023 年 10 月 31 日之前制定并通过针对中小型企业的可持续性报告标准。[①]

4. 母公司的可持续性相关信息报告义务

关于可持续性报告的要求均适用于对整个集团进行合并报告的母公司。

5. 企业管理层对可持续性相关信息报告的集体责任

披露主体的行政、管理和监督机构应确保企业已遵守欧盟可持续性报告标准并以所需的数字格式进行报告。

6. 对可持续性相关信息报告审计的要求

（1）对可持续性信息报告的有限保证。应有审计师对企业可持续性报告（保证内容包括可持续性报告的合规性、企业确定报告信息的识别过程、可持续性报告的标记以及根据《欧盟分类法》第 8 条报告的指标）进行有限保证。此外，允许经成员国根据欧洲议会和欧洲理事会第（EC）765/2008 号条例《审计条例》（以下简称"第（EC）765/2008 号条例"）认可的任何独立保证业务提供者在有限保证参与的基础上就可持续性报告发表意见，并且要求成员国确保为所有个人和企业（包括审计师和审计事务所）制定统一要求以便利他们就保证可持续性报告提供意见。

（2）成员国的义务。成员国应确保在由审计事务所开展法定审计和可持续性报告保证时，由审计事务所指定至少一个关键审计合作伙伴，审计事务所应为关键审计合作伙伴提供足够的资源，并提供具备必要能力以及能够履行职责的人员。为确保审计质量，独立性和能力应是审计事务所选择要指定的关键审计合作伙伴的主要标准。关键审计伙伴应积极参与法定审计的实施和可持续性报告的保证。在开展可持续性报告保证时，法定审计师应投入足够的时间从事这项工作，审

---

① European Commission. Proposal for a Directive of the European Parliament and of the Council Amending Directive 2013/34/EU，Directive 2004/109/EC，Directive 2006/43/EC and Regulation（EU）No 537/2014，As Regards Corporate Sustainability Reporting［EB/OL］.［2021 – 07 – 07］. https：//eur-lex. europa. eu/legal-content/EN/TXT/？ uri = CELEX%3A52021PC0189&qid = 1642728856971.

计事务所应分配足够的资源以使他或她能够适当地履行其职责。

成员国应制定适当规则用于防范提供可持续性报告保证收取的费用受到向被审计实体提供额外服务规定的影响，并将有关财务报告审计师的职业道德、独立性、客观性、保密性和专业保密性等规则扩展至可持续性报告保证工作方面。

成员国应规定审计师须根据欧盟委员会制定的保证标准开展可持续性报告保证工作，并授权欧盟委员会制定授权法案明确审计师为得出可持续性报告保证结论应执行的程序，包括参与计划、风险考虑和对风险的响应以及审核报告中应包括的结论类型，还要求审计师根据欧盟委员会制定的合理保证标准对可持续性报告发表意见。

（3）对审计报告的要求。要求进行可持续性报告保证的法定审计师或审计事务所在审计报告中陈述其结论，并准备相关报告以便符合欧盟或相关成员国制定的保证标准要求。审计报告应具体说明年度或合并可持续性报告涵盖的期间以及使用的可持续性报告框架，描述可持续性报告的保证范围，指出进行可持续性报告保证所依据的保证标准并发表法定审计师对可持续性报告的意见。

（4）对审计机构和审计人员的监管。明确对法定审计师和审计事务所适用的调查和制裁制度也适用于可持续性报告审计工作；成员国之间关于法定审计的公共监督和管理安排规定适用于可持续性报告保证工作；关于法定审计师的任命和解雇规定适用于可持续性报告保证工作。

明确审计委员会在可持续性报告保证方面的责任。审计委员会应将可持续性报告保证的结论告知被审计实体的行政或监督机构，并说明审计委员会如何对可持续性报告的完整性作出贡献以及审计委员会在过程中发挥何种作用。该款要求审计委员会监视可持续性报告过程，包括数字报告过程以及企业执行的过程，以便根据相关可持续性报告标准对报告的信息进行甄别并提交建议以确保其完整性。审计委员会还应监控企业内部质量控制、风险管理系统以及内部审计（如果适用）的有效性，以及被审计实体的可持续性报告，同时审计委员会也应该监视年度和合并可持续性报告保证，审查法定审计师或审计事务所的独立性。

要求法定审计师或执行法定审计工作的审计事务所开展可持续性报告保证时禁止在《审计条例》第5条规定的时间段内提供咨询服务；法定审计师和审计事务所应每年向主管部门披露其非审计服务收入中哪些收入是由可持续性报告保证产生。

7. 成员国义务

成员国应对违反可持续性信息报告义务的行为制定最低限度制裁规范。

8. 可持续性相关信息报告标准的识别机制

欧盟委员会有权创建识别机制，用于判断非欧盟发行人采用的可持续性信息报告标准是否与欧盟可持续性信息报告标准一致。

9. 监管规范制定的授权

欧洲证券和市场管理局有权为成员国主管部门发布指南，用于促进可持续性报告的监管规范趋同。

第四节 评 析

欧盟可持续金融信息披露规范体系起源于对企业非财务信息的报告制度，由于该制度适用主体范围有限且约束性不够，为适应可持续发展需要，欧盟将非财务信息的提法改为可持续性信息，尝试逐步扩展有披露义务的主体范围，并提高报告义务的强制程度。而鉴于金融服务业在可持续金融发展中的特殊地位，欧盟则为其制定了专门的可持续性信息披露规范。企业可持续性信息披露规范和金融服务业可持续性信息披露规范之所以是欧盟可持续金融信息披露规范的两大组成部分，原因是可持续金融体系的发展同时需要作为主要投资者或投资者委托方的金融企业和作为被投资者的实体企业两方的可持续性信息。值得注意的是，目前只有一小部分金融企业被包含在《非财务信息报告指令》的适用主体中，而且金融企业与实体企业可持续性信息具体内容有明显差异，因此这两部可持续性信息披露规范并非包含关系。分类法提供的环境可持续投资识别标准为可持续性信息披露提供了重要支撑，于是欧盟可持续性信息披露规范在《欧盟分类法》出台后又得到了进一步完善。为保证叙述的清晰，下文将对欧盟可持续性信息披露规范的各组成部分进行分别评析。

一、金融服务业可持续性相关信息披露法律制度评析

（一）制定专门法规统一金融领域可持续性相关信息披露水平有助于提高信息的可比性

欧盟为金融服务业制定专门的可持续性信息披露法律规范是希望统一不同类型金融产品信息（从详尽的基金招股说明书到简明的泛欧养老金产品等关键信息文件）的披露水平。欧盟现有金融法规关于环境、社会、治理的披露规则有的秉持极繁主义的披露方法，要求提供详细的信息，有的又秉持极简主义的披露方法，希望避免信息过载，确保消费者能够阅读并理解，然而这种繁简不一会给金融市场及其参与者造成困扰，只有协调这些信息披露规定才能为金融市场的稳定和可持续发展融资提供有力支持。欧盟将金融产品相关可持续性信息的披露统一纳入《金融服务业可持续性信息披露条例》第 6 条第 3 款规定的不同种类金融产品部门披露格式中，并让欧洲金融监管机构根据《金融服务业可持续性信息披露条例》第 8 条第 3 款和第 9 条第 5 款的规定通过提供标准模板的方式来协调信息披露以提高可比性。不过要为不同类型金融产品提供统一的合同前信息披露标准模板实非易事，因为这些披露用于不同用途和场合，例如，对于养老金和职业年金产品，信息披露是放在面向消费者的简短文档中，而对于其他金融产品（例如集合投资计划基金），信息披露又是放在诸如基金募集说明书等更长的合同前文件中，而且不同详细程度的信息的确各有优势[①]，简洁的信息披露有助于消费者参与，但向投资者提供更详细的合同前披露有助于他们做出更明智的投资决定，同时更详细的合同前披露也可能

---

① De Franco G. , S. P. Kothari, R. S. Verdi. The Benefits of Financial Statement Comparability [J]. Journal of Accounting Research, 2011, 49 (4): 895 – 931.

更适合打击市场上的"漂绿"行为。但不管怎么说，欧盟关于金融领域可持续性信息披露的规范尝试是值得肯定的，保持可持续性信息的适度可比性对于促进可持续投资是很有帮助的。

（二）注重保持与分类法的协调，并借助分类法完善金融领域可持续性相关信息披露

《金融服务业可持续性信息披露条例》第 2 条第 17 款虽然定义了"可持续投资"，但条例出台时《欧盟分类法》尚未制定，因此欧盟委员会决定下一步通过授权立法方式澄清条例第 9 条规定的"有助于促进环境可持续发展的金融产品"是否仅限于分类法规定的"有助于实现环境目标的产品"，以便增强可持续投资的可比性并打击"漂绿"行为，欧盟委员会认为参考《欧盟分类法》第 25 条涉及的与产品披露相关的授权立法可以帮助阐明其与《金融服务业可持续性信息披露条例》第 2 条第 17 款所述"可持续投资"之间的关联。此外，欧盟委员会认为《金融服务业可持续性信息披露条例》中"不会产生显著损害"的概念与分类法中的同一概念之间有着密切联系，《欧盟分类法》确定的关于"不产生显著损害"的技术筛选标准可以为企业在《金融服务业可持续性信息披露条例》下评估金融产品的环境效益提供有用信息。不过需要注意的是《金融服务业可持续性信息披露条例》第 2 条第（17）款所指"可持续投资"同时包括环境和社会目标，而分类法仅限于环境目标，欧盟委员会倾向于仅要求金融市场参与者披露投资者符合分类法标准的金融产品在总投资中的比例。

《欧盟分类法》中有关披露义务的规定进一步完善了《金融服务业可持续信息披露条例》关于可持续性相关信息披露的规则。为了让金融市场参与者能更客观地给最终投资者清楚解释其金融产品项下投资所涉环境可持续性经济活动所占比重，《欧盟分类法》对《金融服务业可持续性信息披露条例》关于合同前披露和定期报告披露的相关规则进行了补充，规定该条例定义的"可持续投资"应包括分类法中投向环境可持续经济活动的投资。《金融服务业可持续性信息披露条例》仅把没有对该条例所称环境或社会目标造成显著损害的投资视为"可持

续投资"，《欧盟分类法》对此有了更全面的界定，从对环境目标的重大贡献和产生的显著损害、最低保障标准以及技术筛选标准等四方面评价金融产品所涉投资指向的经济活动的环境影响，同时为了避免规避披露义务的情形出现，《欧盟分类法》明确其适用于在销售时声称具有促进环境特征的金融产品，包括那些以广义上的环境保护为目标的金融产品。此外，《欧盟分类法》要求欧洲金融监管机构制定监管技术标准进一步细化关于"不造成显著损害"原则相关信息披露的内容和方式的监管要求，并规定这些监管技术标准应与《金融服务业可持续性信息披露条例》中与不利影响相关的可持续性指标在内容、方法论和展示方式上保持一致，同时还授权欧洲金融监管机构制定监管技术标准用于完善对金融产品环境促进特征相关信息的披露以及在合同前披露和定期报告披露中对环境可持续投资的披露。为了保证金融服务部门可持续性相关披露的可靠性、一致性和可比性，《欧盟分类法》建议将来制定的技术筛选标准在可行的前提下尽量采用《金融服务业可持续性信息披露条例》中创设的可持续性指标。另外，《欧盟分类法》为金融企业在较难获取公开披露信息情况下通过预测进行投资决策提供了便利，考虑到有些企业从事的经济活动不需要根据《欧盟分类法》规定进行披露，可能存在金融市场参与者不能合理获取信息以确定是否与技术筛选标准一致的例外情形，因此分类法允许金融市场参与者基于其他来源信息进行补充评估和预测，但要求金融市场参与者向投资者解释他们得出相关结论的逻辑基础和进行补充评估和预测的原因。

（三）强调可持续性相关信息的客观披露和披露主体内部治理的完善

欧盟反对金融市场参与者过度披露金融产品的环境或社会可持续性属性，认为披露应与金融市场参与者在投资政策中实现可持续性的方式相符，也就是说只能披露投资决策过程中实际采用的标准，不能试图通过披露金融产品所谓的有利环境或社会的属性来误导投资者。以《金融服务业可持续性信息披露条例》第 8 条为例，该条所指具有环境或社会属性的金融产品可以投资于十分广泛的基础资产，鉴于这些基础资产有部分资产可能并不符合可持续投资标准或对促进环境和社会可持续发展没有帮助，因此客观适度披露金融产品的可持续性信息对投资者来说很重要。另外，欧盟主张通过完善企业内部治理机制的方式提升金融产品管理对实现可持续投资目标的促进作用，认为既然《金融服务业可持续性信息披露条例》要求金融市场参与者在金融产品生命周期过程中监控金融产品如何实现促进环境和社会可持续发展或可持续投资目标，那么金融市场参与者就应该在其网站上披露持续监控机制的运行情况，鉴于良好的内部治理机制是《金融服务业可持续性信息披露条例》第8、第9条所述金融产品的必要组成部分，金融产品的信息披露还应包括金融市场参与者对被投资企业内部治理的评估政策。

总之，欧盟金融服务业可持续性信息披露法律制度为金融企业制定了针对最终投资者的可持续性相关信息披露规则，这些规则在用作应对可持续性风险防范方面将对金融企业及其投资企业的商业模式带来深远影响。

二、企业非财务信息及可持续性相关信息披露法律制度评析

（一）立足可持续性相关信息的特点和信息用户的需求完善披露要求

欧盟企业可持续性信息披露制度要求企业报告的可持续事项清单与《金融服务业可持续性信息披露条例》中对"可持续性因素"的定义保持尽可能一致，而且强调该清单还应该与信息的用户和报告企业本身的需求和期望相对应。用户和企业在实践中经常使用"环境""社会""治理"这三个术语来对三大可持续性事项进行分类，但由于《金融服务业可持续性信息披露条例》规定的可持续性因素清单未明确包括治理事项，因此欧盟委员会提议修订《会计指令》2013/34/EU 对可持续性事项的定义时既立足《金融服务业可持续性信息披露条例》规定的"可持续性因素"的定义，又加上治理事项，使可持续性信息披露更全面、更反映实践进展。

指令 2013/34/EU 第 19a（1）和第 29a（1）条并没有明确企业报告的信息是前瞻性信息还是关于过去表现的信息，当前披露实践显示缺乏前瞻性信息披露，而可持续性信息的使用者恰恰特别希望了解前瞻性信息，因此欧盟委员会建议明确规定报告的可持续性信息应包括前瞻性和回顾性以及定性和定量信息。同时，还要求基于短期、中期和长期等不同时间范围进行披露，披露范围应包含企业整个价值链的相关信息，如运营、产品和服务、商业关系以及其供应链，不仅包括与企业在欧盟范围内价值链有关的信息，如果企业的价值链延伸至欧盟以外，则该信息还应包含企业价值链在第三国的相关信息。这些内容充分考虑可持续性信息的特点，增强了披露的有效性和相关性。

除了要求在管理报告中披露企业在研发领域的活动外，欧盟现有法规没有要求披露无形资产的其他信息，也很少要求在年度报告的其他部分（包括非财务报告）对无形资产信息进行适当披露。但其实无形资产能够提供反映企业创造价值潜力的必要信息，缺乏这方面信息的披露会在企业和投资者之间造成信息鸿沟。于是鉴于无形资产在经济中的重要性，欧盟委员会要求企业必须披露有关无形资产的非财务信息，如知识产权、软件、人力资本等，这些建议使非财务信息披露更能反映企业未来的可持续发展潜力，有助于利益相关方更准确评估企业实力。

（二）注重提高可持续性相关信息的有用性和可获性

信息披露目的是让利益相关方更加了解企业，也便于监督，可持续性信息披露是企业信息披露的一部分，可持续性信息作为一类新的披露对象需要与企业整体信息保持协调才能使信息披露发挥最大效用，为了让利益相关方更好理解这些信息的含义，企业披露时还有必要做适当说明。欧盟重视可持续性信息和企业披露的其他信息之间的相互协调，如指令 2013/34/EU 的第 19a（1）和第 29a（1）条要求企业在其非财务报告中包含对年度财务报告中报告金额的补充说明，但是这些条款没有要求企业在管理报告中提及其他信息或对该信息添加其他解释，因此目前企业报告的非财务信息与管理报告中披露的其他信息之间缺乏一致性，于是欧盟在这方面提出明确要求，完善了相关规定。

同一行业的企业通常会面临与可持续发展相关的相似风险，并且往往会对社会和环境产生相似影响，同一行业中企业之间的比较对于投资者和可持续性信息的其他用户而言尤其有价值，欧盟建议可持续性报告标准应同时包含所有部门企业应披露的信息以及企业根据其行业活动应披露的信息，在拟定特定行业应披露的信息时还应考虑企业在收集其整个价值链中参与者（尤其是中小型企业供应商以及新兴市场和经济体中的供应商）信息时可能会遇到的具体困难，这些建议提高了可持续性信息的可用性。

指令 2013/34/EU 的第 19a（4）条规定某些情况下成员国可以免除企业在管理报告中包含第 19a（1）条所要求非财务报告的义务，如企业根据该指令第 30 条发布单独的非财务信息报告或者该报告在企业财务报告发布之日起 6 个月内在企业网站公开发布。欧盟认为发布单独报告可能阻碍用户获得与可持续性事项相关的财务信息，降低对财务信息和可持续性信息都感兴趣的用户（尤其是投资者）对信息的可查找性和可访问性，而且财务信息和可持续性信息的不同发布时间会加剧这种可能性。另外，在单独报告中发布可持续信息还可能给人产生可持续性信息属于不那么相关的信息类别的印象，这会给人们对信息可靠性的感知产生不利影响。因此欧盟建议企业在管理报告中报告可持续性信息，不允许成员国免除企业承担将可持续性信息纳入管理报告的义务，这一规定使可持续性信息的展示途径更为合理，对披露的有效性和提升可持续性信息的使用价值有帮助。

欧盟为提升信息的可获性，规定可持续信息的数字提供方式。指令 2013/34/EU 没有要求以数字格式提供财务报告或管理报告，妨碍了所报告信息的可查找性和可用性，可持续性信息的用户现在越来越希望这些信息能够以数字格式找到且机器可读。数字化创造了机会，便于更有效利用信息且为用户和企业节省大量成本，未来联盟将制定配套的可持续性信息报告数字分类法，这些计划已被纳入欧盟委员会的《欧洲数据交流战略》和《欧盟数字金融战略》，与此相关的还有欧盟资本市场联盟行动计划设想建立的欧洲公共企业信息单一访问点规划。

指令 2013/34/EU 的第 33 条要求成员国确保企业的行政、管理和监督部门的成员承担集体责任，以便确保（合并）年度财务报告、（合并）管理报告和（合并）企业治理声明根据该指令要求起草和发布，欧盟将这种集体责任扩展到授权法案（EU）2019/815 中规定的数字化要求，这一建议有助于强化可持续性信息报告在企业内部治理中的地位，也便于企业可持续信息报告义务的落实。

针对子公司可持续报告义务的豁免，《非财务信息报告指令》规定，如果母公司按照该指令规定进行报告，则子公司可以免除报告义务，并要求母公司在集团层面发布合并的非财务报告，但现有规定还不够清晰，无法确保用户可以访问子公司的相关信息。欧盟建议子公司只有在母公司遵守《非财务信息报告指令》关于合并报告规定的情况下才可以免除报告义务，而且被豁免的子公司必须发布其母公司包含可持续性信息的合并管理报告并在子公司的管理报告中引用，只有这样才能确保在欧盟通过子公司运营的任何公司在子公司层面或集团层面报告非财务信息。欧盟同时要求在制定非财务报告标准时考虑合并报告的特殊性，确保有关子公司的信息适当地包含在合并报告中以满足用户的需求，建议标准制定者探索子公司信息分类的最佳方法以确保有用和有效的报告。

审计机构的保证业务分为有限保证业务和合理保证业务，有限保证业务的结论通常以消极表达方式提供，说明审计人员尚未发现任何东西可以得出结论，审计人员进行的测试工作少于合理保证业务，合理保证业务需要制定广泛的程序，包括考虑报告工作的内部控制和实质性测试，合理保证业务通常以肯定的表达形式提供业务结论。相对于法定审计师对财务报告开展合理保证的要求，指令 2013/34/EU 缺乏对可持续性报告保证要求的规定，欧盟认为这将威胁到所披露可持续性信息的可信度，无法满足用户的需求，因此建议考虑采用渐进的方法来提高可持续性信息所需的保证水平，首先规定法定审计师或审计事务所有义务基于有限保证业务就可持续性报告是否符合欧盟要求发表意见，并评估企业的报告是否符合《欧盟分类法》第 8 条的报告要求；接下来欧盟委员会将在合适的时机针对可持续性报告的合理保证业务制定标准，这种渐进的方法逐步增加报告企业的成本，相较一次性增加报告成本对于企业来说负担更可接受。此外，为尽量减少可持续信息报告审计给企业带来的负担，同时也考虑到审计市场存在进一步集中的风险，担心可能影响审计师的独立性并增加审计或保证费用，欧盟建议允许成员国根据欧洲议会和欧洲理事会第 765/2008 号条例授予审计机构独立保证业务提供商资格，如果一家企业就可持续信息报告已经获得法定审计师以外经认可的独立保证服务提供商提供的意见，则无须另外再向法定审计师索取该类意见。可持续性信息披露的可靠性一直是利益相关方和监管机构的关注重点，欧盟的建议在兼顾企业成本承受能力的前提下渐进式推进企业可持续性信息披露的外部核验制度，对提振市场信心有着积极作用。

（三）通过明确成员国义务的方式强化可持续性相关信息披露规范的实施效果

欧盟始终把遏制内部市场分割风险作为法律规制的目标，根据指令 2013/34/EU 的第 51 条规定，对于证券没有在受监管市场上市的企业，其报告标准的监督执行权归属成员国，指令未对违反指令规定的企业应适用的制裁类型做出规定，这意味着各成员国的制裁制度可能相差很大从而破坏单一市场。在可持续信息报告标准监督执行方面，欧盟注意到指令现有规定这方面的缺陷，建议明确制裁类型。

欧盟强化了成员国在可持续信息报告方面的监督权利并建议欧洲金融监管机构为成员国制定指南以提高监督实效。2004/109/EC《会计指令》（以下简称"2004/109/EC 指令"）第 24 条赋予成员国监管机构监督其境内发行人强制遵守企业年度财务报告要求的权利，但未涉及指令 2013/34/EU 的第 19a 和第 29a 条规定的非财务信息报告，这意味着成员国监管机构没有法律授权来监督这些非财务信息报告义务的执行。因此，欧盟建议在 2004/109/EC 指令的第 4（5）条中插入对可持续性报告的相关规定，并且鉴于可持续信息报告要求的新颖性，建议欧洲证券和市场管理局发布操作指南用于促进成员国对其境内发行人的监管。可持续性信息披露监管需要成员国的配合落实，欧盟的建议填补了现有法规的空白，不仅促进了监管责任的落实也推动了监管趋同。

（四）借助分类法修订完善非财务信息披露

《欧盟分类法》回应了欧盟委员会完善非财务报告规范的建议，欧盟委员会曾建议有报告义务的大型公司关于气候相关关键业绩指标的披露应建立在分类法框架基础之上，《欧盟分类法》要求这些大公司每年报告这些关键业绩指标并规定应在授权立法中进一步细化报告要求，当然为了不给小型公司带来不适当的监管负担，《欧盟分类法》指出这些企业可以自愿报告这些信息。

欧洲金融监管机构对《欧盟分类法》第 8 条技术筛选标准的建议充分考虑了金融企业和非金融企业在关键业绩指标披露方面的行业差异，并针对不同金融企业的特点制定差异化的披露内容、方法论和披露方式，对提高相关信息的披露效果有积极作用。例如，分析欧洲保险和年金管理局的建议就会发现有以下值得称道的之处：第一，保险公司和再保险公司持有大部分资产作为投资，为自用而持有的资产（例如办公楼）或无形资产的重要性相对较低，而且与单位挂钩或与指数挂钩的负债类投资在人寿保险公司的资产负债表中占重要地位，由于投资风险由保单持有人承担，此类投资通常与保险人的一般账户投资有所区别。但欧洲保险和年金管理局认为披露目标是了解保险公司活动在何种程度上为《欧盟分类法》所指环境可持续经济活动提供资金，因此区分保险公司一般账户或单位关联投资组合中的投资区别其实不那么重要，故在建议中没有对此两类账户信息披露作不同要求。第二，关于确定非寿险毛承保保费，欧洲保险和年金管理局建议应严格适用《欧盟分类法》法案第 3 条，尤其是目前适用于气候变化适应和缓解的技术筛选标准，分类标准的标识应与保险活动的特征即保险产品相关联，保险公司和再保险公司必须对与分类法相关的承保活动所涉保险费进行适当的区分。鉴于目前保险企业还没这么做，在再保险合同中这样的区分可能会更加复杂，于是该局建议要求保险人和再保险人阐明对环境可持续保险活动进行区分时适用的方法论，并在保险合同过于复杂时提供使用的区分标准。第三，为让披露信息的使用方了解披露所采用的方法和会计政策，欧洲保险和年金管理局建议有披露义务的保险和再保险企业应解释相关信息的可用性以及所计算比率不确定性方面的局限性。第四，保险合同所涉某些风险覆盖范围与《欧盟分类法》所指有关活动有关，例如确保自然灾害造成的损失得到保险理赔可以减轻气候变化的影响并支持对气候变化的适应，在这种情况下应区分与气候有关的风险对保单持有人的影响以及与保单持有人的活动对环境的影响。关于前者，保险人可以减少因投保人投保的与气候变化相关的自然灾害而造成的损失。关于后者，保险公司可以通过定价以及潜在地积极影响保单持有人对环境可持续的经济活动的行为来积极减轻气候变化的影响并支持对气候变化的适应。因此，欧洲保险和年金管理局建议要求企业全面披露上述信息以帮助准确评估企业风险水平。第五，一些保险公司提供的服务和产品不是直接的保险活动，而是通过积累评估气候变化风险的知识和方法来开展与分类法有关的活动，欧洲保险和年金管理局建议此类活动可以反映在与预防措施有关的支出披露中作为强制性比率的自愿补充。第六，欧洲保险和年金管理局认为保险公司和再保险公司的主要业务活动相同，就确定提供给环境可持续经济活动资金水平的目标而言，保险公司和再保险公司之间没有明显的区别，因此规定后者不需要披露额外的关键业绩指标，并要求符合环境可持续性要求的保险和再保险活动根据风险类型而不是保险业务类型来实施披露。

不过由于《欧盟分类法》的适用对象未包含所有金融企业和非金融企业，而金融企业投资决策又十分依赖交易对象的信息提供，因此在现阶段这些精细的差异化披露指引规范能为提高信息披露质量提供多少实际帮助尚不可知。此外，金融监管机构的建议也有进一步完善的空间。例如，资产管理人投资于欧盟以外发行人的资产，根据现行法律规定无须提供与分类法有关的信息，但这些信息对资产管理人的投资决策又有一定影响，因此欧洲证券和市场管理局有必要为资产管理人应对此类情况提供指南，要求资产管理人与此类公司合作以鼓励他们自愿进行与《欧盟分类法》有关的信息披露，或者为资产管理人在无法获得必要数据进行相关资产的信息披露提供示例。再如，金融监管机构建议中规定的信息披露义务实施时间表也非常具有挑战性，宜适当延长过渡期。因为当前欧盟和全球范围内经济面临严重衰退，加上新冠肺炎疫情冲击，欧盟企业需要营运资金和流动资金支持运营，还需要调整公司的业务模型、策略和资源，遵守新的报告要求不仅耗费时间而且还会产生可观的额外费用，如果披露义务实施时间过于匆忙，会给企业巨大压力，也可能影响披露的实效。

总之，欧盟关于企业可持续性信息披露的制度设计不仅有助于为利益相关方提供更多有用的可持续性相关信息，而且可以促进企业可持续性活动融资和可持续性风险管理。企业自身将从对可持续性问题的高质量报告中受益，可持续性信息披露的改善可以刺激旨在追求可持续发展目标的投资产品数量增长，企业可持续性活动融资可以利用这些投资产品获得金融资本支持，同时企业在准备可持续性信息披露过程中开展的尽职调查也为管理企业面临的可持续性风险提供了事实依据，有利于促进企业风险管理制度完善。

不过欧盟可持续金融信息披露规范约束的主体范围仍比较狭窄，不仅没有囊括所有实体企业，也没有囊括所有金融企业；而且对于同时属于企业可持续性信息披露和金融服务业可持续性信息披露主体的金融企业在遵守这两方面规范时如遇到不一致应如何适用也没有做出规定。

本 章 小 结

欧盟为金融市场参与者和财务顾问服务提供商在合同前、定期报告以及企业官方网站披露可持续性信息制定了义务规范，并准备在《非财务信息报告指令》基础上制定《可持续性信息报告指令》。这两项法规为投资者和金融企业了解企业可持续性相关信息提供了法律便利，可以帮助包括金融企业在内的有披露义务的主体更好地评估经营活动对外部环境和其他主体的可持续性影响以及外部环境和其他主体活动对自身经营活动的可持续性影响，有利于这些主体管理可持续性风险和做出可持续投资决策。此外，欧盟还筹划建设企业财务信息和非财务信息公共平台并已制定立法规划，为进一步信息共享提供可能。这些立法举措致力于解决可持续金融体系建设中的信息瓶颈，是引导私人资本参与可持续投资的关键前提，也为有效识别和防范可持续性金融风险奠定了基础。然而目前欧盟可持续性信息披露规范约束的主体范围还不够广泛，特别是在可持续发展中急需融资的中小企业尚无信息披露的法定义务，而且信息披露的质量也有待提高，因此有必要扩大可持续性信息披露的适用主体范围并进一步完善信息披露的内容和方式。

第六章

欧盟对可持续性风险的法律规制

可持续发展融资难题暴露了传统金融体系的短期主义弊端，也揭示了短期主义倾向蕴含的危机，仅仅依靠自发的社会责任投资无法满足可持续发展投资的巨大资金缺口。[1][2] 如今可持续发展在世界范围内已达成基本共识，为控制气候变化给世界带来的威胁，必须加快可持续投资和经济社会转型速度。金融领域是为可持续发展融资的关键部门，包括金融监管机构、金融企业、金融中介机构、金融市场机构和个人投资者等在内的所有相关主体均需要共同履行可持续性融入义务方能实现金融体系对可持续发展的支撑作用。

同时，可持续发展趋势也给金融体系带来新的风险，金融体系必须改变过去只注重经济利益和即期收益的观念才能在可持续发展背景下继续保持稳定和活力。这种改变有其历史必然性，是金融体系的一次深刻转型，其间伴随的转型风险与因气候及环境变化给金融领域带来的物理风险相互叠加[3]，引发人们对宏观层面的金融体系风险和微观层面的金融主体风险的广泛关注，金融风险防范法律制度面临严峻挑战。

---

① Barton, D. Refocusing capitalism on the long term: ownership and trust across the investment value chain [J]. Oxford Review of Economic Policy, 2017, 33 (2): 236 – 266.

② David Mariginson, Laurie Mcaulgy. Exploring the Debate on Short – Termism: A Therotical and Empirical Anaylsis [J]. Strategic Management Journal, 2008, 29: 134 – 173.

③ Alen Hennessy. Redesigning Financial Supervision in the European Union [J]. Journal of European Public Policy, 2014, 21: 123 – 157.

虽然目前人们对金融体系在可持续发展背景下面临的新型风险还不甚了解，识别和监管存在较大困难①，但不少金融市场参与者和行业协会已经开始在实践中摸索风险管理技巧，有些国家和地区也在尝试监管可持续金融发展带来的风险。

欧盟可持续金融战略将风险防范作为主要战略目标，计划通过制定强制性机构投资者义务来减少金融市场参与者的短视行为，降低不可持续性投资行为对可持续发展的不利影响。同时，要求金融企业在内部治理中融入可持续性因素考量，积极防范可持续性风险，提供符合可持续发展需求的金融产品和金融服务，并且认为金融监管机构也需要检视自身决策和运行流程中是否存在对金融体系和金融主体可持续转型的逆向刺激。因此，欧盟关于可持续金融风险防范的法律规制主要从完善金融企业风险管理为主的内部治理机制入手，强调将可持续性因素考量融入企业经营和风险控制。

第一节　防范可持续性风险的金融主体治理机制

欧盟可持续金融战略提出要将可持续因素考量和可持续性风险防范纳入金融监管机关、金融企业、投资者尤其是机构投资者、金融中介以及其他金融市场相关主体的战略、决策、组织和运营中，明确它们对可持续发展负有的法律义务，希望以此促使上述主体逐步养成长期价值观，积极管理和预防可持续性风险，减少可持续性风险的发生概率，降低可持续性风险造成的损失，从观念和行动两方面实现可持续转型。

目前欧盟委员会在向欧洲金融监管机构征询技术建议的基础上已提出修订《金融市场工具指令》《可转让证券集合投资计划指令》《另类投资基金经理指令》《保险公司偿付资本监管框架》《保险分销指

---

① Eason Ferran. Can Soft Law Bodies be Effective? The Special Case of the European Systemic Risk Board [J]. European Law Review, 2017, 35: 135–158.

令》等多部法规授权立法的提案，这些提案根据不同金融主体的特点从企业组织机构、运营、利益冲突、风险管理、产品管理等诸多方面制定可持续性因素、可持续性偏好和可持续性风险考量和实施要求，初步为部分金融主体确立了可持续性融入法律义务。

一、投资公司

（一）一般性组织要求

投资公司在遵守一般性组织要求的相关规定时不仅需考虑自身业务的性质、规模、复杂程度以及所提供投资服务的性质和范围，还应考虑（EU）2019/2088 第 2 条第 22 点定义的可持续性风险。

（二）风险管理

投资公司在建立、实施、维护适当的风险管理政策和程序以识别与公司活动、流程和系统相关的风险以及设定公司可承受风险水平时均应考虑可持续性风险。为履行风险管理义务，投资公司的管理人和高级管理人员还应在合规和内部审计工作中考虑可持续性风险，并在各自职责范围内考虑与可持续性风险相关的其他工作。

（三）利益冲突

投资公司在确定可能损害客户利益的利益冲突类型时应包括那些可能源自可持续投资分配的利益冲突，并应采取适当措施确保在咨询流程和投资组合管理中融入可持续性因素的同时不会导致误导性销售，包括将可持续性因素作为销售自有产品或成本更高产品的借口，或导致客户投资组合的剧烈变动，或故意将不带有可持续性特性的产品或战略描述成是可持续金融产品。

（四）产品管理

1. 目标市场细分

投资公司有义务细分每种金融工具的潜在目标市场，并根据客户的需求、特征、目标（含可持续性目标）以及可持续性偏好来识别金融产品与客户之间的兼容性。作为该过程的一部分，投资公司应识别出与金融工具不兼容的所有客户群体。如果多家投资公司合作提供金融工具，则只需要确定一个细分目标市场即可。

2. 金融工具适当性的初始评估

投资公司在确定金融工具是否满足目标市场的需求、特征和目标（包括可持续性目标）时应审查以下要素：①金融工具的风险和回报状况与目标市场的一致性；②金融工具的可持续性特征与目标市场的一致性；③金融工具的设计是否基于能为客户带来利益的商业模式。①

3. 金融工具适当性的定期评估

投资公司必须定期审查其提供的金融工具，考虑任何可能对已确定目标市场潜在风险产生重大影响的事件，在定期评估中投资公司应考虑目前提供的金融工具是否与目标市场的需求、特征和目标（含可持续性目标）以及可持续性偏好一致。

4. 产品治理安排

投资公司应该制定充分的产品治理安排，以便确保其拟提供或推荐的产品和服务符合某个确定目标市场的需求、特点、目标（含可持续性目标）和可持续性偏好，同时预期实施的分销策略也应与被确定的目标市场特点一致。投资公司还应适当识别和评估其拟服务客户面临的环境和需求，用于保障客户利益不会成为商业压力或融资压力的牺牲品。此外，投资公司在上述过程中应识别出所有需求、特征和目标（含可持续性目标）与其提供的产品或服务不相容的客户群体。②

---

① ESMA. ESMA's Technical Advice to the European Commission on Integrating Sustainability Risks and Factors in MiFID Ⅱ［EB/OL］.［2020 - 01 - 06］. https：//www. esma. europa. eu/sites/default/files/library/esma35 - 43 - 1737_final_report_on_integrating_sustainability_risks_and_factors_in_the_mifid_ii. pdf.

② European Commission. Commission Delegated Regulation of 21. 4. 2021 Amending Delegated Regulation（EU）2017/593 As Regards the Integration of Sustainability Factors into the Product Governance Obligations［EB/OL］.［2020 - 01 - 06］. https：//eur-lex. europa. eu/legal-content/EN/TXT/? uri = CELEX%3A32021L1269&qid = 1642735086064.

二、可转让证券投资管理公司

（一）组织要求

1. 程序和组织的一般要求

可转让证券投资管理公司在遵守以下程序和组织的一般要求时除考虑公司业务的性质、规模、复杂性以及在该业务过程中开展的服务和活动的性质和范围之外，还应考虑可持续性风险：①以文件形式明确规定报告程序和相关职责分工，用以建立、实施和维持决策程序和组织结构；②确保公司相关人员了解正确履行职责的必要程序；③建立、实施和维持充分的内部控制机制，用以安全遵守公司各级组织机构做出的决议和内部流程；④在公司所有相关层级建立、实施和保持有效的内部报告和信息沟通，以及与任何第三方的有效信息沟通；⑤保存公司经营和内部组织方面充分、有序的记录。①

2. 资源

可转让证券投资管理公司应雇佣具备与其岗位职责匹配技能、知识和专门才能的人员，确保公司保有必要的资源和专门知识，以便有效监控基于公司安排特别是风险管理方面公司安排的第三方活动，还应要求公司确保相关人员在同时履行多项职责时不会或不可能妨碍其良好、诚实及专业地履行其中任何一项特定职责，确保公司在遵守前述规定时考虑公司业务的性质、规模和复杂性以及在该业务过程中提供的服务和活动的性质和范围，并且确保在遵守这些规定时考虑有效融入可持续性风险所需的必备资源和专门人才。

3. 对高级管理层和监督职能部门的控制

可转让证券投资管理公司在确定内部职能分工时应确保高级管理层和监督职能部门负责公司履行第 2009/65/EC2 号指令规定的义务，

---

① ESMA. ESMA's Technical Advice to the European Commission on Integrating Sustainability Risks and Factors in the UCITS Directive and AIFMD［EB/OL］.［2020－01－06］. https：//www. esma. europa. eu/sites/default/files/library/esma34－45－569_consultation_paper_on_integrating_sustainability_risks_and_factors_in_the_ucits_directive_and_aifmd. pdf.

并保证其高级管理人员负责以下事项：①负责实施其管理的每个可转让证券投资管理公司的一般投资政策，这些政策通常被包含在招股说明书、基金规则或投资公司注册文件中；②负责监督其管理的每个可转让证券投资管理公司投资策略的审批；③对管理公司能永久、有效实施指令第 10 条所述合规职能负责，即使该职能是由第三方履行；④确保并定期核实其管理的每个可转让证券投资管理公司的一般投资政策、投资策略和风险限额均得到正确和有效实施和遵守，即使风险管理职能是由第三方履行；⑤负责审批和定期评估承担其管理的每个可转让证券投资管理公司投资决策职能内部流程的充分性，以确保此类决策与已批准的投资策略一致；⑥负责审批和定期评估第 38 条所述风险管理政策和安排、实施该政策的流程和技术，包括其管理的每个可转让证券投资管理公司的风险限额体系；⑦负责整合可持续性风险。①

（二）运营条件

1. 利益冲突

可转让证券投资管理公司在识别存在可能损害公司利益的冲突类型时应包括因可持续性风险融入产生的利益冲突。识别过程应包括由相关员工的薪酬或个人交易引起的冲突，以及任何可能导致"漂绿"、误导销售、投资策略错误陈述的任何利益冲突。识别过程还应考虑由同一家可转让证券管理公司管理的具有不同投资策略的基金之间存在的利益冲突，以及与被投资公司存在其他业务关系、集团利益冲突、对关系密切或经营情况类似实体进行投资时面临的利益冲突。

---

① European Commission. Commission Delegated Directive of 21.4.2021 Amending Delegated Directive（EU）2010/43/EU as regards the sustainability risks and sustainability factors to be taken into account for Undertakings for Collective Investment in Transferable Securities（UCITS）[EB/OL].[2021-07-07] https：//eur-lex. europa. eu/legal-content/EN/TXT/？uri = CELEX% 3A32021 L1270&qid = 1642735541158.

2. 尽职调查

可转让证券投资管理公司在遵守以下尽职调查的各项规定时应考虑可持续性风险，并考虑投资决策对（EU）2019/2088 号条例第 4 条第 1 款第 a 点界定的可持续性因素产生的主要不利影响：为可转让证券的最大利益和维持市场公正的目的，公司在选择和持续监控投资时应保持高度勤勉；确保公司对可转让证券投资的资产有足够的了解和理解；规定公司制定尽职调查的书面政策和程序，采取有效的制度安排以确保代表可转让证券的投资决策符合可转让证券的目标、投资策略和风险控制要求；保证公司在实施风险管理政策以及考虑预期投资性质后，在投资前就投资对可转让证券投资组合的贡献、流动性、风险和回报进行预测和分析，分析须建立在可靠和最新的定量和定性信息基础上；公司应谨慎、勤勉地与第三方订立、管理或终止与风险管理活动有关的协议安排，在签订此类协议安排之前，公司应采取必要措施验证第三方是否能专业、有效地执行风险管理活动；公司应制定持续评估第三方绩效标准的方法；可转让证券管理公司应该制定包括行使表决权在内的参与策略用于减少被投资公司对可持续性因素的主要不利影响。①

（三）风险管理

可转让证券投资管理公司应制定、实施和维持充分且有书面记录的风险管理政策，用于确定其管理的可转让证券面临或可能面临的风险。风险管理政策应包括必要的程序，以使公司能够评估其管理的每个可转让证券的市场风险、流动性风险、可持续性风险和交易对手风险，以及可转让证券面临的所有其他风险，包括运营风险。

---

① European Commission. Commission Delegated Directive of 21. 4. 2021 Amending Delegated Directive（EU）2010/43/EU as regards the sustainability risks and sustainability factors to be taken into account for Undertakings for Collective Investment in Transferable Securities（UCITS）[EB/OL].[2021 – 07 – 07]. https：//eur-lex. europa. eu/legal-content/EN/TXT/? uri = CELEX% 3A32021L1270&qid = 1642735541158.

三、另类基金投资公司

(一) 组织要求

1. 一般性组织要求

一般性组织要求与可转让证券投资管理公司的组织要求一致，不再赘述。

2. 资源

另类投资基金公司应雇佣具备与其岗位职责匹配技能、知识和专门才能的人员，为实现前述目标，另类投资基金公司在考虑公司业务的性质、规模、复杂性以及在该业务过程中提供的服务和活动的性质和范围的同时，还应考虑有效融入可持续性风险所需的必备资源和专门人才。

3. 治理机构、高级管理层和监督职能

在分配内部职能时，另类投资基金公司应确保治理机构、高级管理层和监督职能部门（如有）负责公司遵守指令 2011/61/EU 规定义务的相关工作，同时应确保其高级管理层负责以下工作：①负责实施其管理的每个另类投资基金的一般投资政策，这些政策通常包含在招股说明书、基金规则或投资公司注册文件中；②负责监督其管理的每个另类投资基金投资策略的审批；③负责确保与指令 2011/61/EU 第 19 条要求一致的估价政策和程序得以建立和实施；④对另类投资基金能永久、有效实施合规职能负责，即使该职能是由第三方履行；⑤确保并定期核实其管理的每个另类投资基金的一般投资政策、投资策略和风险限额均得到正确和有效实施和遵守，即使风险管理职能由第三方履行；⑥负责审批和定期评估承担其管理的每个另类投资基金投资决策职能的内部流程的充分性，以确保此类决策与已批准的投资策略一致；⑦负责审批和定期评估第 38 条所述风险管理政策和安排、实施该政策的流程和技术，包括其管理的每个另类投资基金的风险限额体系；⑧负责根据 2011/61/EU 号指令附件二要求建立和适用薪酬政策；

⑨负责整合可持续性风险。①

（二）运营条件

1. 利益冲突

利益冲突与可转让证券投资管理公司的一致，不再赘述。

2. 尽职调查

另类投资基金公司应在遵守以下尽职调查的各项规定时考虑可持续性风险，并考虑投资决策对（EU）2019/2088 号条例第 4 条第 1 款第 a 点界定的对可持续性因素的主要不利影响：另类投资基金管理公司在选择和持续监控投资时应保持高度勤勉；应确保其对另类投资基金投资的资产有足够的了解和理解；应制定尽职调查的书面政策和程序，并采取有效的制度安排以确保另类投资基金代表的投资决策符合另类投资基金的目标、投资策略和风险控制要求；应定期审查和更新尽职调查政策和程序；应制定包括行使表决权在内的参与策略以减少被投资公司对可持续性因素的主要不利影响。

（三）风险管理

另类投资基金管理公司应建立、实施和维护适当且有文件记录的风险管理政策，用以识别其管理的另类投资基金所面临或可能面临的所有相关风险。风险管理政策应包括必要的程序，以使另类投资基金能够评估其管理的每个另类投资基金的市场风险、流动性风险、可持续性风险和交易对手风险，以及另类投资基金对所有其他相关风险的敞口，包括运营风险。另类投资基金经理应确保在识别利益冲突类型时锁定那些因把可持续性风险融入其流程、系统和内部控制过程而产生的利益冲突类型。

---

① European Commission. Commission Delegated Regulation of 21. 4. 2021 Amending Delegated Regulation（EU）231/2013 as regards the sustainability risks and sustainability factors to be into account by Alternative Investment Fund Managers［EB/OL］.［2021 - 07 - 07］. https：//eur-lex. europa. eu/legal-content/EN/TXT/？uri = CELEX％3A32021R1255&qid = 1642735763301.

四、保险公司和保险中介机构

（一）组织要求

1. 风险管理职能

保险公司的风险管理职能应包括以下所有内容：①通过风险管理系统的有效运行协助公司行政部门、管理部门、监管机构及其他职能部门的工作；②监测风险管理系统；③监测企业整体风险状况；④详细报告风险暴露水平，并就风险管理事项向公司行政部门、管理部门或监督机构提供咨询意见，包括与公司战略、合并和收购以及主要项目和投资等战略事务有关的事项；⑤识别和评估新出现的风险和可持续性风险。保险公司面临的可持续性风险主要是指会给公司投资价值或债务价值带来实际或潜在的不利影响的环境、社会或治理事件及情形。①

2. 薪酬政策

保险公司的薪酬政策应包括关于其如何与可持续性风险融入相一致的信息。

3. 利益冲突

在保险分销过程中确定可能损害客户利益的利益冲突类型时，保险公司和保险中介机构应考虑可能出现的与（EU）2019/2088 第二条第 24 点定义的可持续性因素相关的问题。为了确定在开展任何与保险投资产品相关的保险分销活动过程中出现的利益冲突类型以及对客户利益造成损害的风险，包括实现可持续性目标的利益冲突，保险中介和保险公司应评估其自身、相关人员或通过控制与他们直接或间接关联的任何人员是否在保险分销活动的结果中存在利益冲突，只要利益冲突符合以下标准：①不同于客户或潜在客户在保险分销活动结果中

---

① EIOPA. EIOPA's Technical Advice on the Integration of Sustainability Risks and Factors in the Delegated Acts under Solvency Ⅱ and IDD［EB/OL］.［2020 – 03 – 17］. https：//www. eiopa. europa. eu/sites/default/files/publications/advice/technical_advice_for_the_integration_of_sustainability_risks_and_factors. pdf？source = search.

获得的利益；②它有可能影响分销活动的结果，从而损害客户的利益。保险中介和保险公司应以相同的方式识别与客户之间的利益冲突。①

（二）运营条件

1. 投资组合评估

保险和再保险公司在评估整个投资组合的安全性、质量、流动性和盈利能力时应考虑可持续性风险，在不影响前述规定的情况下，保险和再保险业务还应考虑其投资战略和决策对可持续性因素的潜在长期影响。保险业务应反映根据欧盟第 EC/2016/97 号指令《保险中介分销条例》（以下简称"第 EC/2016/97 号指令"）第 25 条和欧盟委员会 2017/2358 号授权条例《保险公司管理条例》（以下简称"（EU）2017/2358 号条例"）第 5 条所确定的目标市场的可持续性偏好。

2. 尽职调查

保险公司精算部门根据欧盟第 2009/138/EC 号指令第 48（1）（g）条规定针对保单发表的意见应至少包括有关以下因素的结论：通货膨胀、法律风险、可持续性风险、企业投资组合构成变化等产生的影响，以及已经在特定同质风险群体中实施的根据投保人索赔历史调整其保费费率的系统或类似系统。

（三）风险管理

1. 风险管理政策

保险公司应在制定欧盟第 2009/138/EC 号指令第 44 条第 2 款中提及的风险管理领域政策（如决定是否承保以及确定保险准备金水平，为评估和管理损失风险或保险和再保险负债价值的不利变化而采取的行动，为确保与投资组合相关的可持续性风险得到正确识别、评估和管理而采取的行动）时考虑可持续性风险。

---

① EIOPA. EIOPA's Technical Advice on the Integration of Sustainability Risks and Factors in the Delegated Acts under Solvency Ⅱ and IDD ［EB/OL］. ［2020 – 03 – 17］. https：// www. eiopa. europa. eu/sites/default/files/publications/advice/technical_advice_for_the_integration_of_ sustainability_risks_and_factors. pdf？source = search.

2. 整体偿付能力评估

保险公司根据 2009/138/EC 号指令第 45 条第 1 款 a 项规定对保险或再保险公司整体偿付能力需求开展的评估应具有前瞻性，并包括以下所有要素：①公司面临或可能面临的风险，包括运营风险，考虑到其风险状况的潜在未来变化，这些风险的产生原因应包括源自企业商业战略带来的风险；②经济和金融环境；③可持续性风险的影响，包括气候变化。①

3. 在谨慎人原则中融入可持续性风险管理

保险公司应在谨慎人原则（prudent person principle）中融入可持续性风险管理，即保险公司在识别、衡量、监控、管理、报告和评估 2009/138/EC 号指令第 132 条第 2 款所指投资产生的风险时应考虑可持续性风险。为实现上述目的，保险公司应考虑其投资战略和决定对可持续性因素的长期影响，保险公司的投资战略和投资决策还应在欧盟委员会（EU）2017/2358 号条例所指产品审批过程中反映客户的可持续性偏好。客户的可持续性偏好是指一名客户或潜在客户的投资选择倾向，即是否以及在何种程度上以下金融产品中的一种或多种应融入其投资中：①保险基础型投资产品，客户或潜在客户决定该产品应投资于《欧盟分类法》第 2 条第 1 点定义的环境可持续投资的最低比例；②保险基础型投资产品，客户或潜在客户决定该产品应投资于（EU）2019/2088 第 2 条第 17 点定义的可持续投资的最低比例；③考虑对可持续性因素产生的主要不利影响的保险基础型投资产品，证明这种考虑的定性或定量因素由客户或潜在客户决定。②

---

① European Commission. Commission Delegated Regulation of 21. 4. 2021 Amending Delegated Regulation（EU）2015/35 as regards the integration of sustainability risks in the governance of insurance and reinsurance undertakings［EB/OL］.［2021 － 07 － 06］. https：//eur-lex. europa. eu/legal-content/EN/TXT/？ uri = CELEX％3A32021R1256&qid = 1642736293694.

② European Commission. Commission Delegated Regulation of 21. 4. 2021 Amending Delegated Regulation（EU）2017/2358 and（EU）2017/2359 As Regards the Integration of Sustainability Factors，Risks and Preferences into the Product Oversight and Governance Requirements for Insurance Undertakings and Insurance Distributors and into the Rules on Conduct of Business and Investment Advice for Insurance-based Investment Products［EB/OL］.［2021 － 07 － 06］. https：//eur-lex. europa. eu/legal-content/EN/TXT/？ uri = CELEX％3A32021R1257&qid = 1642736515864.

（四）产品管理

1. 产品批准

如果保险产品旨在分销给寻求具有可持续性特征的保险产品的客户，保险公司和保险中介机构应在每个保险产品的批准过程以及其他产品监督和治理安排中考虑可持续性因素。

保险公司和保险中介机构在保险产品批准过程应确保产品的设计考虑客户的目标、利益和特点，包括实现目标市场的可持续性偏好。保险产品批准流程应针对每种保险产品确定目标市场和兼容客户群，应在充分细化的水平上确定目标市场，考虑保险产品的特征、风险概况、复杂性和性质以及产品的可持续性概况。特别是对于保险基础类投资产品，保险公司和保险中介机构应该确定其需求、特征和目标（包括其可持续性偏好）与保险产品不兼容的客户群。保险公司和保险中介机构只能设计和销售与需求、特征和目标相适应的保险产品，包括目标市场客户的可持续性偏好。在评估保险产品是否与目标市场兼容时，保险公司和保险中介机构应考虑该目标市场客户可获得的信息水平及其金融知识。

2. 产品声明

鉴于目标市场应该定义在一个足够细的层次上，保险公司和保险中介机构仅发表对一项保险产品具有可持续性特征的一般性声明是不够的，还应该明确保险产品分配给具体哪些具有特定可持续性偏好的客户。

3. 参与设计保险产品的员工素质要求

保险公司应确保参与设计保险产品的员工具备必要的技能、知识和专业技能，以便能够正确理解所销售的保险产品（包括可持续性偏好）和目标市场客户的利益、目标和特征。

4. 产品测试

保险公司和保险中介机构应在将保险产品推向市场或进行重大调整之前，或在目标市场发生重大变化的情况下，对其保险产品进行适当的测试，包括相关的情景分析。产品测试应评估保险产品在其生命周期内是否满足已确定目标市场客户的需求、目标以及特征（包括可持续性偏好）。保险公司和保险中介机构应根据保险产品的类型和性质以及对客户造成损害的相关风险，以定性和定量方式测试其保险产品。如果产品测试结果显示产品不符合已确定的目标市场的需求、目标和特征（包括可持续性偏好），保险公司和保险中介机构不得将保险产品推向市场。

5. 产品的监控和定期审查

保险公司和保险中介机构应持续监控并定期审查其投放市场的保险产品，以便识别可能对这些产品的主要特性、风险范围或担保产生重大影响的事件。他们应评估保险产品是否与已确定目标市场的需求、特征和目标保持一致（包括可持续性偏好），以及这些产品是否被分销到目标市场或正在到达目标市场以外的客户。

6. 保险公司向保险中介机构披露的产品信息要求

保险公司提供的信息应使保险中介机构能够：①了解保险产品；②了解已确定的保险产品目标市场；③确定其需求、特征和目标（包括可持续性偏好）与保险产品不相容的客户；④按照指令（EU）2016/97 第 17 条第 1 款的规定，根据客户的最佳利益开展相关保险产品的分销活动。①

7. 产品的分销策略

保险产品的分销策略应：①旨在防止和减轻客户损失；②支持适当管理利益冲突；③确保适当考虑客户的目标、利益和特点，包括目标市场的可持续性偏好。

保险中介机构在意识到保险产品不符合其确定的目标市场客户的利益、目标和特征（包括其可持续性偏好），或意识到可能对客户产生

---

① European Commission. Commission Delegated Regulation of 21. 4. 2021 Amending Delegated Regulation （EU） 2017/2358 and （EU） 2017/2359 As Regards the Integration of Sustainability Factors, Risks and Preferences into the Product Oversight and Governance Requirements for Insurance Undertakings and Insurance Distributors and into the Rules on Conduct of Business and Investment Advice for Insurance-based Investment Products ［EB/OL］. ［2021 – 07 – 06］. https：//eur-lex. europa. eu/legal-content/EN/TXT/? uri = CELEX%3A32021R1257&qid = 1642736515864.

不利影响的其他产品相关情况时，应立即通知保险公司，并在适当的情况下修改其针对该保险产品的分销策略。

第二节　评　析

欧盟防范金融体系可持续性风险，一方面依靠加强可持续性信息披露；另一方面则着眼于完善金融市场相关参与主体的内部治理机制，以强制性规范形式要求金融监管机构、金融企业、金融中介机构和投资者等主体在组织架构、战略制定、经营决策和业务流程中体现对可持续性因素的考量。本节将在对上一节介绍的欧盟制度规范分析基础上归纳其从内部治理角度防范金融体系可持续性风险的特点和不足。

欧盟可持续金融法律规制的几乎每一项制度都与实现可持续金融风险防范目标有联系，但存在最直接关联的还是金融主体内部治理法律机制，因为风险管理职能的确立、风险管理政策的制定和实施、风险的识别、预防和处置其实是企业经营过程的组成部分之一，无法脱离企业经营而独立存在，所以金融监管机构将对被监管金融企业内部治理机制的约束作为风险监管工作的主要内容。传统金融法规也将主体内部治理作为风险防控的支柱性手段，但由于传统金融风险的内涵与可持续金融背景下可持续性风险的内涵有本质区别，因此需要对原有金融主体内部治理机制进行完善以适应新形势下金融风险的特点。欧盟把金融企业内部治理机制作为可持续金融风险防范制度的重点，抓住了可持续性金融风险防范的要害，不过还需要加强对可持续金融体系特定类型风险的监管以及整个金融体系的宏观监管。

一、欧盟可持续性风险监管法律制度的特点

1. 通过将可持续性全面融入金融企业内部治理机制来促进对可持续性风险的防范

欧盟将完善金融企业内部治理机制作为防范可持续性风险的重要途径，认为应从组织架构、功能设置、人员保障、运营管理、业务流

程等多方面入手将可持续性因素考量融入企业内部治理框架，使金融企业对可持续性风险的管理不只局限于风险管理部门，而是全面渗透到企业运作的全流程，从而避免风险管理死角。例如，在职能设置方面，欧盟要求同时强化合规和内审两项职能对可持续性风险的管理，欧盟认为这两个职能都应对企业风险管理政策和程序的充分性和有效性负责，因此可持续性融入应该是双管齐下而不应只是择其之一。同时，通过对金融企业内部治理机制的完善还可以间接迎合或促进投资者可持续性偏好和目标的实现。

2. 秉持原则性风险监管理念，给予被监管对象一定的自主空间选择风险防范方式

欧盟坚持采用与所有其他金融风险（如信用风险、市场风险、流动性风险）类似的原则性监管方法方式来管理可持续性风险，认为过于具体的监管要求可能引发潜在的监管不一致或抑制金融创新，也容易导致法律上的不确定性，而原则性监管防范则能使企业逐步调整组织架构以适应外部环境变化，降低与企业经营流程和系统审查相关的成本以及持续或不相称变化带来的法律不确定性。

例如，欧盟认为基金的风险管理流程通常根据其投资战略、投资组合的特点和投资者目标量身定做，因此以原则为基础的监管方式是比较理想的解决办法。再如，关于可持续性风险融入方式选择的问题，欧盟认为没有必要通过明确列出可持续性风险有效融入关键要素的方式来明确风险管理政策内容，因为投资策略千差万别、不同资产类别又具有不同的特殊风险，其实被监管对象最适合了解、审查和重新调整风险管理流程，与风险管理审查有关的现行立法规定已经建立了一个适当的风险管理框架，这些规定也应适用于可持续性风险。

此外，由于欧盟可持续金融法规体系还在不断发展过程中，新的立法将陆续出台，特别是欧盟统一分类法尽管已经出台，但只对环境可持续性投资设定了识别标准，后续对社会可持续性投资和治理可持续性投资识别标准的制定恐怕还有一段时间，原则性监管可以为风险监管规范与可持续金融相关规范保持一致保留足够空间。可持续性风险相关数据的可获性目前还比较差，这大大限制了金融企业对可持续性风险的识别和管理，这也是欧盟对可持续性风险管理要求保持适度灵活性的另一个重要原因。

3. 在现有金融风险防范制度框架下设计可持续性风险防范规则

欧盟对可持续性风险防范的制度设计是将其嵌入现有金融风险防范制度框架，把可持续性风险视为金融体系面临的风险之一，并非强调可持续性风险比其他风险更为重要，而是认为之所以要将可持续性风险的防范要求在现有金融风险防范规则中做特别提示是因为现有风险防范制度是基于传统金融理念，未反映可持续金融理念中的可持续发展因素。

例如，针对金融企业内部负责可持续性风险管理的人员设置问题，欧盟没有要求金融企业指定一名有风险管理相关技能的合格人员专门负责整合可持续性风险和因素，因为它认为与其他类型风险相比，管理可持续性风险的组织机构设置不应有所不同，每个企业具体情况有所不同，应允许它们根据自身经营活动的规模、性质和复杂程度来进行相应人员设置。金融监管要求应该符合相称性原则，可持续性风险和可持续性因素的融入是企业内部组织机构角色和职责划分的组成部分，为确保企业高级管理层和领导层对这方面的关注，应明确负责整合可持续性风险和可持续性因素的个人或职能部门，但不应要求负责整合可持续性风险和因素的人目前就已具备可持续性风险管理相关专业知识，也不应要求负责整合可持续性风险和可持续性因素的人将其100%的时间用于此项任务。尽管某些情况下在金融企业组织内部指定一名负责可持续性事务的特定人员有好处，例如任命一名可持续性事务首席执行官，但欧盟认为现阶段还不宜对所有金融市场参与者引入此类法律要求。

4. 注重与其他可持续金融法律制度保持协调，协同发挥作用

可持续性风险防范需要对可持续性因素、可持续性偏好和可持续性风险等关键概念进行界定，许多质疑可持续性风险防范制度有效性的意见都涉及可持续性风险规范的实际操作可能性，主要认为可持续性风险防范规则中这些关键概念定义的缺失会导致任意解释和执行中的自由裁量权失控。欧盟《金融服务业可持续性信息披露条例》的出

台明确了这几个重要概念的内涵，欧盟委员会提出的可持续性风险防范授权立法提案中紧跟这一立法进展，把金融监管机关技术建议中提到的"环境、社会、治理相关因素""环境、社会、治理相关偏好""环境、社会、治理相关风险"进行了统一替换，保持了法规之间的统一和衔接，有利于可持续金融各项法律制度之间协同作用的发挥。

5. 根据不同类别金融企业面临的风险差异，制定针对性风险防范措施

欧盟对金融企业内部治理机制中的可持续性风险融入制度设计充分考虑了不同金融企业所面临风险的差异。例如，同样是对企业组织职能中融入可持续性因素考量的要求，有的详细、有的粗略；同样是就业务中可持续性风险融入提出要求，有的是在产品管理规则中提及，有的是在运营条件或尽职调查中提及；同样是风险管理的完善，针对投资公司、基金管理公司的风险规范与保险公司的风险规范就存在明显差异，为保险公司制定的风险管理要求十分细致，如明确要求保险或再保险公司的行政管理部门或监督部门促进或至少允许在投资决策过程中适当纳入可持续性风险，风险管理部门负责可持续性风险的正确识别和评估，规定行政、管理或监督机构成员在生态学、法律、社会学、金融市场等相关领域集体具备必要的资格、能力、技能和专业经验，特别是风险经理和资产经理应该能够理解可持续性风险的内涵并能同时使用相关内、外部数据。另外，薪酬也被用作将可持续性风险纳入投资决策的工具，要求企业在评估个人业绩时考虑财务和非财务标准，如把对可持续性因素的考虑纳入非财务标准业绩考核范围；还建议保险和再保险业务等机构投资者通过参与管理来影响其投资企业的战略和业务，促使其转向可持续经济活动，在风险管理和投资战略决策方面兑现其对投保人和受益人所做的关于特定产品具备环境、社会、治理特征的承诺，同时考虑如何在风险管理系统的每个领域内实现可持续性风险管理，特别是实现对气候相关风险的管理（包括物理风险和转型风险）。

6. 将监管对象遵守规范的成本作为制定监管规则的重要考虑因素

欧盟在制定可持续性风险防范规则时始终把可持续性融入成本作为一个重要参考因素，例如，欧盟委员会通过开展影响评估了解到金融企业可以主要依赖现有工具和方法来实施可持续性因素融入，在经营流程中融入成本相对有限，即便是那些在现有经营流程中没有合适工具和方法来融入可持续性因素的金融企业也不需要雇用新员工来实施融入，可以通过对现有员工培训来实现融入，而融入所需数据则可以向第三方机构购买。此外，金融企业在评审和更新内部流程和程序中投入的成本也是一次性的，主要包含：与更新或评审现有流程和组织安排有关的直接费用；更新现有流程和组织结构的首次和后续技术支持费用；与公司普通员工或管理层员工培训相关的组织和人力资源费用；从第三方供应商购买环境、社会、治理相关数据的直接和持续性费用；审查和更新现有风险管理和合规安排的初始和持续性费用等。

金融企业经营规模、业务性质和具体情况不尽相同，相称的监管才能带来最优的监管产出，尤其是对于中小金融企业，更需要考虑他们对监管要求的遵守成本，在必要性基础上确定监管要求，以免给企业造成过重负担，影响企业正常经营。欧盟十分重视避免小型金融企业因遵守监管要求缘故承担过高成本而在市场竞争中处于不利地位的情况发生，给予中小企业过渡期和一定的遵守弹性来减轻其合规压力。

二、欧盟可持续性风险监管法律制度的不足

1. 没有涵盖金融领域全部相关主体

目前欧盟的可持续性风险防范法律制度仅涉及部分金融企业，对金融监管机构、金融评级等中介机构以及投资者尚未制定可持续性融入法律义务。可持续性风险防范需要全体金融市场参与者采取一致行动才能取得有效成果，金融企业虽是主要行动主体，但金融监管机关、金融中介机构和投资者的作用也不可小觑。例如，金融监管机关的监管规则如若仍然沿用传统金融体系价值判断标准，则会给被监管对象传递一种误导讯号①，使它们无所适从或左右为难；同样金融中介机构

---

① F Gigler, C Kanodia, H Sapra, R Venugopalan. How Frequent Financial Reporting Can Cause Managerial Short – Termism：An Analysis of the Costs and Bennifts of Increasing Reporting Frequency ［J］. Journal of Accounting Research, 2014, 52：118 – 133.

如果没有把可持续性思维融入业务模式，也会给金融企业和投资者带来困扰，阻碍它们开展可持续投资活动；而投资者如果固守经济利益至上原则，金融企业在经营中坚持贯彻可持续性原则也会很困难。因此，金融市场所有主体必须同时遵循可持续性原则才能真正促成金融体系的可持续运转。

欧盟虽然意识到可持续性融入应覆盖所有金融市场参与主体[①]，但具体到各类主体应具体以何种方式融入，利益相关方存在不同观点，这在一定程度上拖累了相关立法进程，使金融市场参与者可持续性融入义务履行的步调不一致。以信用评级机构为例，金融企业履行可持续性融入义务将增加对可持续发展特性评估的需求，有人认为回应这一需求的解决方案是要求评级机构在信用评级方法中考虑被评级对象的可持续性特征，无论其是否与被评级对象的信用价值相关；但也有人认为更好的方案是信用评级仍然侧重于评估信用价值，而由另一类产品提供对企业可持续性特征的专门评估[②]，这些人认为信用评级被视为环境、社会、治理评级的替代品存在以下风险：一是降低信用评级的作用，强制将非信贷相关因素纳入信贷分析可能会掩盖发行人的真实信贷质量，这将削弱市场对信贷风险的理解和削弱投资者的信心；二是误导市场用户，信用评级不能替代环境、社会、治理评级，如果将二者等同可能阻碍对环境、社会、治理风险衡量标准的制定，不过可以增加对信用评级过程中涉及环境、社会、治理相关信息的披露要求，为利益相关方开展尽职调查提供帮助。

2. 过度强调原则性监管

原则性监管在使可持续性风险管理具备一定弹性的同时也意味着被监管对象在履行风险防范义务时拥有较大自主选择风险管理手段和

① Jofre Carnier. The World at a Crossroads：Financial Scenarios for Sustainablity［J］. Energy Policy，2012，48：115 –143.

② ESMA. Guidelines on Disclosure Requirements Applicable to Credit Ratings（Final Report）［EB/OL］.［2020 – 03 – 01］. https：//www. esma. europa. eu/search/site/credit% 20rating？f% 5B0%5D = is_esma_bundle_group%3A1&date_from =2019 – 01 – 01&date_to =2019 – 12 – 31.

管理内容的空间①，这有可能在不同被监管对象之间造成不公平竞争，而且金融企业不同的风险管理做法也可能会给可持续性风险防范效果造成不利影响。

在可持续金融体系发展初期由于金融监管机关和被监管对象对可持续性风险都不甚了解，要想制定和执行具体的监管规范比较困难，原则性监管可以发挥金融市场不同主体的主动性，对风险监管完善是有好处的，但随着可持续金融体系逐步走向成熟，金融监管机构应该细化监管规范、明确风险管理方式、管理内容和管理效果评价标准。即便在可持续金融体系发展初期采用原则性监管方法也不能完全排除对某些监管内容规范的细化。例如，针对金融企业尽职调查中的数据质量保障，有利益相关方建议授权立法规定监管机关应要求金融企业设置内部流程用于评估数据质量并对数据服务提供商开展尽职调查，虽然欧盟承认获得与可持续性风险和可持续性因素有关的可靠数据面临运营挑战，但认为相称性原则在现有尽职调查规定中已经根深蒂固，如果就尽职调查过程制定补充指引或更详细的监管规则不符合基于原则的监管方法。欧盟这种观点未免太过刻板和保守。

3. 仅部分实现了可持续性风险防范制度的构想

欧盟委员会最初计划对金融企业内部治理机制进行全面更新以适应可持续性风险防范需求，内容涉及多个事项，包括风险评估中风险管理职能或流程的任务和角色，治理体系中的合规功能、内控功能和体系、内部审计功能和（或）精算功能，以及在公司治理中负责可持续性风险防范的机构的职责；确保可持续性风险融入的有效性和充分性的程序和过程步骤；评估可持续性风险所需的技能和专业知识；对可持续性风险融入和定期内部报告机制进行定期审查评审；为与可持续性风险融入相关的治理功能提供支持和资源以及这些功能之间的相互配合；为所有相关职能部门提供足够的支持（如分析、研究和法律咨询）和资源，以及在多个职能部门参与可持续性风险融入的情况下

---

① Helen Marjosola. Regulating Financial Markets under Uncertainty：The EU Approach［J］. European Law Review，2020，39：338－361.

相互合作的要求；专门考量可持续性因素产生的利益冲突时依据的措施和政策，以及识别、预防、管理和披露这些冲突的步骤等，但从授权立法提案的内容看目前只对其中部分事项进行了规范。

4. 缺少对可持续金融特定风险监管的系统性制度安排

欧盟针对可持续金融风险的监管尚处于摸索期，还没有就物理风险、转型风险等特定风险开展系统监管，对可持续发展背景下金融体系的宏观风险应对也不充分。由于欧盟主张将可持续性风险与其他来源金融风险共同置于同一监管架构之下，这可能导致对可持续性风险的特别监管关注不够，也反映了对可持续性风险的了解还有待深入。例如，针对是否有与可持续性风险单独相关的利益冲突需要预防这一问题，欧盟没有给出明确答案，目前实践尚未发现与可持续性风险单独相关的利益冲突并不代表实际上没有与可持续性风险单独相关的利益冲突，利益冲突同时与可持续性风险及其他金融风险相关不代表无须特别强调可持续性风险带来的利益冲突。欧盟目前在现有监管规范基础上对可持续性风险的监管没有体现多少可持续性风险的特殊性，这或许是因为对可持续性风险不太熟悉，因此为保持监管规范的稳定性和有效性，只对监管现行规定进行补充以体现对可持续性风险的监管①，但这只能是权宜之计，从长远来看还是应该在深入了解可持续性风险特性基础上制定有针对性的监管规范。

因气候变化带来的物理风险正在给包括保险公司在内的金融主体经营带来冲击，使其业务、投资和资产价值都面临巨大波动风险；② 同时由于碳中和目标的提出，未来经济和社会政策的变化也将导致实体经济和金融体系的加速转型，这又将引发转型风险。③ 目前实务部门已在积极开展对物理风险和转型风险识别和管理的讨论，制定或提出了

---

① John Cullen. After "HLEG"：EU Banks, Climate Change Abatement and the Precautionary Principle [J]. Cambridge Yearbook of European Legal Studies, 2018, 5：97–121.

② M Weitzman. Fat–Tailed Uncertainty in the Economics of Catastrophic Climate Change [J]. Review of Environmental Economics and Policy, 2011, 5：131–156.

③ S Bogojevic. EU Climate Change Litigation, the Role of the European Courts, and the Importance of Legal Culture [J]. Law & Policy, 2013, 35：89–126.

一些建议或规则。但由于可持续金融风险特别是物理风险的预测与传统金融风险预测技术和推断逻辑差异较大，很难依靠历史数据来判断风险是否存在[①]，加上相关科学技术仍处于不断更新发展阶段、气候风险酝酿和发生的周期比一般金融风险发生周期都长以及各国碳中和目标实施步伐差异引起的政策变动幅度不一等因素的影响，对可持续金融风险的识别还存在诸多不确定性，故金融监管机构也许出于谨慎考虑，对监管规则未做大幅调整，这使得监管规范的更新速度明显滞后于金融市场的发展，也落后于一些实务部门的操作实践，在客观上造成了监管真空，有可能使金融风险积聚。

此外，虽然欧盟对可持续发展给金融体系带来的宏观金融风险已开始关注，也讨论过在宏观审慎监管中应如何加强对可持续性风险的监控，但迄今还没有多少实质性监管规则出台，这也给可持续发展背景下的系统性金融风险防范带来隐患。

本 章 小 结

欧盟为提供和分销金融产品的金融主体在企业组织架构、职责分工、运营条件、风险管理和产品治理制度中融入可持续性因素和可持续风险考量设定了法律义务，从完善金融企业内部治理机制角度为金融领域可持续性风险防范提供了法律支持。但目前这些风险防范法律制度只是在现有规范基础上设置"融入"义务，尚未对金融风险总体监管法律框架进行调整，而且针对可持续发展带来的金融宏观审慎风险管理也没有形成相应的法律应对机制。此外，关于金融体系如何应对可持续发展带来的转型风险和物理风险，由于金融实践仍在探索中，法律防范制度的形成还要假以时日。

---

① S Battiston, A Mandel, I Monasterolo, F Schutze, G Visentin. A Climate Stress – Test of the Financial System [J]. Nature Climate Change, 2017, 7: 124 – 146.

第七章

欧盟可持续金融产品标准制度

　　2018年3月，欧洲联盟委员会提出的《可持续金融行动计划》（即《为可持续增长融资行动计划》）中第二项行动计划是承诺为绿色金融产品创建标准和标签。2018年6月，欧盟委员会设立了一个可持续金融技术专家组（TEG），为实现上述计划中四个关键领域的目标提供技术建议，其中就包括欧盟绿色债券标准。[①]技术专家组于2019年3月6日公布关于欧盟绿色债券标准的中期报告供公众反馈，该报告介绍了欧盟绿色债券标准草案，阐述了制定欧盟绿色债券标准的理由以及如何在欧洲制定和实施这一标准。超过一百个机构对中期报告发表了意见，大多数答复者支持建立一个以自愿遵守为基础的欧盟绿色债券标准（GBS）。在结合各方反馈意见基础上，专家组对欧盟绿色债券标准进行了改进并形成欧盟绿色债券标准最终报告，最终报告增加了对欧盟绿色债券标准预期影响的阐述和绿色债券框架模板。

　　技术专家组提出的欧盟绿色债券标准是一项自愿性标准，试图在不扰乱市场的前提下提高绿色债券市场的有效性、透明度、问责制、可比性和可信度，并鼓励债券发行人将其债券作为"欧盟绿色债券"发行。该标准是向希望与市场领先最佳实践接轨的发行人提出的一项自愿性标准，可以供位于欧盟的发行人以及位于欧盟以外的发行人使用，标准建立在市场最佳实践如绿色债券原则（GBP）基础上。该标

---

　　① TEG. Propoal for an EU Green Bond Standard［EB/OL］.［2019 - 10 - 17］. https：// ec. europa. eu/info/files/190618 - sustainable-finance-teg-report-green-bond-standard_en.

准旨在为欧盟绿色债券提供一个有关发行的核心框架，提高欧盟绿色债券的透明度、完整性、一致性和可比性，增加对绿色和可持续项目的资金流入。根据欧盟的立法惯例，技术专家组提出的建议将作为欧盟制定有关绿色债券标准相关法律规范的重要参考，下面基于专家组建议介绍并评析欧盟对绿色债券发行和管理的法律规制趋势。

第一节　欧盟专家组对绿色债券发行规范的建议

欧盟绿色债券专家组提出的绿色债券标准主要从绿色债券发行收入使用的合格性角度出发界定与绿色债券发行目的相符的绿色项目，围绕如何保证绿色项目与分类法的一致性设计绿色项目识别、绿色债券信息披露和外部验证等制度规范。

一、绿色债券的定义和认定标准

欧盟绿色债券是指由欧洲或国际发行人发行的符合欧盟绿色债券标准及以下要求的任何类型的上市或非上市债券或资本市场债务工具：发行人的绿色债券框架确认该债券与欧盟绿色债券标准相符；发行债券所得收入专门用于资助或再资助欧盟绿色债券标准定义的新的或现有的绿色项目；所发行债券与欧盟绿色债券的一致性由欧盟认可的验证机构进行验证。

发行人只有在符合上述标准的情况下才可使用"欧盟绿色债券"一词，欧洲和国际发行人可以决定以同样方式自愿将其现有绿色债券重新认证为欧盟绿色债券，但需要由经欧盟认可的核查机构进行核查。

欧盟绿色债券的认定在要求符合欧盟绿色债券标准的基础上特别强调债券募集收入必须用于合格的绿色项目且需获得外部独立核查机构对这种合格性的验证。

二、绿色项目的衡量标准

欧盟绿色债券的收益仅分配给绿色项目的融资或再融资，并需要经过欧盟认可的验证机构确认。绿色项目应与《欧盟分类法》的要求及其为特定环境目标和部门制定的技术筛选标准保持一致，在特定情况下鉴于绿色项目的创新性质、复杂性或地点等因素的考虑并经欧盟认证的核查机构确认可以不符合技术筛选标准的规定，但应由核查机构确认符合《欧盟分类法》的基本要求。

欧盟绿色债券标准提出适用《欧盟分类法》规定来确定绿色项目资格，保证绿色债券资助的项目与欧盟长期环境目标一致。欧盟专家组提交的欧盟绿色债券标准使用指南通过示例的方式运用收益使用标准对欧盟绿色债券标准中提及的可融资绿色项目进行了细化，有助于企业对照自身情况了解选择发行欧盟绿色债券的可行性，收益使用标准允许任何公司发行绿色债券，无论其主要业务活动如何，只要它们为符合条件的绿色项目提供资金。例如，一家制药公司可以发行绿色债券为建造其环境上可持续的总部提供资金；任何公司可以利用绿色债券为其向环境可持续的商业模式转型提供资金；一家公用事业公司如果希望通过建造风电场来增加可再生能源在其能源组合中的份额达到使其能源生产绿色化的目的也可以发行绿色债券融资。[①]

鉴于《欧盟分类法》在界定经济活动范围时采用了 NACE 代码，代码包含 21 个部门，有四个层次的子代码，但 NACE 代码既没有被公司广泛使用也没有被金融服务业广泛使用，为帮助欧盟绿色债券标准用户在实践中理解和使用 NACE 代码，欧盟绿色债券使用指南推出了企业如何将其业务操作与符合条件的绿色项目及《欧盟分类法》中引用的相关代码相关联的说明。虽然《欧盟分类法》的目的是使用 NACE 代码确定环境上可持续的经济活动，但它也可以应用于项目层面，这与欧盟绿色债券标准的要求是一致的。对于绿色债券，发行人可以在业务的各个层面确定潜在的绿色项目，在评估绿色项目的合格性时发行人需要检查与特定活动相关的技术筛选标准和相关的 NACE 代码，还应参考分类法的一般性要求。

---

① TEG. Propoal for an EU Green Bond Standard ［EB/OL］. ［2019 - 10 - 17］. https：// ec. europa. eu/info/files/190618 - sustainable-finance-teg-report-green-bond-standard_en.

　　为使在项目层面评估是否符合"未对环境目标造成显著损害并符合最低保障措施"的分类法要求更具操作性，欧盟绿色债券标准使用指南提出判断标准，并以尽职调查示例的方式解释了判断标准的应用。指南建议发行人和核查机构对欧盟绿色债券未给环境目标造成显著损害及符合最低保障措施的相关评估和核查采取同一种程序。对于《欧盟分类法》的定量要求，可通过对照这些指标和阈值进行定量分析来支持评估和验证。当《欧盟分类法》涉及定性标准时，如果满足以下三个条件就可以认定为符合要求：一是项目层面具备法律要求的环境和或其他方面的相关许可证；二是通过项目层面的风险分析确定不存在造成显著损害或违反最低限度保障措施的可能性；三是针对可能出现的重大争议制订缓解行动计划并在绿色债券框架中解释所采用的缓解计划。

　　指南区分不同企业规模为尽职调查内容提供示例。

　　（1）针对大型成熟公司的尽职调查，如 A 公司在世界各地建设和运营可再生能源项目，拥有良好的环境和环保管理记录，并运行着稳定的环境管理系统和人权尽职调查系统，对项目资格的评估及其核查主要调查企业是否获得所需的许可证以及与项目有关的任何争议。

　　（2）针对中型初创期公司的尽职调查，如 B 公司是一家中等规模、相对年轻的公司，在世界各地建造和经营太阳能农场，它缺乏经认证的内部环境尽职调查制度，正计划在热带雨林附近建造一座 100 兆瓦的光伏发电厂。该公司计划用一笔欧盟绿色债券或一笔银行将在其欧盟绿色债券中包含的贷款为建设融资。尽职调查过程中公司应设计和实施特定方法论用于评估项目层面的影响，根据分类法标准拟订方法论的相关关键绩效指标；分析与项目有关的现有和新出现的争议；采用确保与《欧盟分类法》在概念上保持一致的项目选择标准；对尽职调查的整个过程和结论委托外部核查；公开披露有关待融资项目资格的调查结论。[①]

　　①　TEG. Usability Guide for EU Green Bond Standard［EB/OL］.［2020 – 03 – 27］. https：//ec. europa. eu/info/files/200309 – sustainable-finance-teg-green-bond-standard-usability-guide_en.

三、绿色债券的信息披露

国际债券市场主要服务于为一般目的筹集资本，其投资的参考依据是发行人的风险状况、信用评级和以支付利息形式提供的报酬，传统的债券投资者并不十分关注收益的使用即发行人如何实际使用所筹集的资金[1]，即便去收集相关信息也是从风险防范角度考虑。但欧盟专家组在制定绿色债券使用指南时特别强调绿色债券标准侧重于债券收益的绿色使用特点，要求发行人向投资者披露融资或再融资绿色项目的收益管理、影响报告和外部验证等方面信息，认为收益使用信息的披露以及随后的核查往往有助于增强影响报告的说服力并保持发行人在实体经济领域的投资与绿色和可持续发展目标相符。

（一）绿色债券框架

欧盟绿色债券标准要求发行人编制一份绿色债券框架（GBF），并确认在该框架之后发行的绿色债券自愿与欧盟绿色债券标准保持一致，同时提供关于拟发行债券收入使用及发行人绿色债券战略和流程的详细信息，标准规定发行人在绿色债券框架中应注明以下内容。

（1）债券或债券方案的环境目标，发行人的战略如何与这些目标保持一致，以及发行债券的理由。

（2）发行人确定绿色项目如何与《欧盟分类法》和其所设定的定性或定量技术筛选标准保持一致的过程，以及该过程得到经认证的验证机构支持的证明，同时鼓励发行人披露项目选择中参考的任何绿色标准或认证机构要求。

（3）拟由欧盟绿色债券提供融资或再融资的绿色项目说明。如果绿色项目在发行之日尚未确定，发行方应说明潜在绿色项目的类型和部门（如有）。如果因保密协议、竞争考虑或大量基础项目等因素限制提供详细信息，可以用通用术语或在组合基础上提供信息。

---

[1] Bernard Paranque. Ethico-economic analysis of impact finance：The case of Green Bonds [J]. Research in International Business and Finance，2017，12：37 –48.

（4）发行人对绿色项目的放贷或投资操作与所发行的欧盟绿色债券挂钩的流程。发行人应以适当方式跟踪分配给绿色项目的金额，直至该金额等于所得款项净额，并通过正式的内部流程记录分配情况。

（5）关于计算绿色债券主要影响指标所使用的方法和假设的信息。

绿色债券框架应在欧盟绿色债券发行之前或发行之时在发行人的网站或任何其他公开渠道上公布，并应在欧盟绿色债券到期前保持可获和适用。

欧盟绿色债券使用指南进一步细化了绿色债券框架要求披露的内容，认为绿色债券框架是欧盟绿色债券标准规定披露的信息，是发行人向投资者和其他市场参与者解释其与欧盟绿色债券标准一致的工具，其内容应包括债券收益使用所涉基础项目或活动的绿色特征、发行人总体战略与分类法的契合度、债券管理流程和报告、外部审查计划以及绿色债券发行的其他特征等主要事项。

针对发行人与绿色债券发行相关的经营战略、内部治理和业务发展等信息的披露，指南建议发行人在绿色债券框架中解释欧盟绿色债券的发行如何促进其总体环境战略以及与债券或债券计划相关联的特定环境目标（即《欧盟分类法》规定的六个目标中的一个或多个），鼓励发行人披露整体公司信息，特别是按活动和环境目标分列的信息，鼓励希望展示最佳实践做法的发行人说明其所有业务领域对环境的影响程度以及他们如何管理这些影响。指南还建议当发行人受《非财务信息报告指令》约束并希望发行欧盟绿色债券时，在框架中披露企业与分类法一致的营业额和资本支出所占比例的相关信息。在发行人对与《欧盟分类法》保持一致的解释适用酌处权的情况下，发行人可提供补充信息用于说明相关参考因素、基准或目标，发行人还可以阐明其投资对《欧盟分类法》未直接涵盖的环境风险带来的好处。此外，指南建议发行人在绿色债券框架中说明公司由谁或由哪些内部机构负责管理欧盟绿色债券的发行，包括选择绿色项目和确定它们是否符合欧盟分类标准。

针对绿色项目的信息披露，指南指出绿色债券框架应说明哪种类型的绿色项目或潜在的特定项目将由欧盟绿色债券融资或再融资，并提供与《欧盟分类法》一致的项目的详细信息。如果在发布框架时发行人尚未确定具体绿色项目的，则应说明符合条件的计划筹资项目的可能类型和所涉部门或项目预计实现的环境目标，在这种情况下，发行人在发行后报告中还应明确说明所融资绿色项目的性质。指南鼓励发行人提供资料说明绿色项目是否直接有助于实现环境目标或是否使他人受益，对于有助于减缓气候变化的绿色项目，指南还建议发行人披露关于绿色项目是否已经接近零碳目标或有助于转型的相关信息。在可行的情况下，指南鼓励发行人说明某一类项目在最终拨款中的潜在份额。此外，指南建议发行人在框架中描述债券收益分配给合格活动的理由、方法和程序。

（二）绿色债券报告

1. 分配报告

这类报告发行人应至少每年提供一次，直到债券收益全部分配给绿色项目，并在分配发生任何重大变化的情况下进行及时披露，但只需要对最终分配报告进行验证。

分配报告应包括以下内容：与欧盟绿色债券标准保持一致的声明；至少在行业层面列出分配给绿色项目的数额细目，鼓励进行更详细的披露；绿色项目的地理分布。在债券收益全部分配后公布的欧盟绿色债券最终分配报告中至少应包含从行业层面收集的有关全部绿色项目的分配金额信息。

2. 影响报告

发行人应在债券存续期内至少报告一次绿色项目的影响，在债券收益全部分配给绿色项目之后以及在分配发生重大变化的情况下也应进行影响披露。

影响报告应包括以下内容：绿色项目的说明；绿色项目追求的环境目标；按融资性质（资产、资本支出、业务支出等）、融资份额（债券发行后融资的绿色项目数额）和再融资（债券发行前融资的绿色项目数额）等标准分列的绿色项目细目；有关项目环境影响的信息以及衡量标准（如能够提供），这些信息需要符合发行人绿色债券框架中所述的承诺和方法，如果绿色项目框架中尚未详细说明，则提供用于评估绿色项目影响的方法和假设的信息。

对影响报告的核查不是强制性的，但鼓励发行人由独立第三方审查其影响报告。

分配报告和影响报告可以是按单个项目发布，也可以按项目组合发布，报告可以涵盖同一绿色债券框架下的几次债券发行，也可以决定为个别项目发布单独的影响报告。分配报告和影响报告可以在合并报告或单独报告中提供。如果债券发行时已确定全部分配和影响信息，那么发行人可选择在发行时公布一份包括分配和影响信息的报告，在分配发生重大变化时需要进一步相关报告。

欧盟绿色债券标准专家建议为分配报告和影响报告提供了推荐格式，但也允许发行人在必要时灵活变通。

分配报告和影响报告应在发行人网站或其他任何公开渠道公布。在完全分配时公布的最终分配报告和影响报告应一直保留到该等欧盟绿色债券到期，除非在分配发生重大变化时被进一步的报告所取代。

四、绿色债券的外部验证

欧盟绿色债券标准对验证事项、验证结论的发布和验证机构的行为规范和监管均提出了建议。

验证事项方面，标准要求发行绿色债券应事先取得外部独立核查机构提供的肯定性验证结论。外部核查机构验证事项应包括：在发行之前或发行之时，根据欧盟绿色债券标准关于绿色项目和绿色债券框架的要求，通过初步核查确认其绿色债券框架与欧盟绿色债券标准一致；在全额分配收益后，通过核查确认是否将债券受益分配给符合绿色项目。核查机构的初步核查对在同一绿色债券框架方案下发行的若干债券均有效。对于在发行时全部分配的交易（如再融资），对分配报告的核查可纳入初始核查。

验证结论发布方面，标准建议验证及任何后续验证应在发行人的网站上公开发布，并酌情通过任何其他可访问的通信渠道公开发布。绿色债券框架的验证结论应在其欧盟绿色债券发行之前或发行之时公布。最后分配报告的核查应在公布最后分配报告的同时公布，最迟不晚于最终分配报告公布后一年内。

验证机构的行为规范和监管方面，核查机构应遵守与商业道德、利益冲突和独立性有关的专业行为守则，在认证过程中持续保持专业最低资格，并制定相关流程以进行核查质量保证和控制，同时对核查程序进行标准化操作，核查机构应在核查报告中披露其相关凭据和专门知识以及所进行审查的范围。此外，标准还建议确立以欧洲证券市场管理局为主导的绿色证券认证监管制度，在这一制度正式运行前，鼓励为欧盟绿色债券核查机构建立一个自愿的临时登记程序，过渡期约为三年。欧盟委员会应与欧盟可持续金融平台和欧洲证券市场管理局密切合作，尽快制定一项临时举措用于监督和实施登记过渡制度并指导已登记的核查机构。这种自愿的临时登记办法应参照欧盟绿色债券标准的核心内容对承诺自愿遵守这些标准的核查机构实行登记程序，保存和维持已登记核查机构的登记记录，负责临时登记的机构应做到至少每年向欧盟委员会和欧洲证券市场管理局通报一次临时登记计划的实施情况。

欧盟绿色债券使用指南为外部验证提供进一步操作指引并规范了验证机构的准入和监管。

外部验证操作方面，鉴于债券的外部核查对于减少市场参与者的信息不对称至关重要，发行人自愿让外部核查机构核查欧盟绿色债券已成为普遍做法，通常核查报告在发行前或发行时向投资者提供。指南建议对旨在获得欧盟绿色债券资格的债券发行进行强制性事先核查，并对分配报告进行事后核查，还对核查给出了更详细的指引。

验证机构准入和监管方面，指南建议欧盟绿色债券的外部审查机构的监管最终由欧洲证券市场管理局主导的一个中央系统进行，但在这一系统全面运作前会设立一个基于市场的、自愿的欧盟绿色债券核查机构临时注册计划，过渡期最长为三年。指南确定了核查机构注册的最低标准，并将定期更新核查机构的注册程序，同时还建议设立一个专门网站为其提供注册服务并希望申请注册的外部核查机构应符合以下条件：已在欧盟或欧洲经济区设立办事处；有开展核查服务所需的组织结构、工作程序和其他相关制度；为提供外部核查服务已雇用具有必要经验和资格的适当工作人员；有适当的专业赔偿或专业责任保险。此外，指南还要求核查机构证明其在以下方面具备相应的能力和经验：上市和非上市债权市场产品的特点和发行流程；保密和市场敏感信息的管理；可以根据分类法对项目的环境绩效进行评估；能提供符合 ISAE 3000《国际审计与鉴证准则委员会审验标准 3000》和/或DIS ISO 17029《国际标准化组织第 17029 号标准》等标准的保证服务和合格性评估。

五、绿色债券标准的法律适用

（一）对欧盟以外资产、投资者和核查机构的适用

欧盟绿色债券使用指南建议对位于欧盟以外的项目，发行人原则上需要满足与欧盟项目相同的要求，涉及分类法的某些要素应该需要更详细的评估和验证。[①] 欧盟绿色债券标准及其相应的报告要求也适用于非欧盟资产，发行人应明确说明此类资产的地理位置。位于欧盟以外的项目与《欧盟分类法》的一致性不能基于当地法律或许可证，发行人应提供额外的信息披露用于说明其如何确保与《欧盟分类法》标准一致。指南鼓励欧盟以外的投资者使用欧盟绿色债券标准为其投资战略提供信息，也欢迎非欧盟核查机构使用欧盟绿色债券标准，但要求核查机构都应充分了解分类法并且具备评估绿色债券框架、绿色项目及绿色债券发行过程相关报告是否与分类法一致的专业技能。

（二）对绿色债券发行人披露义务的法律适用

欧盟绿色债券使用指南指出由于《金融业非财务信息披露条例》未把债券视为金融产品，故固定收入证券包括欧盟绿色债券的发行人不被该条例视为金融市场参与者，因此该条例不能直接适用于欧盟绿

---

① TEG. Usability Guide for EU Green Bond Standard ［EB/OL］. ［2020 – 03 – 27］. https：//ec. europa. eu/info/files/200309 – sustainable-finance-teg-green-bond-standard-usability-guide_en.

色债券发行人。《欧盟分类法》对金融市场参与者和金融产品的定义与《金融业非财务信息披露条例》相同，对欧盟绿色债券发行人没有直接的约束力，然而《欧盟分类法》为受《非财务信息报告指令》约束的公司规定了报告义务，这可以对欧盟绿色债券发行人产生间接影响。

第二节 评　析

一、绿色债券发行规范的作用

欧盟绿色债券标准可以为进一步发展绿色债券市场和加速资本流向欧盟设定的环境目标奠定坚实基础。一方面，绿色债券标准旨在反映当前绿色债券市场的最佳实践，并致力于提高绿色债券市场的透明度、保持市场的完整性和减少滋生"漂绿"行为的环境诱因；另一方面，绿色债券标准强调与《欧盟分类法》保持一致，使绿色定义更加清晰和确定，可以提高市场识别项目的能力，扩大符合条件的绿色项目和绿色资产范围，鼓励新的发行人进入市场。此外，标准还通过外部认证缓解了市场对绿色债券发行的"漂绿"担忧，进而有助于提升市场诚信度和投资者信心。同时专家组建议的欧盟绿色债券标准配套支持政策也为降低债券发行成本、提高债券收益率提供了帮助，增加了绿色债券的市场吸引力。金融市场从根本上讲是关于风险和机会的定价，绿色债券标准所促进的透明度及其与《欧盟分类法》的一致性将有助于系统收集关于可持续机会和潜在风险的可比数据，特别是有助于系统收集与气候变化有关的可持续机会和潜在风险数据[1]，使绿色债券市场能够以更高的效率运作，提高其对投资者的吸引力。

绿色债券标准有助于实现欧盟可持续金融政策目标。绿色债券市

---

[1]　Solveig Glomsrød. Business as unusual：The implications of fossil divestment and green bonds for financial flows, economic growth and energy market［J］. Energy for Sustainable Development, 2018, 44：1 – 10.

场在把可持续性和积极环境影响与融资联系起来方面将发挥关键作用，它使资金的使用透明化①，让气候相关融资变得更加具备可行性。未来与欧盟绿色债券标准一致的绿色债券发行有望催生更严格的环境问责制，进一步推动环境改善，使气候相关融资变得更具有吸引力。绿色债券标准通过建立框架、程序和标准的方式促进绿色债务融资，这些框架、程序和标准可以适用于向企业特别是中小企业和家庭提供的绿色贷款，这些贷款由商业银行和开发银行发行的绿色债券在资本市场上进行再融资，可以充分发挥银行的资本中介作用，将绿色融资的范围扩大到更广泛的借款人和产品群体。② 同时，银行将《欧盟分类法》应用于贷款活动并结合欧盟绿色债券标准通过绿色债券对此类贷款进行再融资也将促进绿色债券标准的推广，有利于银行系统地从借款人处收集可比较的环境数据，加上绿色债券发行人影响报告披露的信息，将大大提升银行参照《欧盟分类法》规定的环境目标衡量和监测融资项目环境影响的能力。

专家组关于欧盟绿色债券标准的建议突出《欧盟分类法》的支撑作用，可以较为有效地克服"漂绿"风险，提高投资者对绿色债券的投资信心，其信息披露制度详尽，外部验证制度完备，尤其是对验证机构的监管和行为规范十分具体，有助于促进绿色债券的推广。

二、绿色债券发行规范的完善

虽然专家组建议的绿色债券标准始终强调参照分类法，但其实绿色债券并不包含在分类法的直接适用范围内。《欧盟分类法》中的金融产品是指投资组合，虽然《欧盟分类法》校准指标提供了一个总体环境绩效值，但它并不是一个金融产品标签，债券不属于分类法监管下的金融产品，准确地说，它在欧盟法律上不被认为是金融工具，不过

---

① J. D. González Ruiz. A Proposal for Green Financing as a Mechanism to Increase Private Participation in Sustainable Water Infrastructure Systems：The Colombian Case ［J］. Procedia Engineering，2016，145：180 – 187.

② Whitney Angell Leonard. Clean Is the New Green：Clean Energy Finance and Deployment Through Green Banks ［J］. Yale Law & Policy Review，2014，33（1）：197 –229.

绿色债券可以通过欧盟绿色债券标准或被纳入某些基金与《欧盟分类法》建立直接关联。目前如果绿色债券作为金融工具，发行人在《欧盟分类法》和《金融服务业可持续性信息披露条例》下均无披露义务，为弥补这一缺漏并保证绿色债券发行的质量，有必要考虑欧盟如何完善和协调欧盟绿色债券标准、《欧盟分类法》及《金融服务业可持续性信息披露条例》的相关披露要求。

专家组没有建议将绿色债券标准设定为强制性规则，认为从绿色债券市场发展的国际和欧洲实践看该市场没有遇到重大市场功能性障碍，而且有着良好的市场实践基础，欧盟绿色债券标准向现有绿色债券交易和所有类型的发行人开放，通过自愿性标准的方式鼓励市场主体适用，而该标准又有欧盟委员会相关政策支持的背书应该对市场主体采用该标准有较大吸引力。为支持绿色债券标准的实施，专家组建议欧盟委员会、欧盟成员国和市场参与者同时采取需求和供应两方面措施来推动绿色债券标准的推广。例如，鼓励投资者特别是资产管理人、养老基金和保险公司等机构投资者在设计绿色固定收益投资战略时使用欧盟绿色债券标准并积极向绿色债券发行人和承销商传达他们的偏好和期望；欧洲中央银行体系和绿色金融体系网络的成员在购买绿色债券时表达对欧盟绿色债券的偏好，促进金融系统的绿色化；制定一系列全面的财政奖励措施用于支持欧盟绿色债券市场与欧盟绿色债券标准接轨；鼓励所有公共和私营部门的债券发行人在未来的绿色债券发行中使用欧盟绿色债券标准并公开他们计划在多大程度上这样做；鼓励通过欧盟金融产品生态标签促进欧盟绿色债券标准的采用，建议欧盟委员会为金融产品特别是称为"绿色债券基金"的金融产品制定欧盟生态标签技术标准时明确将欧盟绿色债券标准列为优先参考标准等。不过这些建议大部分属于倡议性质，约束力不强。

欧盟绿色债券标准的自愿遵守性质尽管为发行人提供了自主选择空间，但也让欧盟绿色债券标准的实施前景存在不确定性，而且信息披露的报告负担和外部验证成本的降低以及外部核查程序的简化等问题也还值得进一步探讨。此外，鉴于绿色债券只是金融产品的种类之一，为给投资者和融资方提供多样化的金融工具选择，欧盟应该逐步完善其他可持续金融产品标准制度。

本 章 小 结

　　欧盟专家组制定的绿色债券标准及相关使用指南草案，为欧盟绿色债券发行、报告和验证提供了自愿遵守的统一规则，这是迄今欧盟关于可持续金融产品标准的主要成果。可持续金融需要对应的金融产品标准制度来匹配可持续融资活动的需求，欧盟绿色债券标准只是可持续金融产品标准体系的组成部分之一，今后还需要逐步制定其他领域的金融产品标准才能全面满足可持续金融活动的需要，而且自愿遵守的绿色债券规范对发行主体的影响有多大？是否会引起欧盟内部市场割裂？这些问题都需要等待时间检验。

结　　论

　　可持续发展催生的融资需求带来金融领域的创新和变革，环境金融、气候金融、碳金融、绿色金融、普惠金融纷纷登场，为解决可持续投资意愿和投资可行性问题贡献金融方案。随着可持续发展战略的不断深入，可持续发展目标不再仅局限于环境可持续，还涵盖了社会可持续和治理可持续，并且要求实现环境、社会、治理和经济等多重目标的协调共存，于是可持续金融应运而生。在与可持续发展相关的前述各种金融形态的发展中，由于政府、国际组织和公共资金大部分时候处于主导地位，因此政策性金融一直扮演着重要角色，但是这样的资金供给模式已无法满足全面可持续发展的巨额资金需求，鼓励私人投资者积极参与可持续投资成为各国的共识，为了让可持续投资可以保持"持续性"，可持续金融的商业运营是必然趋势。

　　商业金融遵循价值规律，想让私人投资者有动力参与可持续投资，必须使金融市场机制能够反映可持续发展活动的投资价值，然而现代金融市场机制是由一整套建立在追求经济利益最大化理念基础上的法律制度来创建和维系，这显然不符合可持续金融的需求，在金融体系可持续转型背景下如何对相关法律规则进行调整或更新成为决定可持续金融能否顺利发展的重要因素。我们应该比较和分析可持续金融与传统金融、环境金融、碳金融、气候金融、绿色金融、普惠金融的区别，提炼可持续金融体系发展的主要目标，通过法律规范遏制传统金融思维对开展可持续金融活动的负面影响，同时确立与可持续金融发展匹配的权利义务规则。目前不少国家和地区都在思考如何构建可持续金融法律制度体系，本书以欧盟可持续金融战略实施为背景，对其可持续金融相关法律制度进展进行全面整理和分析，研究得出以下主要结论。

一、应立足可持续金融的特点和目标选择法律规制路径

尽管目前对可持续金融还没有形成统一的权威性概念，但就可持续金融已达成以下共识。第一，可持续金融是可持续发展的重要助推器，可持续发展面临的资金难题可以通过建设和完善可持续金融体系加以缓解。第二，可持续金融比环境金融、气候金融、碳金融、普惠金融等金融形式的范围都要广泛，涵盖了以往与可持续发展相关的所有金融形式，它既关注气候变化等环境问题带来的金融需求，也着力纠正因金融体系经济导向化市场运行带来的社会公平隐忧。第三，可持续金融不是单独强调环境、社会、经济某个维度可持续发展的重要性，而是希望平衡金融在支持环境、经济、社会三方面发展中存在的利益冲突和矛盾，为实现全面可持续发展目标做出贡献。第四，可持续金融旨在将环境、社会、治理因素考量纳入金融决策、投资决策和监管决策，为促进包括金融企业、机构和个人投资者、金融中介、监管机构在内的全社会养成长期价值观提供帮助。第五，可持续金融不仅着眼于金融体系对外部的影响，同时也着眼于对自身体系的变革，可持续金融是金融体系在可持续发展背景下的一次深刻和必然转型，其成功转型将实现金融体系自身的可持续发展。

基于对可持续金融的上述共识，其法律规制应重点围绕以下三个方面：第一，使投资者产生从事可持续金融活动的意愿；第二，让可持续金融活动具备可行性；第三，把可持续性风险控制在合理区间。为实现这些规制目标，可持续金融法律规制的路径应采取双管齐下的策略，一方面，通过内部治理引导主体改变短期投资理念；另一方面，通过外部激励和保障帮助主体实现长期投资目标。

二、欧盟围绕可持续金融战略实施进行的法律制度设计具有系统性和前瞻性

欧盟可持续金融战略最初提出是为了解决可持续发展中的资金缺口和引导私人投资流入，围绕可持续发展融资难题欧盟决定对金融体系来一次系统性变革，希望借此激发金融领域在促进可持续发展方面

尚未被开发的潜力。欧盟可持续金融战略的设计既坚持鼓励资金配置市场化运作的基本原则，同时又十分强调政府部门的引导作用，通过制度机制动员包括个人在内的所有社会力量认同并参与可持续金融体系的构建，将环境、社会、治理可持续理念和可持续性融入义务贯穿到金融体系每一个参与方和关联方的行动规则中。欧盟的可持续金融战略在顶层宏观设计基础上注重微观的细节支撑，战略的各项具体目标和行动计划之间形成相互配合的整体系统，始终强调可持续金融对可持续发展战略实现和欧盟各成员国公平转型的关键推进作用，保持可持续金融战略与可持续发展战略的同步性。

欧盟可持续金融法律制度设计注重系统性，制度紧密围绕克服短期主义倾向这一中心问题，以《欧盟分类法》为基础，帮助识别可持续投资，再从金融企业、投资者、金融监管机构、金融中介等主体内部治理机制入手，通过可持续性因素融入和可持续性风险防范等方式促进金融市场各方主体长期价值观的养成，并配以外部金融产品标准建设、可持续相关金融基准更新、可持续性信息披露制度完善来为长期投资机会识别、收益保障和风险防范提供支持，形成了一个相对完备的可持续金融法律规制基础框架，为下一步细化和优化奠定了基础。《欧洲绿色新政》颁布后，欧盟委员会对可持续金融战略的完善计划中针对之前的法律制度框架进行了补充（如对可持续性信用评级进行立法、引入绿色贷款标准和细化、完善内部治理中的供应链尽职调查和薪酬制度规范、扩大分类法适用范围并制定负面分类规范等）和细化（如加快环境和气候数据立法以支持可持续性信息披露和风险管理、完善数字金融规范以支持个人参与可持续项目融资、将社会、环境、治理风险纳入审慎监管范围等），使可持续金融法律规制框架更为健全。

三、欧盟可持续金融法律制度也存在不少问题

1.《欧盟分类法》目前只确立了环境可持续投资的判定标准，其他分类规范尚待完成

阻碍可持续金融发展的一个重要因素是法律对何谓"可持续金融活动"没有明确界定，虽然实践中存在各类组织制定的不少关于可持

续金融活动的标准，但这些标准之间互有差异，对判断可持续投资反而造成更大困扰。缺乏统一的可持续金融活动识别标准在很大程度上遏制了投资方特别是私人投资者对可持续投资的热情。

《欧盟分类法》法案及其授权立法明确了环境可持续经济活动的判定标准和金融产品环境可持续特征信息披露的基本要求，并对描述金融企业和非金融企业经营活动环境可持续程度的关键绩效指标进行了规定，还细化了对减缓气候变化和适应气候变化两类环境目标做出重大贡献经济活动的技术筛选标准，迈出了统一界定环境可持续经济活动的第一步。该法案是欧盟可持续金融法律体系的重要组成部分，不仅为区分金融活动和金融产品的可持续性提供了参考依据，也为完善非财务信息披露规范做出了贡献。

但应看到法案还有许多条款需要制定操作指引才能保证实施效果，而且随着科学技术的发展和人类对环境可持续发展认识的深入，衡量经济活动环境可持续性的标准也将不断被修正。同时，将来还需要增加有关经济活动社会可持续和治理可持续维度的分类标准才算真正完成分类法体系框架的构建。此外，为促进经济活动的可持续转型，《欧盟分类法》有关经济活动可持续性的判定标准也有完善空间。

2. 欧盟金融基准法规仅针对气候相关可持续投资需求进行了完善，还需制定其他环境金融基准以及社会和治理金融基准规范

欧盟在联盟层面统一了金融基准规范，对基准的定义、类别、管理、信息披露及方法论等进行了详细规定，在此基础上又根据建设可持续金融体系需要对《金融基准条例》进行两次修订，先后引入低碳基准、积极碳影响基准、气候转型基准、与《巴黎协议》一致基准四项气候金融基准，并通过授权立法就在基准方法论和基准声明中如何反映环境、社会、治理因素以及气候转型基准和与《巴黎协议》一致基准应遵循的最低标准做出规定。欧盟关于金融基准规范的调整为可持续金融活动业绩评估和可持续金融投资决策提供了符合可持续发展需求的参考标准，也为金融监管机构和金融企业的风险管理提供了适合的参考依据。

然而气候金融基准只能用于部分反映金融活动的环境可持续水平，

未来还需要构建更全面的环境金融基准并制定社会金融基准和治理金融基准才能满足可持续金融活动对环境、社会、治理综合业绩评价的需要。

3. 欧盟的可持续性相关信息披露法律制度体系虽相对完备，但适用范围有待扩大

信息披露制度始终是金融体系法律制度的核心组成部分，对促进金融市场交易和防范金融风险都发挥着重要支撑作用，这是由金融体系的自身特点决定的。可持续金融体系建设是一项系统工程，需要投资方识别和了解可持续投资机会、做出可持续投资决策，需要融资方向投资方介绍融资项目的可持续性和自身经营的可持续性，需要金融企业设计和提供符合可持续发展要求的金融产品和服务，需要金融中介机构为可持续性金融产品和服务提供认证和评级，需要金融监管机构对金融市场及市场参与主体存在的风险做出及时判断并采取有效监管，所有这些需求的满足都有一个基础性前提是相关信息可获。传统金融体系信息披露法律制度规制的重点是财务信息披露，但对于可持续金融体系来说，不仅需要披露财务信息，也需要披露非财务信息即可持续性信息，不仅需要金融企业披露可持续性信息，同时也需要非金融企业披露可持续性信息，因此金融体系信息披露法律制度的完善势在必行。

欧盟较早就开始关注企业非财务信息的披露，立法要求企业披露经营中涉及的环境问题和劳资关系等非财务信息，并尝试逐步扩大非财务信息披露主体的范围，细化和规范非财务信息披露的内容和方式。在可持续金融战略行动计划启动实施后，基于金融服务提供商可持续性信息披露对可持续金融发展的重要价值，欧盟出台法规统一金融行业可持续性信息披露规则。《欧盟分类法》出台时又出于促进可持续投资机会识别和风险防范考虑进一步完善了企业（含部分金融服务提供商）非财务信息的披露要求。欧盟委员会也在 2021 年提出修订企业可持续性信息披露相关法规的立法建议，将对企业非财务信息报告制度做进一步更新。总之，欧盟可持续金融信息披露法律制度是建立在对企业非财务信息披露规范基础上，通过制定金融领域信息披露专项法规和发展企业非财务信息披露规范（从非财务信息披露到可持续性信息披露），并结合《欧盟分类法》有关企业非财务信息披露的规范来构建系统的可持续金融信息披露法律制度。

欧盟为金融市场参与者和财务顾问服务提供商在合同前、定期报告以及企业官方网站披露可持续性信息制定了义务规范，并准备在《非财务信息报告指令》基础上制定《可持续性信息报告指令》。这两项法规为投资者和金融企业了解企业可持续性相关信息提供了法律便利，可以帮助包括金融企业在内的有披露义务的主体更好地评估经营活动对外部环境和其他主体的可持续性影响以及外部环境和其他主体活动对自身经营活动的可持续性影响，有利于这些主体管理可持续性风险和做出可持续投资决策。此外，欧盟还筹划建设企业财务信息和非财务信息公共平台并已制定立法规划，为进一步信息共享提供可能。这些立法举措致力于解决可持续金融体系建设中的信息瓶颈，是引导私人资本参与可持续投资的关键前提，也为有效识别和防范可持续性金融风险奠定了基础。

不过目前欧盟可持续性信息披露规范约束的主体范围还不够广泛，特别是在可持续发展中急需融资的中小企业尚无信息披露的法定义务，而且信息披露的质量也有待提高，因此有必要扩大可持续性信息披露的适用主体范围并进一步完善信息披露的内容和方式。

4. 欧盟通过改善主体内部治理机制防范可持续性风险的同时应加强对物理风险、转型风险和宏观审慎风险的监管

欧盟为部分提供或分销金融产品的金融主体在企业组织架构、职责分工、运营条件、风险管理和产品治理制度中融入可持续性因素和可持续风险考量设定了法律义务，从完善金融企业内部治理机制角度为金融领域可持续性风险防范提供了法律支持。

但目前这些法律制度只是在现有风险规范基础上设置"融入"义务，尚未对金融风险总体监管法律框架进行调整，而且针对可持续发展带来的金融宏观审慎风险管理也没有形成相应的法律应对机制。此外，关于金融体系如何应对可持续发展带来的转型风险和物理风险，由于风险管理实践仍在探索中，法律制度的形成和完善还需假以时日。

5. 欧盟在可持续金融产品标准建设方面较为落后，标准的法律约束性不强

欧盟专家组制定的绿色债券标准及相关使用指南草案为欧盟绿色债券发行、报告和验证提供了自愿遵守的统一规则，这是迄今为止欧盟关于可持续金融产品标准的主要成果。可持续金融需要对应的金融产品标准制度来匹配可持续融资活动需求，绿色债券只是可持续金融产品的类别之一，应尽快制定其他类别金融产品标准才能全面满足可持续金融活动需求，同时还应强化标准规范的法律约束力，增加投资者对可持续金融产品的信心。

四、对中国的启示

欧盟可持续金融法律规制虽然有其独特的区域背景，但鉴于可持续发展的全球化趋势和欧盟可持续金融战略秉持的国际化理念，其法律制度的构建对其他国家也有一定参考价值。中国一直是联合国可持续发展战略和可持续金融倡议的积极支持者，政府为绿色金融的发展出台了大量政策和法律，近期提出的碳达峰和碳减排目标又使与可持续发展紧密相联的绿色金融法律制度完善的必要性和紧迫性进一步凸显，对比中欧可持续金融（绿色金融）法律制度建设现状，欧盟的法律规制方案对中国有以下几点启示。

1. 强调法律对可持续金融发展的规范作用

可持续金融目标在于打造可持续金融体系，对传统金融体系的许多理念和规则将产生颠覆性影响，实现这一目标需要包括法律在内的各种手段提供支持。目前推动可持续金融发展的力量主要是国家和国际组织，一方面，这些主体有能力也有责任；另一方面，可持续发展融资需求难题待解的紧迫性使公共权力主导的可持续金融战略推进模式相较市场主导或私人主导模式有更多天然优势。中欧在发展可持续金融和绿色金融时都采取了政府主导的模式，但在法律规制方面存在差异。欧盟在可持续金融战略中就强调了明确相关法律义务的重要性，又通过可持续金融战略实施方案（即可持续金融行动计划）进一步细化可持续金融法律实现规划和具体时间表，使对可持续金融的法律规制从一开始就与可持续金融战略同步。中国也制定了绿色金融的国家战略，战略中也提及法律制度的保障作用，但缺乏对法律制度的顶层设计和系统构思，造成绿色金融立法始终处于相对零散甚至部分法规还存在冲突的局面，各种相关法规虽然数量不少但实施效果并不理想。

2. 优先制定可持续金融基础性法律规范

可持续金融既然打破了传统金融长期以来固有的资源配置评判标准，就必然需要建立一套与新理念匹配的制度规则，凡是与可持续金融特点不符的法律规定均需要调整，传统金融法没有涉及但可持续金融需要的规范应该创设，其中关乎可持续金融发展全局性的基础性法律规范应该优先制定，否则其他法律规范的实施会因为基础性规范的缺失而面临实施难的窘境，同时也容易产生法规之间相互冲突带来的实施效果打折现象。欧盟在可持续金融法律规划中把可持续活动分类法和可持续金融基准规则等列入优先立法计划对提高可持续金融法律体系的规制效率有很大帮助。中国虽然对可持续活动有一些规范，但仅涉及部分行业，制定机关多为行政部门而非立法部门，没有一个统一的可持续活动分类规范，且这些规范出台目的大多服务于不同部门各自职能范围所涉工作，如证券发行中的绿色项目识别，并非基于金融体系识别可持续性的总体考虑，尽管规范不少且时有更新，但容易造成人们对可持续性识别标准认识的混乱。另外，中国对金融基准的规范一直没有统一规定，相关规则散见于不同金融监管机关的监管规范中，迄今未见可持续金融基准方面的规范出台，可持续金融活动的绩效评估存在制度缺失。

3. 尽快统一可持续性信息披露规则

信息披露在可持续金融中依然发挥着捕捉商机和管理风险的重要作用，确立适应可持续金融信息需求的可持续性信息披露制度是可持续金融法律规制的重点之一。欧盟在企业非财务信息披露基础上制定专门的金融业可持续性信息披露规则和大型企业可持续性信息报告制度，并计划构建统一的企业财务和非财务信息共享平台，为支持金融决策、信用评级和金融监管奠定了坚实基础，相关立法详尽规定了可持续性信息的披露内容、披露方式、外部核验等内容，注重保持法规之间的协调一致和与其他领域可持续金融立法的衔接，同时又充分关注信息披露成本，尽量维持信息披露成本和收益二者的平衡，提升了可持续性信息的质量和可获性。中国关于绿色金融方面的信息披露规范在整个绿色金融法律制度中所占比重最大，规制开始的时间也较早，但至今仍无统一的企业可持续性信息披露立法，也无专门的金融企业信息披露立法，已有法规对控制信息披露主体报告负担也不够重视，信息披露规范的实施效果有待提高。我国应尽快制定可持续性信息披露方面的统一性法规，解决现有规范之间的冲突，减少监管套利空间，同时借鉴欧盟立法中的成本—收益分析法，在兼顾信息披露质量的同时减少企业披露成本。

4. 重视完善金融市场主体内部治理机制，全面夯实可持续性风险管理

风险防范是事关金融体系稳定的大事。当前人们对可持续金融面临的风险挑战还比较陌生，这给金融风险管理增加了难度。尽管欧盟对可持续金融中的可持续性风险防范也未提出总体法律解决方案，但它务实地从金融主体内部治理机制入手，强调将可持续性考量纳入金融企业组织运营、风险管理和产品治理规范，并要求金融监管机关和金融中介机构对监管规范或业务规范以及相关流程进行评估，排除不符合可持续金融要求的规范，这相当于同时从内、外两个方面对可持续性风险起到了遏制作用。此外，欧盟还计划针对可持续性风险给金融体系带来的宏观风险对金融宏观审慎监管框架进行完善，并拟基于不同金融行业的风险特点制定气候变化相关金融风险监管安排。上述风险管理规制理念尽管相对谨慎，但充分利用和发挥了现有金融监管规范的价值。中国对绿色金融的风险防范也十分重视，受益于中国绿色金融的迅猛发展，相关法律规范数量不少，但在立法上不大重视金融主体内部治理对风险防范的促进作用，对可持续性风险带来的系统性金融风险的法律研究还较少，气候相关金融风险的分行业法律规范还处于初期，有不少改进空间。

5. 通过国际交流合作确立自身法律制度的竞争优势

可持续金融服务于可持续发展融资，联合国作为全球可持续发展战略的倡导者和推动者，其影响不可小觑。鉴于可持续发展和可持续金融的跨境性，国际合作不可避免，这种合作一方面意味着借助联合国及其他国际组织平台积极参与相关国际标准制定，主动承担更多国际义务；另一方面也包括在合作中寻找契机推广可持续金融发展经验，使自己的可持续金融发展模式让更多人了解和接受，从而更好地促进自身在可持续金融领域的国际竞争力和话语权。欧盟深谙此道，在可持续金融战略中将推动国际合作和推广自身法律规范体系作为重要目标之一，通过国际贸易和国际投资规则谈判以及可持续发展国际合作计划传播自身可持续金融理念和主张，积极响应联合国可持续发展战略和可持续金融倡议的实施和政策框架修订，将欧盟意图更多通过联合国相关文件形式予以展现，从而提高自身规则的影响力，反过来促进自身可持续金融战略和可持续发展战略的实施。中国也是联合国可持续发展战略和可持续金融倡议的拥护表，也与其他国家开展了不少合作，但在法律规则输出方面还稍显薄弱，今后需要加强在这方面的统筹规划。

参 考 文 献

［1］巴曙松．中国绿色金融研究进展述评［J］．金融发展研究，2018（6）：3－11.

［2］白澄宇．可持续金融发展现状、国际经验及对我国的启示［J］．可持续发展经济导刊，2021（11）：14－21.

［3］白钦先．金融结构、金融功能演进与金融发展理论的研究历程［J］．经济评论，2005（3）：13－21.

［4］白钦先．论金融功能演进与金融发展［J］．金融研究，2006（7）：34－45.

［5］白钦先．论金融可持续发展［J］．国际金融研究，1998（5）：26－36.

［6］白钦先．以金融资源学说为基础的金融可持续发展理论和战略——理论研究的逻辑［J］．金融华南研究，2003（5）：1－6.

［7］博特赖特．金融伦理学［M］．静也译．北京：北京大学出版社，2002：31－36.

［8］蔡文灿．环境金融法初论［J］．西部法学评论，2012（1）：43－55.

［9］操群．金融"环境、社会和治理"（ESG）体系构建研究［J］．金融监管研究，2019（4）：37－48.

［10］陈冠伶．国际碳交易法律问题研究［D］．重庆：西南政法大学，2012.

［11］陈诗一．绿色金融概论［M］．上海：复旦大学出版社，2019：123.

［12］陈雨露．"双循环"新发展格局与金融改革发展［J］．中国金融，2020（19）：19－21.

［13］程卫东．欧洲市场一体化：市场自由与法律［M］．北京：社会科学与文献出版社，2009：126－127.

［14］崔迪．国际碳排放博弈的法律研究［D］．大连：东北大学，2012.

［15］丁瑞莲．金融伦理的结构与功能［J］．长沙理工大学学报（社会科学版），2013（1）：68－72.

［16］董宁．国际碳金融法律规制研究［D］．苏州：苏州大学，2016.

［17］范少虹．绿色金融法律制度：可持续发展视阈下的应然选择与实然构建［J］．武汉大学学报（哲学社会科学版），2013（3）：33－41.

［18］方桂荣．集体行动困境下的环境金融软法规制［J］．现代法学，2015（4）：112－125.

［19］方桂荣．信息偏在条件下环境金融的法律激励机制构建［J］．法商研究，2015（4）：63－72.

［20］冯果，李安安．《民生金融法的语境、范畴与制度》［J］．政治与法律，2012（8）：26－37.

［21］冯果，袁康．社会变迁与金融法的时代品格［J］．当代法学，2014（2）：40－53.

［22］冯果．金融法的三足定理及中国金融法制的变革［J］．法学，2011（9）：32－43.

［23］管斌．论金融法的风险维度［J］．华中科技大学学报（社会科学版），2012（4）：13－23.

［24］管晓明．绿色金融的可持续发展——基于环境信息披露的视角［J］．金融市场研究，2018（6）：77－86.

［25］管晓明．绿色金融可持续发展——基于绿色金融标准化的视角［J］．金融市场研究，2018（8）：35－45.

［26］郭伟．法国绿色金融的监管与实践［J］．国际金融，2020（5）：30－37.

［27］郝晋辉．中国普惠金融可持续性研究［M］．厦门：厦门大学

出版社 . 2019：171 - 173.

[28] 洪银兴，高波 . 可持续发展经济学 [M]. 北京：商务印书馆，2000：76 - 78.

[29] 胡鞍钢，周绍杰 . 绿色发展：功能界定、机制分析与发展战略 [J]. 中国人口 . 资源与环境，2014（1）：14 - 20.

[30] 胡昌生，龙杨华 . "法与金融" 理论述评 [J]. 武汉大学学报（哲学社会科学版），2008（1）：23 - 34.

[31] 季奎明 . 论金融机构董事信义义务的扩张 [J]. 甘肃政法学院学报，2011（9）：31 - 46.

[32] 贾晓薇 . 绿色金融发展与经济可持续增长 [M]. 北京：社会科学文献出版社，2021：90 - 94.

[33] 江春，许立成 . 法律制度、金融发展与经济转轨——法与金融学的文献综述 [J]. 南大商学评论，2004（9）：20 - 28.

[34] 江曙霞，代涛 . 法与金融学研究文献综述及其对中国的启示 [J]. 财经科学，2007（5）：40 - 50.

[35] 姜涛 . 企业社会责任、利益相关者响应与企业价值——基于投资者与消费者视角 [D]. 南京：南京农业大学，2013.

[36] 蒋先玲 . 发达国家绿色金融理论与实践综述 [J]. 中国人口资源与环境，2017（5）：44 - 55.

[37] 杰拉尔德·马尔滕 . 人类生态学——可持续发展的基本概念 [M]. 顾朝林译 . 北京：商务印书馆，2021：53 - 55.

[38] 金璐 . 我国碳金融立法问题研究 [D]. 长春：吉林大学，2016.

[39] 卡里·克劳辛斯基 . 绿色金融：可持续投资的国际经验 [M]. 于雅鑫译 . 大连：东北财经大学出版社，2017：115 - 116.

[40] 蓝寿荣 . 论金融法的市场适应性 [J]. 政法论丛，2017（10）：27 - 36.

[41] 黎四奇 . 中国普惠金融的囚徒困境及法律制度创新的路径解析 [J]. 现代法学，2016（9）：93 - 103.

[42] 李斌 . 董事会治理结构对公司社会责任信息披露影响研究

[D].武汉：武汉大学，2010.

[43] 李建军.普惠金融与中国经济发展：多维度内涵与实证分析[J].经济研究，2020（4）：37–51.

[44] 李楠.可持续金融的"道法术器"[J].可持续发展经济导刊，2020（9）：21–27.

[45] 李清池.法律、金融与经济发展：比较法的量化进路及其检讨[J].比较法研究，2007（6）：41–49.

[46] 李若愚.我国绿色金融发展现状及政策建议[J].宏观经济管理，2016（1）：58–60.

[47] 李妍辉.论环境治理的金融工具[D].武汉：武汉大学，2012.

[48] 李挚萍.论可持续发展战略与金融法律制度的融合[J].东南学术，2004（2）：19–28.

[49] 林艳琴.企业社会责任法律规制解读[J].首都师范大学学报（社会科学版），2009（2）：30–39.

[50] 刘波.社会责任投资：观念的演化及界定[J].软科学，2009（12）：20–31.

[51] 刘辉.金融禀赋结构理论下金融法基本理念和基本原则的革新[J].法律科学，2018（5）：40–51.

[52] 刘辉.论金融法的结构理性——基于金融禀赋结构理论视角[J].西安交通大学学报（社会科学版），2019（5）：29–38.

[53] 刘明.国际金融危机与可持续发展[M].北京：社会科学文献出版社，2016：19–23.

[54] 马骏.国际绿色金融发展与案例研究[M].北京：中国金融出版社，2017：111–116.

[55] 刘思跃，袁美子.国外碳金融理论研究进展[J].国外社会科学，2011（4）：41–52.

[56] 刘天姿.全球金融治理中的软法问题研究[D].武汉：武汉大学，2011.

[57] 刘正洋.论金融机构环境责任的法律规制——基于国际实践

的研究 [D]. 武汉：武汉大学，2020.

[58] 刘志云. 新发展理念与中国金融机构社会责任立法的互动 [J]. 现代法学，2019 (3)：33 – 43.

[59] 陆静. 后京都时代碳金融发展的法律路径 [J]. 国际金融研究，2010 (8)：34 – 42.

[60] 陆蓉，王策. 金融学国际前沿研究二十年之变迁——历届美国金融学年会主席发言综述 [J]. 财经研究，2016 (10)：39 – 45.

[61] 马洪波. 可持续发展理论的形成及其对西方主流经济学的挑战 [J]. 青海社会科学，2007 (5)：17 – 26.

[62] 皮天雷. 法与金融：理论研究及中国的证据 [D]. 成都：西南财经大学，2008.

[63] 钱俊成. 资产管理人信义义务研究 [D]. 上海：上海财经大学，2020.

[64] 秦芳菊. 论绿色金融的法律规制研究 [D]. 长春：吉林大学，2020.

[65] 邱慈观. 可持续金融 [M]. 上海：上海交通大学出版社，2019：93.

[66] 冉光和，王定祥，熊德平. 金融产业可持续发展理论的内涵 [J]. 管理世界，2004 (4)：26 – 37.

[67] 施懿宸. 欧盟可持续金融分类法解析与借鉴 [J]. 金融纵横，2020 (4)：34 – 43.

[68] 史锦新. 我国碳排放权交易的法律规制 [D]. 重庆：西南政法大学，2011.

[69] 舒利敏. 绿色金融政策、环境信息披露与企业融资 [M]. 北京：经济科学出版社，2019：77.

[70] 苏祖兴. 我国普惠金融法律规制研究 [D]. 兰州：兰州大学，2018.

[71] 睢立军. 我国金融机构社会责任问题研究 [D]. 长春：吉林大学，2017.

[72] 孙红梅. 绿色金融风险控制与运行机制研究报告 [M]. 上

海：上海财经大学出版社，2021：103 - 105.

［73］孙蕾，机构投资者参与公司治理法律问题研究［D］. 长春：吉林大学，2013 年.

［74］孙天印. 可持续金融和气候风险分析［J］. 金融纵横，2020 (5)：20 - 27.

［75］孙彦红. 德国与英国政策性银行的绿色金融实践比较及其启示［J］. 欧洲研究，2018 (1)：21 - 33.

［76］孙轶颋. 金融机构开展气候投融资业务的驱动力和国际经验［J］. 环境保护，2020 (12)：16 - 20.

［77］索尼亚·拉巴特，罗德尼·怀特. 碳金融［M］. 王震译. 北京：石油工业出版社，2010：96.

［78］谭林. 气候变化风险对金融体系的作用机理及对策研究［J］. 金融发展研究，2020 (3)：24 - 31.

［79］陶伟腾. 信义义务的一般理论研究［D］. 上海：华东政法大学，2020.

［80］田春雷. 金融资源公平配置的法学分析——兼论中国金融法的新价值［J］. 法学评论，2013 (3)：37 - 46.

［81］田春雷. 金融资源配置公平及其法律保障研究［D］. 武汉：武汉大学，2012.

［82］同乐. 金融机构信义义务研究［D］. 长春：吉林大学，2016.

［83］涂永前. 碳金融的法律再造［J］. 中国社会科学，2012 (3)：33 - 53.

［84］王保树. 金融法二元规范结构的协调与发展趋势——完善金融法体系的一个视点［J］. 广东社会科学，2009 (1)：11 - 21.

［85］王涵. 可持续投资：历史、现状与展望［J］. 国际金融，2021 (7)：17 - 25.

［86］王洪凯. "一带一路"绿色金融法律机制构建研究［J］. 当代金融研究，2019 (4)：22 - 33.

［87］王修华，刘娜. 我国绿色金融可持续发展的长效机制探索

[J]．理论探索，2016（4）：22-27.

[88] 王宇，李季．碳金融：应对气候变化的金融创新机制［N］．中国经济时报，2008（19）.

[89] 王原声．金融发展与经济可持续发展的关系研究［D］．青岛：中国海洋大学，2004.

[90] 魏庆坡．商业银行绿色信贷法律规制的困境及其破解［J］．法商研究，2021（4）：73-85.

[91] 温源远．英国可持续金融系统转型及对我国的启示［J］．环境保护，2016（10）：15-24.

[92] 肖红蓉．西方可持续性经济学研究的主要理论问题及其评价［J］．经济评论，2012（4）：153-160.

[93] 谢贵春，冯果．信息赋能、信息防险与信息调控——信息视野下的金融法变革路径［J］．北方法学，2015（6）：40-49.

[94] 邢会强．国务院金融稳定发展委员会的目标定位与职能完善——以金融法中的"三足定理"为视角［J］．法学评论，2018（3）：39-50.

[95] 邢会强．金融危机治乱循环与金融法的改进路径——金融法中"三足定理"的提出［J］．法学评论，2010（5）：35-46.

[96] 邢乐成．多维视角下的中国普惠金融概念梳理与理论框架［J］．清华大学学报（哲学社会科学版），2019（1）：164-172.

[97] 熊春泉．基于法理视角的企业社会责任研究［J］．企业经济，2010（5）：25-32.

[98] 徐来．论金融危机下机构投资者的"社会责任型投资"［J］．改革与战略，2010（7）：78-82.

[99] 徐孟州，杨晖．金融功能异化的金融法矫治［J］．法学家，2010（5）：56-68.

[100] 杨博文．后巴黎时代气候融资视角下碳金融监管的法律路径［J］．国际商务研究，2019（6）：27-38.

[101] 杨博文．绿色金融体系下碳资产质押融资监管的法律进路［J］．证券市场导报，2017（11）：69-78.

[102] 杨峰. 浅议绿色金融的法律规制 [J]. 人民论坛, 2016 (5): 125 – 127.

[103] 杨钧. 综合性社会契约视角下的社会责任投资决策 [J]. 生态经济, 2010 (2): 18 – 25.

[104] 杨祥召. 论我国绿色债券法律制度的构建 [D]. 武汉: 武汉大学, 2014.

[105] 易凌. 企业社会责任投资的法律机制构建研究 [J]. 宁波广播电视大学学报, 2020 (12): 26 – 34.

[106] 于东智. 社会责任投资论 [J]. 金融论坛, 2009 (8): 12 – 19.

[107] 于慎鸿. 可持续发展与金融法之价值调适 [J]. 河南社会科学, 2005 (5): 30 – 36.

[108] 于永达, 郭沛源. 金融业促进可持续发展的研究与实践 [J]. 环境保护, 2003 (12): 30 – 37.

[109] 袁杜娟, 朱伟国. 碳金融: 法律理论与实践 [M]. 北京: 法律出版社, 2012: 58 – 59.

[110] 袁康. 金融公平的法律实现 [D]. 武汉: 武汉大学, 2015.

[111] 袁康. 绿色金融发展及其法律制度保障 [J]. 证券市场导报, 2017 (1): 34 – 47.

[112] 曾小青. 公司治理、受托责任与审计委员会制度研究——兼论信息披露问题 [D]. 厦门: 厦门大学, 2003.

[113] 张长龙. 金融机构的企业社会责任基准: 赤道原则 [J]. 国际金融研究, 2006 (6): 14 – 20.

[114] 张东祥. 西方金融发展理论的演进及对中国金融发展的启示 [J]. 经济评论, 2009 (4): 27 – 36.

[115] 张红. 论绿色金融政策及其立法路径——兼论作为法理基础的 "两型社会" 先行先试权 [J]. 财经理论与实践, 2010 (3): 33 – 44.

[116] 张良. 投资者对企业社会责任行为的反应研究 [D]. 合肥: 中国科技大学, 2014.

［117］张树清．金融公正理念的法学阐释［J］．现代法学，2012（7）：41 –53.

［118］张树清．金融法理念论纲［D］．重庆：西南政法大学，2012.

［119］张雪兰．国外环境金融的困境与应对举措［J］．经济学动态，2010（11）：139 –143.

［120］张越，房乐宪．欧盟可持续发展战略演变：内涵、特征与启示［J］．同济大学学报（社会科学版），2017（12）：27 –37.

［121］章和杰．金融创新与可持续发展若干重大问题探究［M］．杭州：浙江大学出版社，2020：37 –39.

［122］周津宇．绿色发展视阈下的国有金融资源配置研究［D］．长春：吉林大学，2019.

［123］朱家贤．环境金融法研究［M］．北京：法律出版社，2009：211 –216.

［124］祝雅柠．金融机构公司治理改革研究——以规制道德风险为核心［D］．长春：吉林大学，2020.

［125］邹力行．开发性金融与可持续发展［M］．长沙：湖南大学出版社，2013：187 –188.

［126］佐藤孝弘．论社会责任对公司治理模式的影响［D］．上海：华东政法学院，2007.

［127］Alen Hennessy. Redesigning Financial Supervision in the European Union［J］. Journal of European Public Policy, 2014, 21：151 –168.

［128］Alessi L., Battiston S., Melo A. S., Roncoroni A. The EU Sustainability Taxonomy：A Financial Impact Assessment［M］. Luxembourg：Publications Office of the European Union, 2019.

［129］Allen F., Carletto E., Marquez R. Stakeholder Governance, Competition and Firm Value［J］. Review of Finance, 2015, 19（3）：1315 –1346.

［130］Allen F. A., Demirgüc – Kunt, Klapper L., Pería M. S. M. The Foundations of Financial Inclusion：Understanding Ownership and Use of Formal Accounts [J]. Journal of Financial Intermediation, 2016, 27: 1 – 30.

[131] Andrea S. , Kramer F. , Perter C. Energy and Environmental Project Finance Law and Taxation [M]. Oxford: Oxford University Press, 2010.

[132] Anna Geddes, Tobias S. Schmidt. The Multiple Roles of State Investment Banks in Low-carbon Energy Finance: An Analysis of Australia, the UK and Germany [J]. Energy Policy, 2018, 115: 158 – 170.

[133] Appel R. , Gormley T. , Keim D. Passive Investors, Not Passive Owners [J]. Journal of Financial Economics, 2017, 121: 111 – 141.

[134] Barton D. Refocusing Capitalism on the Long Term: Ownership and Trust Across the Investment Value Chain [J]. Oxford Review of Economic Policy, 2017, 33 (2): 188 – 200.

[135] Battiston S. , Mandel A. , Monasterolo I. , Schutze F. , Visentin G. A Climate Stress – Test of the Financial System [J]. Nature Climate Change, 2017 (7): 101 – 121.

[136] Benjamin J. Richardson. Climate Finance and its Governance: Moving to a Low Carbon Economy Through Socially Resposible Fiancing [J]. International and Comparative Law Quarterly, 2009, 58 (3): 597 – 626.

[137] Bernard Paranque. Ethico – Economic Analysis of Impact Finance: The Case of Green Bonds [J]. Research in International Business Finance, 2017, 23: 17 – 27.

[138] Bogojevic S. EU Climate Change Litigation, the Role of the European Courts, and the Importance of Legal Culture [J]. Law & Policy, 2013, 35: 79 – 93.

[139] Bolton R. , Foxon T. A. Socio-technical Perspective on Low Carbon Investment Challenges-Insights for UK Energy Policy [J]. Environmental Innovation and Societal Transitions, 2015, 14: 165 – 182.

[140] Bonizella Biagini. A Typology of Adaptation Actions: A Global Look at Climate Adaptation Actions Financed Through the Global Environ-

ment Facility [J]. Global Environmental Change, 2020, 25: 97 – 108.

[141] Bushee B. J. Do Institutional Investors Prefer Near-term Earnings Over Long-run Value [J]. Contemporary Accounting Research, 2015, 18 (2): 207 – 246.

[142] Clair Gammage, Tonia Novitz. Sustainable Trade, Investment and Finance [M]. Cheltenham: Edward Elgar Publishing Limited, 2019.

[143] Clarke George. Finance and Income Inequality: Test of Alterative Theories [J]. World Bank Policy Research Working Paper, 2003, 2984: 77 – 83.

[144] Commission of the European Communities. A Sustainable Europe for a Better World: A European Union Strategy for Sustainable Development [EB/OL]. [2020 – 02 – 24]. https: //ec. europa. eu/info/strategy/international-strategies/sustainable-development-goals_en.

[145] Cowan E. Topical Issues in Environmental Finance [R]. Research Paper Commissioned by Asia Branch of the Canadian International Development Agency Research Paper, 1998.

[146] Dapolito E. , Iannuzzi A. P. , Sylos Labini S. , Sica E. Sustainable Compensation and Performance: An Empirical Analysis of European Banks [J]. Journal of Financial Management, 2019, 33: 111 – 123.

[147] David Reiner. Behavioral Issues in Financing Low Carbon Power Plants [J]. Energy Procedia, 2009, 53: 4495 – 4502.

[148] De Franco G. , Kothari S. P. , Verdi R. S. The Benefits of Financial Statement Comparability [J]. Journal of Accounting Research, 2011, 49 (4): 895 – 931.

[149] Douglas J. Cumming. Crowdfunding Cleantech [J]. Energy Economics, 2017, 65: 292 – 303.

[150] Eason Ferran. Can Soft Law Bodies be Effective? The Special Case of the European Systemic Risk Board [J]. European Law Review, 2017, 35: 751 – 776.

[151] EBA. Action Plan on Sustainable Finance [EB/OL]. [2020 –

05 - 01]. https：//www. eba. europa. eu/eba-pushes-early-action-sustain-able-finance.

[152] EBA. Advice to the Commission on KPIS and Methodology for Disclosure by Credit Institution and Investment Firms under the NFRD on How and to What Extent Their Activities Qualify as Environmentally Sustainable According to the EU Taxonomy Regulation [EB/OL]. [2021 - 03 - 23]. https：//www. eba. europa. eu/sites/default/documents/files/document _ library/About% 20Us/Missions% 20and% 20tasks/Call% 20for% 20Advice/2021/CfA% 20on% 20KPIs% 20and% 20methodology% 20for% 20disclosures % 20under% 20Article% 208% 20of% 20the% 20Taxonomy% 20Regulation/963616/Report% 20 - % 20Advice% 20to% 20COM_Disclosure% 20Article% 208% 20Taxonomy. pdf.

[153] EBA. Report on Undue Short-term Pressure from the Financial Sector on Corportation [EB/OL]. [2020 - 02 - 24]. https：//www. eba. europa. eu/sites/default/documents/files/document _ library/Final% 20EBA % 20report% 20on% 20undue% 20short-term% 20pressures% 20from% 20the % 20financial% 20sector% 20v2_0. pdf.

[154] EBA. Response to European Commission's Consultation on the Renewed Sustainable Finance Strategy [EB/OL]. [2021 - 03 - 09]. https：//www. eba. europa. eu/sites/default/documents/files/document _ library/Publications/Other% 20publications/2020/896716/EBA% 20response% 20to % 20EU% 20Commission% 27s% 20consultation% 20on% 20Renewed% 20 Sustainable% 20Finance% 20Strategy. pdf.

[155] ECB. Financial Stability Review [EB/OL]. [2021 - 11 - 07]. https：//www. ecb. europa. eu/pub/financial-stability/fsr/html/ecb. fsr 202011 ~ b7be9ae1f1. en. html.

[156] EIOPA. EIOPA's Technical Advice on the Integration of Sustainability Risks and Factors in the Delegated Acts under Solvency Ⅱ and IDD [EB/OL]. [2020 - 03 - 17]. https：//www. eiopa. europa. eu/sites/default/files/publications/advice/technical_advice_for_the_integration_of_sus-

tainability_risks_and_factors. pdf? source = search.

[157] EIOPA. Response to European Commission's Consultation on the Renewed Sustainable Finance Strategy [EB/OL]. [2021 – 03 – 09]. https：// www. eiopa. europa. eu/content/eiopa-response-european-commission-consultation-renewed-sustainable-finance-strategy_en? source = search.

[158] EIOPA. Technical Advice on Key Performance Indicators under Article 8 of the EU Taxonomy Regulation [EB/OL]. [2020 – 03 – 23]. https：//www. eiopa. europa. eu/sites/default/files/publications/advice/eiopa – 21 – 184 – sustainability-non-financial-reporting-advice-art8 – taxonomy-regulation. pdf? source = search.

[159] Elaine Kempson. Policy level response to financial exclusion in developed economies——lessons for developing countries. [J]. Paper for Access to Finance：Building Inclusive Financial Systems, 2006：6 – 9.

[160] Elias Erragragui, . Do creditors price firms' environmental, social and governance risks? [J]. Research in International Business and Finance, 2018, 45：197 – 207.

[161] Emeseh Ako. Corporations, CSR and Self Regulation：What Lessons from the Global Financial Crisis? [J]. German Law Journal, 2010, 11 (2)：230 – 259.

[162] ESMA. ESMA's Technical Advice to the European Commission on Integrating Sustainability Risks and Factors in MiFID II [EB/OL]. [2020 – 01 – 06]. https：//www. esma. europa. eu/sites/default/files/library/esma35 – 43 – 1737_final_report_on_integrating_sustainability_risks_and_factors_in_the_mifid_ii. pdf.

[163] ESMA. Final report：Advice on Article 8 of the Taxonomy Regulation [EB/OL]. [2021 – 03 – 23]. https：//www. esma. europa. eu/ sites/default/files/library/esma30 – 379 – 471_final_report_ – _advice_on_ article_8_of_the_taxonomy_regulation. pdf.

[164] ESMA. Guidelines on Disclosure Requirements Applicable to Credit Ratings (Final Report) [EB/OL]. [2020 – 03 – 01]. https：//

www. esma. europa. eu/search/site/credit% 20rating？ f% 5B0% 5D = is_esma_bundle_group% 3A1&date_from = 2019 − 01 − 01&date_to = 2019 − 12 − 31.

［165］ ESMA. Report on Undue Short-term Pressure from the Financial Sector on Corportation ［EB/OL］. ［2019 − 12 − 31］. https：//www. esma. europa. eu/sites/default/files/library/esma30 − 22 − 762_report_on_undue_short-term_pressure_on_corporations_from_the_financial_sector. pdf.

［166］ ESMA. Response to European Commission's Consultation on the Renewed Sustainable Finance Strategy ［EB/OL］. ［2021 − 03 − 09］. https：//www. esma. europa. eu/sites/default/files/library/esma30 − 22 − 821 _ response_to_ec_consultation_on_a_renewed_sustainable_finance_strategy. pdf.

［167］ ESMA. Strategy on Sustainable Finance ［EB/OL］. ［2020 − 05 − 01 ］. https：//www. esma. europa. eu/search/site/Strategy% 20on% 20Sustainable% 20Finance.

［168］ European Commission. Action Plan：Financing Sustainable Growth ［EB/OL］，［2018 − 09 − 21］. https：//eur-lex. europa. eu/legal-content/EN/TXT/？ uri = CELEX：52018DC0097.

［169］ European Commission. A Global Partnership for Poverty Eradication and Sustainable Development after 2015 ［EB/OL］. ［2020 − 02 − 24］. https：//knowsdgs. jrc. ec. europa. eu/publications.

［170］ European Commission. Commission Delegated Directive of 21. 4. 2021 Amending Delegated Directive（EU）2010/43/EU as regards the sustainability risks and sustainability factors to be taken into account for Undertakings for Collective Investment in Transferable Securities（UCITS）［EB/OL］. ［2021 − 07 − 07］. https：//eur-lex. europa. eu/legal-content/EN/TXT/？ uri = CELEX% 3A32021L1270&qid = 1642735541158.

［171］ European Commission. Commission Delegated Regulation of 21. 4. 2021 Amending Delegated Regulation（EU）2017/2358 and（EU）2017/2359 As Regards the Integration of Sustainability Factors，Risks and Preferences into the Product Oversight and Governance Requirements for Insurance Undertakings and Insurance Distributors and into the Rules on Conduct of Business and Investment Advice for Insurance-based Investment Products [EB/OL]. [2021 – 07 – 06]. https：//eur-lex. europa. eu/legal-content/EN/TXT/? uri = CELEX%3A32021R1257&qid = 1642736515864.

[172] European Commission. Commission Delegated Regulation of 21. 4. 2021 Amending Delegated Regulation (EU) 2017/593 As Regards the Integration of Sustainability Factors into the Product Governance Obligations [EB/OL]. [2021 – 06 – 06]. https：//eur-lex. europa. eu/legal-content/EN/TXT/? uri = CELEX%3A32021L1269&qid = 1642735086064.

[173] European Commission. Commission Delegated Regulation of 21. 4. 2021 Amending Delegated Regulation (EU) 2015/35 as regards the integration of sustainability risks in the governance of insurance and reinsurance undertakings [EB/OL]. [2021 – 07 – 06]. https：//eur-lex. europa. eu/legal-content/EN/TXT/? uri = CELEX%3A32021R1256&qid = 1642736293694.

[174] European Commission. Commission Delegated Regulation of 21. 4. 2021 Amending Delegated Regulation (EU) 231/2013 as regards the sustainability risks and sustainability factors to be taken into account by Alternative Investment Fund Managers [EB/OL]. [2021 – 07 – 07]. https：//eur-lex. europa. eu/legal-content/EN/TXT/? uri = CELEX%3A32021R1255&qid = 1642735763301.

[175] European Commission. Commission Staff Working Document：Fitness Check on the EU Framework for Public Reporting by Companies Accompanying the Document Report from the Commission to the European Parliament, the Council and the European Economic and Social Committee on the review clauses in Directives 2013/34/EU, 2014/95/EU, and 2013/50/EU [EB/OL]. [2021 – 07 – 07]. https：//eur-lex. europa. eu/legal-content/EN/TXT/? uri = CELEX%3A52021SC0151&qid = 164272875693.

[176] European Commission. Commission Staff Working Document Impact Assessment Accompanying the Document Proposal for a Directive of the European Parliament and of the Council Amending Directive 2013/34/EU,

Directive 2004/109/EC, Directive 2006/43/EC and Regulation (EU) No 537/2014, As Regards Corporate Sustainability Reporting [EB/OL]. [2021 – 08 – 07]. 1https：//eur-lex. europa. eu/legal-content/EN/TXT/? uri = CELEX％3A52021SC0150&qid = 1642728856971.

[177] European Commission. Europe 2020：A Strategy for Smart, Sustainable and Inclusive Growth [EB/OL]. [2020 – 02 – 24]. https：// knowsdgs. jrc. ec. europa. eu/publications.

[178] European Commission. EU Taxonomy Climate Delegated Act [EB/OL]. [2021 – 07 – 03]. https：//ec. europa. eu/info/publications/ 210421 – sustainable-finance-communication_en#taxonomy.

[179] European Commission. Frequently asked questions：What is the EU Taxonomy and how will it work in practice? [EB/OL]. [2021 – 07 – 03] . https：//ec. europa. eu/info/publications/210421 – sustainable-finance-communication_en#taxonomy.

[180] European Commission. Guidelines on Non-financial Reporting：Supplement on Reporting Climate-related Information [EB/OL]. [2020 – 04 – 06]. https：//ec. europa. eu/info/publications/non-financial-reporting-guidelines_en#climate.

[181] European Commission. Guidelines on Non-financial Reporting (Methodology for Reporting Non-financial Information) [EB/OL]. [2019 – 11 – 16]. https：//ec. europa. eu/info/publications/non-financial-reporting-guidelines_en.

[182] European Commission. Impact assessment accompanying the EU Taxonomy Climate Delegated Act [EB/OL]. [2021 – 07 – 03]. https：// ec. europa. eu/info/publications/210421 – sustainable-finance-communication_en#taxonomy.

[183] European Commission. On the Review of the Sustainable Development Strategy – A Platform for Action [EB/OL]. [2020 – 02 – 24]. https：//knowsdgs. jrc. ec. europa. eu/publications.

[184] European Commission. Proposal for a Directive of the European

Parliament and of the Council Amending Directive 2013/34/EU, Directive 2004/109/EC, Directive 2006/43/EC and Regulation (EU) No 537/ 2014, As Regards Corporate Sustainability Reporting [EB/OL]. [2021 – 07 – 07]. https: //eur-lex. europa. eu/legal-content/EN/TXT/? uri = CEL-EX%3A52021PC0189&qid = 1642728856971.

[185] European Commission. Proposal for a regulation amending Regu-lation (EU) 2016/1011 on low carbon benchmarks and positive carbon im-pact benchmarks [EB/OL]. [2020 – 01 – 13]. https: //ec. europa. eu/in-fo/publications/180524 – proposal-sustainable-finance_en#benchmarks.

[186] European Commission. Report from the commission to the Europe-an Parliament, the Council and the European Economic and Social Committee on the review clauses in Directives 2013/34/EU, 2014/95/EU, and 2013/ 50/EU [EB/OL]. [2021 – 07 – 07]. https: //eur-lex. europa. eu/legal-con-tent/EN/TXT/? uri = CELEX%3A52021DC0199&qid = 1642728856971.

[187] European Commission. Summary Report of the Stakeholder Con-sultation on the Renewed Sustainable Finance Strategy [EB/OL]. [2021 – 01 – 05]. https: //ec. europa. eu/info/consultations/finance – 2020 – sus-tainable-finance-strategy_en.

[188] European Commission. Sustainable Europe Investment Plan and European Green Deal Investment Plan [EB/OL]. [2020 – 02 – 03]. https: //ec. europa. eu/commission/presscorner/detail/en/fs_20_48.

[189] European Commission. The European Green Deal [EB/OL]. [2020 – 02 – 03]. https: //eur-lex. europa. eu/legal-content/EN/TXT/? qid = 1576150542719&uri = COM%3A2019%3A640%3AFIN.

[190] European Council. Conclusions on A Transformative Post – 2015 Agenda [EB/OL]. [2018 – 09 – 21]. https: //knowsdgs. jrc. ec. europa. eu/publications.

[191] European Parliament and European Council. Commission Dele-gated Regulation (EU) 2020/1818 of 17 July 2020 Supplementing Regula-tion (EU) 2016/1011 of the European Parliament and of the Council As

Regards Minimum Standards for EU Climate Transition Benchmarks and EU Paris-aligned Benchmarks［EB/OL］．［2021 – 07 – 13］．https：//ec. europa. eu/info/law/benchmarks-regulation-eu – 2016 – 1011/amending-and-supplementary-acts/implementing-and-delegated-acts_en#200717.

［192］European Parliament and European Council. Commission Delegated Regulation（EU）2020/1817 of 17 July 2020 Supplementing Regulation（EU）2016/1011 of the European Parliament and of the Council As Regards the Minimum Content of the Explanation on How Environmental, Social and Governance Factors are Reflected in the Benchmark Methodology ［EB/OL］．［2021 – 07 – 13］．https：//ec. europa. eu/info/law/benchmarks-regulation-eu – 2016 – 1011/amending-and-supplementary-acts/implementing-and-delegated-acts_en#200717.

［193］European Parliament and European Council. Directive 2014/95/EU of the European Parliament and of the Council of 22 October 2014 Amending Directive 2013/34/EU As Regards Disclosure of Non-financial and Diversity Information by Certain Large Undertakings and Groups［EB/OL］．［2019 – 07 – 06］．https：//eur-lex. europa. eu/legal-content/EN/TXT/? uri = CELEX％3A32014L0095. 6.

［194］European Parliament and European Council. Regulation（EU）2016/1011 of the European Parliament and of the Council on indices used as benchmarks in financial instruments and financial contracts or to measure the performance of investment funds and amending Directives 2008/48/EC and 2014/17/EU and Regulation（EU）No 596/2014［EB/OL］．［2020 – 05 – 06］．https：//eur-lex. europa. eu/legal-content/EN/TXT/? uri = CELEX：32016R1011.

［195］European Parliament and of the Council. Commission Delegated Regulation（EU）2020/1816 of 17 July 2020 Supplementing Regulation（EU）2016/1011 of the European Parliament and of the Council As Regards the Explanation in the Benchmark Statement of How Environmental, Social and Governance Factors are Reflected in Each Benchmark Provided and Published ［EB/OL］. ［2021 – 07 – 13］. https：//ec. europa. eu/info/law/ benchmarks-regulation-eu – 2016 – 1011/amending-and-supplementary-acts/ implementing-and-delegated-acts_en#200717.

［196］ European Parliament and of the Council. Regulation （EU） 2019/2089 of the European Parliament and of the Council Amending Regulation （EU） 2016/1011 as Regards EU Climate Transition Benchmarks, EU Paris-aligned Benchmarks and sustainability-related disclosures for benchmarks ［EB/OL］. ［2020 – 01 – 13］. https：//eur-lex. europa. eu/legal-content/EN/TXT/? uri = CELEX：32019R2089.

［197］ European Parliament and of the Council. Regulation （EU） 2019/2088 of the European Parliament and of the Council of 27 November 2019 on Sustainability-related Disclosures in the Financial Services Sector ［EB/OL］. ［2020 – 06 – 17］. https：//eur-lex. europa. eu/legal-content/ EN/TXT/? uri = CELEX：32019R2088. 7.

［198］ European Parliament and of the Council. Regulation （EU） No 2020/852 of the European Parliament and of the Council of 18 June 2020 on the Establishment of a Framework to Facilitate Sustainable Investment, and Amending Regulation （EU） 2019/2088, ［EB/OL］. ［2021 – 03 – 26］. https：//ec. europa. eu/info/law/sustainable-finance-taxonomy-regulation-eu – 2020 – 852_en.

［199］ Fitsum G. Tiche, Stefan E. Weishaar, Oscar Couwenberg. Carbon Leakage, Free Allocation and Linking Emissions Trading Schemes ［J］. Carbon & Climate Law Review, 2014, 8：177 – 203.

［200］ Friedemann Polzin. Mobilizing Private Finance for Low-carbon Innovation – A Systematic Review of Barriers and Solutions ［J］. Renewable and Sustainable Energy Reviews, 2017, 77：525 – 535.

［201］ Geddes A. , Schmidt T. , Steffen B. The Multiple Roles of State Investment Banks in Low – Carbon Energy Finance：An Analysis of Australia, the UK and Germany ［J］. Energy Policy, 2018, 115：158 – 170.

［202］ Gibson Brandon R. , Krüger P. The Sustainability Footprint of

Institutional Investors [R]. Working Paper, University of Geneva, 2018.

[203] Gigler F. , Kanodia C. , Sapra H. , Venugopalan R. How Frequent Financial Reporting Can Cause Managerial Short – Termism: An Analysis of the Costs and Bennifts of Increasing Reporting Frequency, Journal of Accounting Research, 2014, 52: 233 – 260.

[204] González Ruiz J. D. A Proposal for Green Financing as a Mechanism to Increase Private Participation in Sustainable Water Infrastructure Systems: The Colombian Case [J]. Procedia Engineering, 2016, 145: 180 – 187.

[205] Hall S. , Foxon T. J. , Bolton R. Investing in Low – Carbon Transitions: Energy Finance as an Adaptive Market [J]. Climate Policy, 2017, 17 (3): 280 – 298.

[206] Helen Marjosola. Regulating Financial Markets under Uncertainty: The EU Approach [J]. European Law Review, 2020, 39: 338 – 361.

[207] HELG. Financing a Sustainable European Economy (final report) [EB/OL]. [2018 – 01 – 31]. https: //ec. europa. eu/info/files/ 180131 – sustainable-finance-final-report_en.

[208] HELG. Financing a Sustainable European Economy (interim report) [EB/OL]. [2018 – 09 – 21]. https: //ec. europa. eu/info/files/ 170713 – sustainable-finance-hleg-interim-report_en.

[209] Hob Rebai. Sustainable Performance Evaluation of Banks Using a Multi-attribute Utility Model: an Application to French Banks [J]. Procedia Economics and Finance, 2012, 3: 527 – 535.

[210] James Munro. Trade in Carbon Units as a Financial Service Under International Trade Law: Recent Development, Future Challenges [J]. Carbon & Climate Law Review, 2014, 8: 178 – 199.

[211] Jeong Hwan Bae. Increasing Consumer Participation Rates for Green Pricing Programs: A Choice Experiment for South Korea [J]. Energy Economics, 2018, 74: 490 – 502.

[212] Jeucken M. Sustainable Finance and Banking [M]. USA: The

Earthscan Publication, 2006.

［213］ Jofre Carnier. The World at a Crossroads: Fiancial Scenarios for Sustainablity ［J］. Energy Policy, 2019, 48: 611 – 617.

［214］ Jonathan Macey. The Corporate Governance of Banks ［J］. FRBNY Economic Policy Review, 2003, 9: 46 – 56.

［215］ Jose Salazar. Environmental Finance: Linking Two World ［R］. Presented at a Workshop on Financial Innovations for Biodiversity Bratislava. Slovakia, 1998.

［216］ Labatts. Environmental finance: A Guide to Environmental Risk Assessment and Financial Products ［J］. Advances in cryogenic engineering, 2008, 8: 405 – 409.

［217］ Marcel Jeucken. Sustainable Finance and Banking: The Financial Sector and the Future of the Planet ［M］. The Earthscan Publication Ltd. , 2001.

［218］ Marc Pallemaerts. EU and Sustainable Delopment: Interal and External Dimensions ［M］. Brussels: VUB Press, 2006.

［219］ Mariginson D. , Mcaulgy L. Exploring the Debate on Short – Termism: A Therotical and Empirical Anaylsis ［J］. Strategic Management Journal, 2008, 29: 273 – 292.

［220］ Meijer S. , Damania R. Carbon Finance and the Forest Sector in Northeast India ［R］. Background Paper No. 11, World Bank, Washington D. C. , 2006.

［221］ Michael E. Canes. The Ine Cient Financing of Federal Agency Energy Projects ［J］. Energy Policy, 2017, 111: 28 – 31.

［222］ Pasquale M. Falcone. Greening of the Financial System and Fueling a Sustainablity Transition a Discursive Approach to Assess Landscape Pressures on the Italian Finacial System ［J］. Technological Forecasting & Social Change, 2018, 127: 23 – 37.

［223］ Paulo Leite. Style and Performance of International Socially Responsible Funds in Europe ［J］. Research in International Business and Finance, 2014, 30: 248 – 267.

[224] Perez O. The New Universe of Green Finance: From Self-regulation to Multi-polar Governance [M]. New York: Social Science Electronic Pubilishing, 2007.

[225] Raymond W. Goldsmith. Financial Structure and Development [M]. New Haven: Yale University Press, 1969.

[226] Robyn Clark. Bridging Funding Gaps for Climate and Sustainable Development: Pitfalls, Progress and Potential of Private Finance [J]. Land Use Policy, 2018, 71: 335 – 346.

[227] Solveig Glomsrød. Business as Unusual: The Implications of Fossil Divestment and Green Bonds for Financial Flows, Economic Growth and Energy Market [J]. Energy for Sustainable Development, 2018, 44: 1 – 10.

[228] Solveig Glomsrod Business as Unusual: The Implications of Fossil Divestment and Green Bonds for Financial Flows, Economic Growth and Energy Market [J]. Energy for Sustainabilty and Development, 2018, 44: 1 – 10.

[229] Sonia Labaltt, Rodeny White. Carbon Finance: The Financial Implication of Climate Change [M]. Hoboken. N. J: John Wiley and Sons, 2007.

[230] Sonia Labaltt, Rodeny White. Environmental Finance [M]. New York: John Wiley and Sons, 2002.

[231] Soppe A. Sustainable Finance as A Connection Between Corporate social Responsibility and Social Responsible Investing [J]. Indian Management Research Journal, 2009, 3: 13 – 23.

[232] Stephen Hall. Financing the Civic Energy Sector: How Financial Institutions Affect Ownership Models in Germany and the United Kingdom [J]. Energy Research & Social Science, 2016, 12: 5 – 15.

[233] TEG. EU Technical Expert Group on Sustainable Finance. Taxonomy Technical Report [EB/OL]. [2020 – 09 – 06]. https: //ec. europa. eu/

info/files/200309 – sustainable-finance-teg-final-report-taxonomy_en.

［234］TEG. Final Report on the EU Taxonomy［EB/OL］.［2021 –
03 – 26］. https：//ec. europa. eu/info/files/200309 – sustainable-finance-
teg-final-report-taxonomy_en.

［235］TEG. Handbook on Climate Benchmarks and Benchmarks' ESG
Disclosures［EB/OL］.［2020 – 03 – 03］. https：//ec. europa. eu/info/
files/192020 – sustainable-finance-teg-benchmarks-handbook_en.

［236］ TEG. Interim Report on EU Climate Benchmarks and
Benchmarks' ESG Disclosures［EB/OL］.［2020 – 00 – 03］. https：//ec.
europa. eu/info/files/190618 – sustainable-finance-teg-report-climate-bench-
marks-and-disclosures_en.

［237］ TEG. Propoal for an EU Green Bond Standard［EB/OL］.
［2019 – 10 – 17］. https：//ec. europa. eu/info/files/190618 – sustainable-
finance-teg-report-green-bond-standard_en.

［238］TEG. Report on Climate-related Disclosures［EB/OL］,［2020 –
06 – 06］. https：//ec. europa. eu/info/files/190110 – sustainable-finance-
teg-report-climate-related-disclosures_en.

［239］TEG. TEG Final Report on Climate Benchmarks and Benchmarks
ESG Disclosure［EB/OL］.［2020 – 03 – 03］. https：//ec. europa. eu/info/
files/190930-sustainable-finance-teg-final-report-climate-benchmarks-and-dis-
closures_en.

［240］ TEG. Usability Guide for EU Green Bond Standard［EB/OL］.
［2020 – 03 – 27］. https：//ec. europa. eu/info/files/200309 – sustainable-
finance-teg-green-bond-standard-usability-guide_en.

［241］ Theocharis Tsoutsos. Benchmarking Framework to Encourage
Energy Efficiency Investments in South Europe. The Trust EPC South Ap-
proach［J］. Procedia Environmental Sciences, 2017, 38：413 – 419.

［242］ Thomas Lagoarde-Segot. Sustainable finance. A critical realist
perspective［J］. Research in International Business and Finance, 2018, 4：
1 – 9.

［243］Tod Lagoarde – Segot. Diversifying Finance Research: From Financialization to Sustainability ［J］. International Review of Financial Analysis, 2015, 39: 1 – 6.

［244］UNEP. Beyond "Business as Usual": Biodiversity Targets and Finance. ［EB/OL］. ［2021 – 01 – 07］. https: //www. unep. org/news-and-stories/story/more-needs-be-done-protect-biodiversity.

［245］UNEPFI. Luxembourg Sustainable Finance Roadmap ［EB/OL］. ［2019 – 03 – 23］. https: //www. unepfi. org/publications/banking-publications/a-journey-towards-a-sustainable-financial-system-luxembourg-sustainable-finance-roadmap.

［246］Weitzman M. Fat – Tailed Uncertainty in the Economics of Catastrophic Climate Change ［J］. Review of Environmental Economics and Policy, 2011, 5: 56 – 73.

［247］Whitney Angell Leonard. Clean Is the New Green: Clean Energy Finance and Deployment Through Green Banks ［J］. Yale Law & Policy Review, 2014, 33 (1): 197 – 229.

［248］World bank and UNEP. Roadmap for a Sustainable Financial System ［EB/OL］. ［2018 – 09 – 27］. https: //www. unep. org/resources/report/roadmap-sustainable-financial system.

［249］Yip Angus W. H. , Bocken Nancy M. P. Sustainable Business Model Archetypes for the Banking Industry ［J］. Journal of Cleaner Production, 2018, 174: 150 – 169.